餐饮服务与管理新编

江小蓉　主编

旅游教育出版社
·北京·

责任编辑:孙延旭

图书在版编目(CIP)数据

餐饮服务与管理新编/江小蓉主编.—北京:旅游教育出版社,2012.9
ISBN 978-7-5637-2480-2

Ⅰ.①餐… Ⅱ.①江… Ⅲ.①饮食业—商业服务—高等学校—教材 ②饮食业—商业管理—高等学校—教材 Ⅳ.①F719.3

中国版本图书馆 CIP 数据核字(2012)第 206758 号

餐饮服务与管理新编

江小蓉　主编

出版单位	旅游教育出版社
地　　址	北京市朝阳区定福庄南里1号
邮　　编	100024
发行电话	(010)65778403　65728372　65767462(传真)
本社网址	www.tepcb.com
E - mail	tepfx@163.com
印刷单位	北京科普瑞印刷有限责任公司
经销单位	新华书店
开　　本	787×960　1/16
印　　张	18
字　　数	280千字
版　　次	2012年9月第1版
印　　次	2012年9月第1次印刷
定　　价	36.00元

(图书如有装订差错请与发行部联系)

前　言

　　进入 21 世纪,随着旅游经济的飞速发展,我国的餐饮业取得了显著的进步。本教材根据当前饭店餐饮业发展现状,按照高等职业教育培养高素质技能型人才的要求以及餐饮企业基层服务人员、管理层人员的培训管理要求,坚持以"学生为主体,注重知识与实践相结合"的指导思想。在查阅和参考众多资料的基础上,本教材在内容上引入一些新的理论知识和方法,力求开拓学生视野,提高学生的综合服务能力,突出专业特色;在教材的结构上,按照餐饮业务活动开展的过程及当前餐厅中最为普遍及实用的操作技能为基础,将教材分为四大部分共十一章,第一部分概述篇(包括第一章餐饮概述);第二部分餐饮服务基础篇(包括第二章餐饮服务基本技能及服务礼仪,第三章餐饮服务基本程序及方法,第四章餐饮服务用具的使用、卫生及保养方法,第五章酒吧服务);第三部分餐饮服务管理篇(包括第六章厨务及餐饮生产管理,第七章餐饮销售管理,第八章餐饮服务质量管理,第九章电脑化信息管理与餐饮管理,第十章餐饮企业的连锁经营);第四部分餐饮文化篇(包括第十一章饮食文化),教材后还附有餐厅常用服务语中英文对照、餐厅常用物品及菜品名英文译法两个附录。此外,为加强本教材的可操作性,我们在每章知识介绍的后面设计了教学实践、经典案例、资料链接等环节,力求通俗易懂,以帮助学生更好地理解与掌握所学知识。本教材不仅可作为高职高专酒店管理专业教材,也可作为酒店管理人员的培训教材。

　　本书由江小蓉老师担任主编,具体章节分工如下:第一章由江西教育学院江小蓉老师和武汉民政职业学院易玲老师编写;第二章、第三章、第四章、第五章、第六章、第九章、附录一、附录二由江西教育学院江小蓉老师编写;第七章、第八章由江西教育学院邓爱红老师编写;第十章由江西教育学院刘相军老师编写;第十一章由江西教育学院刘相军老师和湖北经济学院梁慧老师编写。

　　本教材在编写的过程中,参考了众多同人的观点及已出版的教材和专著,在此深表感谢! 此外,在编写的过程中我们还查阅了大量的网络资料,在每章参考资料中我们都尽量予以列举,在此也一并感谢网络资料提供的作者们! 由于时间仓促及编者的水平有限,教材中难免有不足之处,敬请专家学者及广大读者予以批评指正!

编　者

目 录

第一部分 概述篇

第一章 餐饮概述 ………………………………………………………… 3
第一节 人类饮食文明的历史与发展概况 ………………………… 3
第二节 餐饮业及餐厅概述 ………………………………………… 5
第三节 餐饮服务与餐饮服务精神 ………………………………… 13

第二部分 餐饮服务基础篇

第二章 餐饮服务基本技能及服务礼仪 ………………………………… 21
第一节 餐饮服务基本技能 ………………………………………… 21
第二节 餐饮服务基本礼仪 ………………………………………… 43

第三章 餐饮服务基本程序及方法 ……………………………………… 51
第一节 中餐服务基本程序及方法 ………………………………… 51
第二节 西餐服务基本程序及方法 ………………………………… 64
第三节 团体包餐服务 ……………………………………………… 74
第四节 送餐服务 …………………………………………………… 76

第四章 餐饮服务用具的使用、卫生及保养方法 ……………………… 82
第一节 餐饮服务用具分类 ………………………………………… 82
第二节 餐饮服务用具的使用规范 ………………………………… 88

第五章 酒吧服务 ………………………………………………………… 95
第一节 酒吧简介 …………………………………………………… 95
第二节 酒水基本知识 ……………………………………………… 96

· 1 ·

第三部分 餐饮服务管理篇

第六章 厨务及餐饮生产管理 ………………………………………… 113
    第一节 厨务及餐饮生产的特点、任务 ………………………… 113
    第二节 厨房组织与人员配备 …………………………………… 118
    第三节 餐饮原材料的采购与保管 ……………………………… 122
    第四节 餐饮生产特点及任务 …………………………………… 129

第七章 餐饮销售管理 ……………………………………………… 141
    第一节 餐饮销售概述 …………………………………………… 141
    第二节 餐饮产品及其策略 ……………………………………… 146
    第三节 餐饮促销策略 …………………………………………… 151
    第四节 餐饮营业场所的销售决策 ……………………………… 154

第八章 餐饮服务质量管理 ………………………………………… 168
    第一节 餐饮服务质量管理概述 ………………………………… 168
    第二节 餐饮服务质量与顾客满意度 …………………………… 172
    第三节 餐饮服务质量的分析 …………………………………… 181
    第四节 餐饮服务质量控制 ……………………………………… 185
    第五节 餐饮服务质量的监督检查 ……………………………… 188

第九章 电脑化信息管理与餐饮管理 ……………………………… 203
    第一节 电脑化管理信息系统与餐饮管理 ……………………… 203
    第二节 电脑化信息管理系统在餐饮企业的具体应用 ………… 206

第十章 餐饮企业的连锁经营 ……………………………………… 212
    第一节 餐饮企业连锁经营概述 ………………………………… 212
    第二节 餐饮企业连锁经营影响因素 …………………………… 214
    第三节 餐饮连锁企业的经营与管理 …………………………… 218
    第四节 世界著名餐饮连锁企业的经营管理之道 ……………… 228

第四部分 餐饮文化篇

第十一章 饮食文化 ………………………………………………… 243
    第一节 中外菜肴知识简介 ……………………………………… 243
    第二节 面点知识简介 …………………………………………… 249
    第三节 中外老字号 ……………………………………………… 251

第四节　菜单艺术 …………………………………………… 257
　　第五节　中外饮食礼仪 ……………………………………… 263
附录一　餐厅常用服务语中英文对照 ………………………… 272
附录二　餐厅常用物品及菜品名英文译法 …………………… 275

第一部分 概述篇

第一章 餐饮概述

第一节 人类饮食文明的历史与发展概况

俗语说:"民以食为天",从"茹毛饮血"到火燔烧烤,饮食一直都是人类赖以生存的最重要物质条件之一。人类文明始于饮食,饮食文化随着人类文明的发展而发展,饮食超越了单纯的生理需要,不断丰富着自身的内涵,成为社会文化生活中的重要内容,是人们物质生活和精神生活的重要部分。

一、早期人类的饮食

人类早期的历史,是一部以开发食物资源为主要内容的历史。生活在一百多万年至一万年前的猎民为了维持自己的生存,用自己弱小的身躯与庞大的犀牛、凶猛的剑齿虎、残暴的鬣狗搏斗,其他比较温顺的兽类和禽类以及江河湖沼的游鱼虾蚌,更是这些原始的猎人和渔人的果腹之物。

除动物外,植物也是早期人类的食物来源,长在枝头、结在藤蔓、埋在土中的各类果实以及野蔬和植物茎秆花叶,人类在维持自身生存的道路上不断选择那些适合自己胃口的东西,通过世代的不断尝试,甚至是付出了生命的代价,逐渐筛选出了一批批可食植物。

早期人类饮食主要为生食,"茹毛饮血"的饮食方式一直延续到自然火采集和钻木取火的出现。

二、人类饮食文化的形成及其发展

饮食文化指的是人们在日常生活中的饮食行为和习惯,主要包括食物本身的属性,制作过程和仪式,用餐的器具、环境、礼仪和风俗等。饮食文化历史悠久,博大精深,具有鲜明的民族性和地域性,是各民族文化宝库中一颗璀璨的明珠,也是各国旅游开发中的宝贵旅游资源。

(一)饮食文明的形成

(1)火的使用。新石器时代,随着人类对自然火的采集和保存,人类的饮食方式发生了重大改变,开始使用火来烹制食物,用火熟食是人类饮食文明历史的开端。

（2）原始农耕。炎帝神农氏是中华民族的伟大始祖,据古文献记载,炎帝发明了原始农耕,调整了原始先民的饮食结构。饮食结构的调整,标志着中国原始先民的饮食文化已进入文明阶段。

（3）饮食器具的出现。陶器的制作和使用,丰富了原始先民的饮食品种。陶器发明以前,人们只能用火直接熏烤食物,或"释米加烧石上"以熟食物;陶器发明以后,人们就可以用陶器来蒸煮食物、烧炒蔬菜、烧开水等,直接促进了原始先民饮食结构的改变和饮食方式的多样化,大大加速了人类饮食文明的发展。

（4）丰富的食源。原始农业的发生和发展,使人类获取食物的方式有了根本改变,食物原料变得多样化,饮食生活有了全新的内容。原始农耕的发展,产生了家畜饲养业,动物性食物在人们饮食中的地位日渐重要。如人们把狼驯化为了狗,与狗同时期被驯化的家畜还有猪。中国传统家畜的"六畜",即马、牛、羊、鸡、犬、豕,在新石器时代均已驯育成功,我们当今享用的肉食品种的格局,早在史前时代便已经形成了。同时捕鱼业和水产驯养也有很大发展,水产类食物原料丰富。粮食作物已作为日常食源,蔬菜和水果丰富,有陆生蔬菜、水生蔬菜、调味蔬菜、采集的各种野生菌类等,种类和品名基本涵盖了我们当今饮食中的各类饮食原料。此外,水果也很丰富,后代一些常见的水果,几乎都已经出现。总之,中国饮食广采博纳的精神,使得食物原料得到了极大的丰富和扩展。

（二）饮食文化的发展

饮食文化是在先人广泛的饮食实践基础上产生和发展起来的,是随着人类物质文化和精神文化的发展而不断形成自己丰富的内涵。中国饮食文化与人们的物质生活和精神生活息息相关,具有鲜明的特色。

原始社会,人类或把食物直接放在火上烤熟,或把食物放在石板上烤熟食用。新石器时代,中国社会进入了陶器时期,陶制炊餐具的使用,促进了原始烹饪的发展,标志着人类正式进入了烹调时代。

夏、商、周三代至秦统一中国,是我国烹饪史上一个极其重要的阶段。自夏代以后,中国进入青铜器时代。人们开始用铜制炊具,将原料分成小块,使用动物油烹制菜肴,烹饪进步到了油烹法。在饮食形式上也有了极大的变化,豪门贵族吃饭时要奏乐击钟,用鼎盛装着各种珍馐美馔,即所谓的"钟鸣鼎食"。我国饮食文化的基本程序,就是在这个时期初步定下的。先秦时期,食物范围日益扩大,烹饪器具不断发展,烹饪方法有所进步,烹饪制度、饮食文化初步形成。

到汉代时,饮食品种和烹饪水平都较前朝有了长足的发展。汉代以后,铁器逐渐取代铜器,植物油开始出现,人们已掌握了炖、煮、炒、煎、酱、腌、炙等烹调方法,对食品原料也十分讲究,烹饪操作的技术分工已趋成熟,当时厨师已成为一种职业。汉代张骞通西域后,大量引进了葡萄、西瓜、芝麻、菠菜、芹菜、大蒜、茴香等域

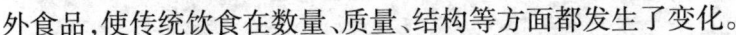

外食品,使传统饮食在数量、质量、结构等方面都发生了变化。

魏晋南北朝时期,是饮食文化大交流、大融合时期,在食物的内容和形式上多姿多彩,追求"医食同源""药食如一"的丰富多彩的烹饪方法。魏晋以后饮茶之风开始兴起,南方吴国把茶作为宫廷饮料,贵族宴会皆设茗饮。南朝时期,饮茶已经普及到平民百姓家庭。北朝时期,士大夫把饮茶称为"华夏口味"。

唐宋时期是我国饮食文化的全盛时期,中国茶文化进入一个新的境界,即由饮用变为品饮,由一种习惯、爱好升华为一种修养、一种文化。到了宋代,茶更成为人们生活的必需品,特别是宋代的瓷器餐具,以其精美绝伦滋润着我国饮食文化。

明清时期,饮食文化得到进一步的发展,内容更为丰富多彩。无论是宫廷饮食、贵族饮食和官府饮食,还是民族饮食、地方饮食和民间饮食都出现了蓬勃发展的趋势。特别是清朝统一全国后,饮食文化呈现出熔南北美食于一炉的特征,其典型代表是满汉全席的出现。

此外,中国饮食文化中还有饮食搭配、礼节到位、四时有序、三餐合理、讲究餐具、卫生可口的特有的文化基调和品位。

第二节 餐饮业及餐厅概述

一、餐饮业

随着人类饮食活动的产生和不断地发展,通过即时制作加工、商业销售和服务性劳动等向消费者提供食品和消费场所及设施的服务活动也产生和发展起来,并形成了一定规律和规模。按欧美《标准行业分类法》的定义,餐饮业是指以商业营利为目的的餐饮服务机构。在我国,据《国民经济行业分类注释》的定义,餐饮业是指在一定场所对食物进行现场烹饪、调制,并出售给顾客,主要供现场消费的服务活动。

餐饮业不同于商业,又不同于工业,也不同于纯服务业,在现代社会里它属于第三产业,具有生产加工、饮食品零售和劳动服务的综合性。科学化、集锦化、社会化是21世纪餐饮业发展的方向。

二、餐厅的概念、类型

(一)餐厅的概念

随着餐饮活动的发展,为消费者提供餐饮产品及餐饮服务的客栈、酒楼、茶楼等开始出现。以前的各类餐馆,现代社会餐馆、食堂中的就餐区域部统称为餐厅。

(二)餐厅类型

现代餐厅依据不同餐饮经营形式,其分类有所不同。

1. 酒店餐饮部

在综合经营的酒店中,餐厅一般隶属于酒店餐饮部,依据酒店的规模、档次及经营的要求,酒店餐饮部可设置多类型餐厅。如中西餐零点及宴会厅、风味餐厅、自助餐厅等。

2. 社会独立经营餐厅

40 座及 40 座以下者为小餐厅,40 座以上者为大餐厅。

3. 不同种类的餐厅具有不同的功能

(1) 多功能餐厅:餐厅中面积最大,设备设施最齐全的大型厅堂。既可以用作大型餐宴、酒宴、茶会的场所,又可用作大型国际会议、大型展销会、节日活动的场所。

(2) 宴会厅:供中餐宴会、西餐宴会使用。

(3) 风味餐厅:为客人提供不同的特色菜肴、海鲜、烧烤及火锅等的餐厅。

(4) 风味小吃餐厅:提供各地糕点、小吃等风味食品为主的餐厅。

(5) 零点餐厅:为散客提供适合个人口味随意性点菜或小吃的餐厅。

(6) 日本料理餐厅:以经营日本菜为主的餐厅。日本菜是当前世界上一个重要烹调流派,有它特有的烹调方式和格调,在不少国家和地区都有日餐菜馆和日菜烹调技术,其影响仅次于中餐和西餐。"日本料理"中"理"的意思是盛东西的器皿。

(7) 歌舞餐厅:既供应中西餐、酒水、小食品,又提供音乐欣赏、伴唱、跳舞活动的场所。

(8) 西餐厅:以供应美式、法式或俄式餐为主的餐厅。

(9) 扒房:为消费水准高的客人提供扒烤类食品和名酒的餐厅。

(10) 自助餐厅:食品分类放置,客人凭券入厅后可自由选食;也有客人入厅后自由选食,然后按价付款的自助餐厅。食品不得带出餐厅。

三、餐饮企业的组织架构

组织结构是企业运作与管理的基础,对企业的经营管理起关键作用,企业所有战略意义上的变革,都必须首先在组织结构设置上开始,因此,无论是酒店餐饮部还是社会餐饮机构,架构一个合适的组织结构是餐饮企业有效利用和分配资源、权力的前提和基础。

(一) 构建餐饮企业组织结构应遵循的基本原则

1. 管理幅度和管理层级适度的原则

管理幅度是指平均每位管理者管理下属员工的数量配备。管理层级是指最高管理者到基础员工之间设置的层级机构。管理幅度与管理层级是对应的关系,管理幅度越大,管理层级就越少,管理幅度越小,管理层级就越多。管理幅度过小或过大都不利于管理效率的提高。一般来说,管理幅度过小易造成越级指挥、多头指挥、越权指挥;管理幅度过宽,易导致管理人员负担过重,无法对下属施加必要的监督和有效的指导。

因为人员素质、沟通渠道、职务内容、追踪控制等因素的影响,餐饮企业最适当的管理幅度设计并无一定的法则,一般是3~15人:高阶层管理跨距3~6人,中阶层管理跨距5~9人,低阶层管理跨距7~15人。

2. 统一指挥,授予权责的原则

要遵循统一指挥,授予权责的原则。在组织中,一个人只对一个上级汇报工作,一人同时接受两位以上主管的管理会使其产生无所适从的感觉,也为下属在工作安排与时间问题上提供了借口。

3. 权利和责任相适应的原则

权利或责任不清将使工作发生重复或遗漏、推诿现象,易使员工产生挫折感。权利的大小必须与责任大小相对应,权利大责任小或权利小责任大,都无法使当事人正常执行其职责。

4. 企业文化和组织建设相配合原则

组织设计时,要根据餐饮企业文化的特点强化或弱化处理组织中的相关部门设置。如当餐饮企业有较好的互相监督的文化氛围时,我们可以适当弱化监督机构的设置;当餐饮企业的执行力文化较差时,可以强化人力资源管理与行政管理机构的设置。

(二)餐饮业组织机构的一般模式和设置方法

1. 饭店餐饮部的组织机构模式

(1)大型饭店餐饮部的组织机构,见图1-1

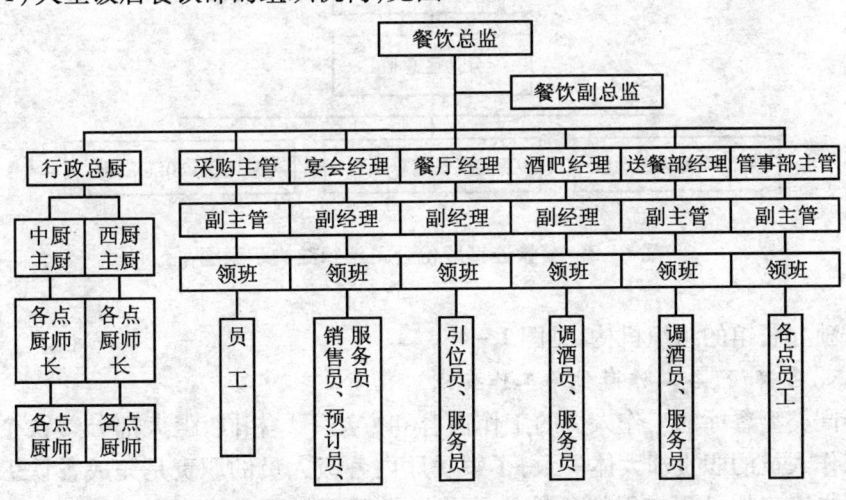

图1-1 大型饭店餐饮部组织结构示意图

（2）中小型饭店餐饮部的组织机构，见图1-2

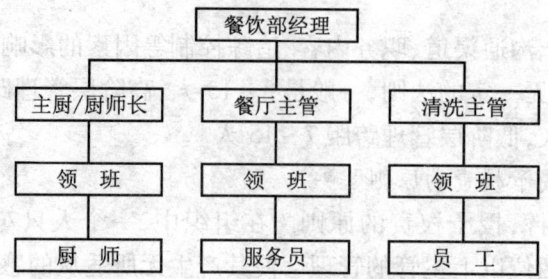

图1-2　中小型饭店餐饮部组织结构示意图

（3）社会餐饮企业的组织机构模式
①餐饮连锁股份公司的组织机构，见图1-3

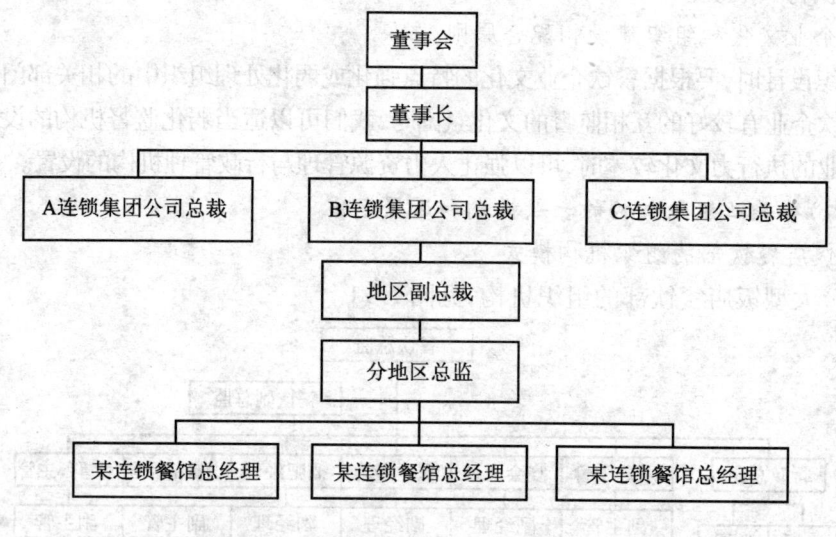

图1-3　餐饮连锁股份公司组织结构示意图

②独立餐馆的组织机构，见图1-4
（三）各部门、各工作岗位的工作要点
不同类型餐厅的工作人员的工作内容和方法不尽相同，但大部分餐饮企业和餐厅工作人员的职责却大体一致，了解餐厅内各级人员的职责是完成餐饮工作任务并让自己工作过程变得轻松愉快的前提。餐厅各级主要工作人员的工作职责如下：

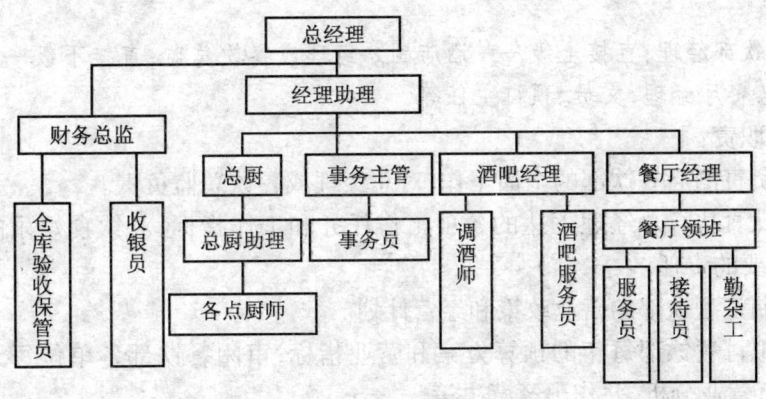

图1-4 独立餐馆组织结构示意图

1. 餐饮总监：直接上级——总经理助理；直接下级——总监助理、餐饮部经理、中西总厨、办公室文员

岗位职责：餐饮总监负责酒店的餐饮服务管理及食品供应的各项工作。具体岗位职责如下：

（1）制订年度、月度营业计划，领导全体员工积极完成各项接待任务和经营指标。分析和报告年度、月度的经营情况。

（2）推广饮食销售，根据市场情况和不同时期的需要，制订促销计划，如有特色的食品节、时令菜式及饮品等。

（3）制定服务标准和操作规程。检查管理人员的工作和餐厅的服务态度，服务规程、出品部门的食品（饮品）质量及各项规章制度的执行情况，发现问题及时纠正和处理。

（4）控制食品和饮品的标准、规格，正确掌握毛利率，抓好成本核算。加强食品原料及物品的管理，降低费用，增加赢利。

（5）制定服务技术和烹饪技术培训计划和考核制度，定期与行政总厨研究新菜点，推出新菜单，并有针对性地组织服务人员和厨师学习外单位的技术和经验。

（6）抓好员工队伍的基本建设，熟悉和掌握员工的思想状况、工作表现和服务水平，开展经常性地礼貌教育和职业道德教育，注意培训、考核和选拔人才，通过组织员工活动，激发员工的积极性。

（7）抓好设备、设施的维修保养工作，使之经常处于完好的状态并得到合理的使用，加强日常管理，防止事故发生。

（8）抓好卫生工作和安全工作，组织检查个人、环境、操作等方面的卫生评比，贯彻执行饮食卫生制度。开展经常性的安全保卫、防火教育，确保餐厅、厨房、库房的安全。

2. 餐饮部经理:直接上级——酒店副总经理或餐饮总监;直接下级——餐饮部副经理、各餐厅经理,文员、预订主任等

岗位职责:

(1)负责酒店餐饮部的全面工作,对总经理或餐饮总监负责。

(2)认真执行总经理下达的各项工作任务和工作指标,对饮食娱乐的经营好差负有重要的责任。

(3)制订餐饮部的营业政策和经营计划。

(4)拟订餐饮部每年的预算方案和营业指标,审阅餐饮部各单位每天的营业报表,进行营业分析,并作出经营决策。

(5)主持日常餐饮部的部务会议,协调部门内部各单位的工作,使工作能协调一致地顺利进行。

(6)审阅和批示部属各单位和个人呈交的报告及各项申请。

(7)与行政总厨、大厨、宴会部研究如何提高食品的质量,创制新的菜色品种;制定或修订年、季、月、周、日的餐牌,制定食品及饮料的成本标准。

(8)参加总经理召开的各部经理例会及业务协调会议,与各界建立良好的公共关系。

(9)对部属管理人员的工作进行督导,帮助他们不断提高业务能力。

(10)负责督促部属员工的服务情况,使餐饮部的服务档次得以提高。发展良好的客户关系,满足客人的特殊需要,处理客人投诉。

3. 餐厅经理:直接上级——餐饮部经理,直接下级——餐厅主管或领班

岗位职责:

(1)对餐厅实行全面管理,确保为客人提供优质餐饮服务,完成每月营业指标。

(2)根据制定的服务标准,确保员工对宾客服务的正确性及一贯性。

(3)调查和了解市场的情况,掌握酒店和餐厅经营情况。制订短期经营目标和经营计划。

(4)与厨师长合作,共同完成每月或每日的特选菜单。适时拟出食品节建议,制订食品节计划并组织实施。

(5)安排下属班次,合理分工,确保部门平日及节假日期间的正常运营。

(6)熟知食品、酒水知识,能够向宾客提供合理的建议。保持并发展客户关系,建立客户档案。处理客人投诉,与客人沟通,征求客人反馈意见。对任何不能单独处理的事情,要立刻向直接上级领导汇报,包括自己无十分把握处理的事情及任何客人投诉。善于与宾客及有关部门沟通,以提高本酒店及本部门的知名度。

(7)参加餐饮部例会,并在开餐前召开餐厅班前会布置任务,完成上传下达的

工作。

（8）负责参与摆台标准的制定、实施及保持。检查并督导食品质量、酒水质量、服务质量、员工纪律及规章制度的落实。保持所有运营设施、设备良好的工作状态。

（9）保持自身仪容仪表的高标准。督导领班的日常工作，检查每位员工的仪容仪表。保持所有工作区域内的高标准的卫生水准。

（10）抓好员工队伍的基本建设，熟悉和掌握员工的思想状况、工作表现和业务水平，开展经常性的礼貌教育和职业道德教育，注意培训、考核和选拔人才，培训所有员工按制定的服务标准，熟练掌握服务技能，优质高效地工作。

（11）通过组织员工活动，激发员工的积极性。建立一支高效的员工队伍，确保员工对工作福利、安全感及事业的发展有不断提高的信心。确保员工每时每刻对宾客提供礼貌的服务。确保员工了解及遵守酒店的火警处理步骤。

（12）努力学习专业知识，提高自身素质，积极参加饭店组织的培训。

（13）签字核实本部门的有关用品的提货单，控制、管理本部门的用品，如瓷器、金银器及玻璃器皿等。负责餐厅硬件设施的维护和更新。

（14）充分了解本部门的预算、预测中的餐饮运营及人工成本等有关内容，并合理地加以控制。审核餐厅的营业收支情况，填写营业报表。

（15）适时填写每日餐厅经理日报表，将餐厅经营情况及一切特殊情况的发生，包括客人投诉，汇报给餐饮总监。按时完成部门经理月报，将餐厅全月工作经营状况加以全面总结后，呈报餐饮部总监。

（16）组织协调餐厅内部关系及餐厅与其他相关部门的联系。协助餐厅厨师长处理有关管理事务。

（17）熟悉应季及市场流行菜式，配合厨师长推出相应菜单。推出有效的食品、饮料的推广活动，为本部门创造最大效益。

（18）了解竞争对手的情况，定期提供比较结果。

（19）完成上级特别指派的任务。

4. 餐厅主管：直接上级——餐厅经理，直接下级——餐厅领班

岗位职责：

（1）认真贯彻餐饮部经理指示，积极落实各个时期的工作任务和日常运转工作。

（2）具有为餐厅多作贡献的精神，不断提高管理水平，业务上精益求精。

（3）拟定本餐厅的服务标准，工作程序。

（4）对下属员工进行定期业务培训，不断提高员工的业务素质和服务技巧，掌握员工的思想动态。

(5)热情待客,态度谦和,妥善处理客人投诉,不断改善服务质量,加强现场督导,营业时间坚持在一线指挥,及时发现和纠正服务中产生的问题。与客人建立良好的关系,并将客人对食品的意见转告总厨师长,以改进工作。

(6)严格管理本餐厅的设备、物资、用具等,做到账物相符,保持完好率。

(7)抓好餐具、用具的清洁卫生,保持餐厅的环境卫生。

(8)做好餐厅安全和防火工作。

(9)写好工作日志,做好交接班工作,做好工作计划和工作总结。

5. 餐厅领班:直接领导——餐厅经理,直接下属——餐厅服务员

岗位职责:

(1)接受餐厅主管的指派工作,全权负责本班组工作。

(2)以身作则,责任心强,敢于管理。

(3)协助餐厅主管拟定本餐厅的服务标准,工作程序。

(4)合理指挥和安排人力,管理好本班人员的工作班次。

(5)检查本班人员出勤情况,准备工作是否合格就绪,并对服务员当天的工作、纪律等方面进行考核登记,并及时向主管反映。

(6)处理服务中发生的问题和客人投诉,并向餐厅主管汇报。

(7)配合餐厅主管对下属员工进行业务培训,不断提高员工的专业知识和服务技巧。

(8)做好本班组物品的保管和餐厅卫生工作。

(9)随时留意客人动向,督导员工主动、热情、礼貌待客。

(10)要求服务员熟悉菜肴特点,善于推销菜肴与酒水。

(11)完成餐厅主管临时交办的事项。

(12)负责写好工作日记,做好交接手续。

6. 餐厅服务员:直接上级——餐厅领班

岗位职责:

(1)接受领班分配的服务工作,向客人提供优质服务。

(2)负责开餐前的准备工作。

(3)爱护餐厅设施设备,并对其实施保养、清洁。搞好营业前后的卫生工作,保持餐厅环境整洁,确保餐具、部件等清洁完好。

(4)了解每餐客人预订和桌位安排情况,接受客人点菜、点酒水、推销餐厅的特色菜品。根据客人的口味,帮助客人选择,为客人提供周到的服务。

(5)严格按餐厅规定的服务程序和服务规格进行服务。为客人提供细节服务。

(6)熟悉菜单上所有品种的名称、单价,掌握菜品、饮料知识和服务操作技巧。随时查看菜肴和酒水质量,杜绝把不合格的菜肴和酒水提供给客人。

（7）热情接待每一位客人，将客人的要求传递给厨房。通过礼貌接待及机敏而富于知识的交谈与客人保持良好的关系。

（8）了解客人所携带的物品，餐后提醒客人记得带走。能迅速有效地处理各类突发事件。

（9）负责及时补充餐厅内的各种餐具，以备急用。

（10）主动征询客人对菜品和服务质量的意见和建议。

（11）做好安全保卫、节电节水工作。检查门窗，水、电、气开关，空调开关，音响情况。

（12）保持个人身体健康和清洁卫生。

（13）发扬互助互爱精神，员工之间加强团结，沟通谅解，共同做好服务接待工作。

（14）了解和执行餐厅的规章制度。

第三节　餐饮服务与餐饮服务精神

一、餐饮服务与管理的文化性

餐饮服务是酒店经营活动的保障，是提升经营产品附加值的有效手段。酒店无论软硬件配套有多强，经营管理与服务都是主要因素，酒店经营管理与服务主体和客体主要都是"人"，能否围绕人的因素开展一系列的经营管理与服务工作是关键所在，是餐饮服务与管理文化性的重要体现。

餐饮服务与管理文化性的突出表现主要有：

（1）经营管理方面，要注重市场和客户的需求以及需求比例。

（2）内外部管理方面，要注重人的价值走向和价值观培养以及价值体现。

（3）提供的服务方面，注重品质与人性需求是否相称，认可的才是适合的，需要的才是重要的。

（4）经营定位方面，注重品牌创立与赢利的和谐，减少相互的冲撞，增强相互的推动。

（5）坚持员工是原始利润的原则，客户是可发掘资源，员工是原始资源，不能浪费，用完了就不会再有同样的资源。原始利润是一切利润的分子，所有的利润都由他们创造。

（6）餐饮服务与管理的文化性要求我们必须深刻认识到，客户认可的关键在于两点：一是经营管理理念；二是总体服务的结果。

二、先进服务理念的形成与影响

服务是餐饮企业基本经营理念的核心部分。在现代企业的整个业务流程中，服务绝不只是产品的一部分那么简单。服务不仅作为产品的一部分销售给客人，为餐饮企业带来利润，同时它也是餐饮企业与外部联系的一个接口，起到接收外部创造性意见的作用。只有树立起正确的服务理念，餐饮企业的服务工作才能有效地发挥作用，错误的服务理念只能使企业的经营状况越来越糟糕。

1. 先进服务理念的形成

餐饮产品同其他服务产品一样，强调产品要能满足不同消费者的需求。由于服务产品的无形性特点，企业必须明确"服务产品"的本质或"服务理念"才能真正实现产品满足不同消费者的需求。

根据赫斯凯特(J. Heskett)的观点，餐饮企业先进服务理念的形成必须要考虑以下几个方面：

（1）餐饮服务最终是由雇员提供的，特别是由那些与餐饮消费者发生交互作用的雇员所提供，所以餐饮服务企业的服务理念在满足消费者需求的同时还要满足雇员需求。企业在要求雇员提高对消费者尊重程度的时候，首先要求雇员增强自尊，增强雇员对工作的满足感。所以，餐饮企业在定义服务理念时，必须要特别考虑服务理念对雇员技能和对雇员性格的要求。服务理念必须包括一套经由多数雇员一致同意的通用价值观。

（2）企业在定义服务理念时还需要在服务餐饮设计、服务递送和服务营销方面做出以下努力：保证充足的商品补给、保证商品种类繁多、雇用称职员工、将店址选择在交通便利的地段等。

（3）餐饮企业在定义服务理念时，必须保持整个餐饮服务系统中前台和后台的一致性。

（4）除上述因素之外，先进的服务理念还要能明确地表达出餐饮企业需要雇员提供什么标准的服务，消费者可以期望获得什么标准的服务。

2. 先进服务理念的要素

（1）优质产品、优质服务

有满意的产品和优质的服务，才有满意的顾客。客人来餐厅是寻求服务以满足他们的消费需要，是天经地义的事情。顾客不投诉，不提意见，并不代表客人满意，只有顾客对我们的产品和服务叫好称赞，才是顾客真正的满意。客人可选择的餐厅很多，他对哪家的服务满意，哪家餐厅就会成为他的首选目标。什么是优质的产品、优质的服务呢？满足客人的一般需求或满足客人制式范围内的产品和服务，不算优质的产品和服务，只有从细节入手，从客人的喜好入手，提供超出客人期望值的产品和服务,让客人叫好,才算优质的服务。客人不提意见,最多只算标准服务。满意服务、标准服务和劣质服务的方程式是:满意服务＝顾客对服务的感受值＞顾客的心理期望值;标准服务＝顾客对服务的感受值＝顾客的期望值;劣质服务＝顾客对服务的感受值＜顾客的期望值。

(2)与顾客的关系

满足顾客的合理需要是我们的追求。顾客虽然不永远是对的,但顾客对酒店来说永远是第一位的。顾客是我们的朋友,朋友有时也出差错,我们应该予以谅解和理解。如果不能满足或不需要满足客人的某些要求,应委婉谢绝或说明原因,但不允许说客人不对;如果客人真的不对,请你牢牢记住"客人永远是第一位的"。

餐厅与顾客之间关系的演变,是一个由和谐、失衡再到新的和谐的螺旋式上升的过程,这个过程的根本动因是顾客需求的无限性与酒店提供服务、满足顾客需求有限性之间的矛盾,我们只有不断改进自己的工作,提高自身的水平,才能解决这些矛盾。

(3)个性化服务的实现

个性化服务就是指以顾客为本,并根据顾客需求层次上的差异,对不同的顾客采取不同的服务方式,包括就餐环境、消费档次的需求,对菜品品种、口味的要求,饮食忌讳及对服务方式的需求。个性化服务的核心是"服务员是主人,顾客是朋友"的亲情服务。

个性化服务的基本要求是,必须针对客户需求和喜好,想客户之所想,解客户之所需,及客户之所及,急客户之所急,预先设想到的和没有想到的在实际的服务中都要根据客户情况摸索到,从而为以后向客户提供针对性的服务奠定基础。个性化服务的最终结果就是客户的心得到了满足和安慰,顾客感到惬意、舒适、温馨、安心、放心、省心。

(4)个性化管理的实现

企业员工也是人,也需要人性化的理解与包容,个性化的基础就是一切以人为本,无论是客户、领导还是基层员工。管理的个性化就是要对员工的心灵、思想、行为、表达、外在形象以及需求和行为结果进行综合考虑,并把这些因素结合起来,形成管理的行为结果。

个性化管理不是简单地从人性的角度出发,考虑充足的人性因素就可以办到的,而是无论做任何模式的管理,其理念是以人为本,尊重人性,善待人性,崇尚人格,从而提高人的质量,达到提高工作的质量的目的。这其中包含了心灵的沟通、激励、开发、修正、养息、慰藉、引发共鸣等。个性化管理的目的就是使酒店形成凝聚力,向心力,创造力和动力。"把你的员工变成你的亲人,把你的客户变成你的朋友,把你的同行变成你屁股后面的狼,把你的财富变成大家的财富,把你的餐厅变成我们的餐厅。"这是个性化管理的最好诠释。

三、餐饮服务精神

传统上,我们以"service"指服务,它的最终目标是指在迅速性、效率性、合理性、确实性、个人性、方便性、机动性和价格性等因素的要求下给顾客提供其原先要求的"同等价值的服务"。近年来,由于生活品质的提升和消费观念改变,"hospitality"被用来指代接待服务,它强调的是服务品质的提高,是在相互性、有效性、心灵性、信赖性、创造性、社会性、文化性和人性等要素的要求下给顾客提供超过顾客原先期待的愿望和"意外的附加值的服务"。餐饮服务精神的实现也必须实现从简单的、被动的、单方的"service"向能动的、双方的、积极创造的"hospitality"转变。

先进服务理念的最终影响就是形成具有影响力的餐饮服务精神。服务必须要实现从"service"到"hospitality"的转变,这种转变是餐饮服务精神的必要体现。

☞ 教学实践

1. 对本地区星级酒店餐饮部及社会餐馆经营情况做实地调查,分析餐饮业在本地区的发展状况。

2. 走访本地一家三星以上酒店餐饮部(或本地较有影响的独立餐饮企业),了解他们的部门机构设置及管理状态。

☞ 经典案例

服务的作用

台湾的王永庆是著名的台商大王、华人首富,被誉为华人的经营之神,他一生之所以能够取得如此辉煌的成就,其中一个重要的原因就是他能提供比别人更多更卓越的服务。王永庆15岁的时候在台南一个小镇上的米店里做伙计,深受掌柜的喜欢,因为只要王永庆送过米的客户都会成为米店的回头客。他是怎样送米的呢?到顾客的家里,王永庆不是像一般伙计那样把米放下就走,而是找到米缸,先把里面的陈米倒出来,然后把米缸擦干净,把新米倒进去,再把陈米放在上面,盖上盖子。王永庆还随身携带两大法宝:第一个法宝是一把软尺,当他给顾客送米的时候,他就量出米缸的宽度和高度,计算它的体积,从而知道这个米缸能装多少米。第二个法宝是一个小本子,上面记录了客户的档案,包括人口、地址、生活习惯、对米的需求和喜好等。用今天的术语来说就是客户资料档案。到了晚上,其他伙计都已呼呼大睡,只有王永庆一个人在挑灯夜战,整理所有的资料,把客户资料档案转化为服务行动计划,所以经常有顾客打开门看到王永庆笑眯眯地背着一袋米站在门口说:"你们家的米快吃完了,给你送来。"然后顾客才发现原来自己家真的快没米了。王永庆这时说:"我在这个本子上记着你们家吃米的情况,这样你们家就不需要亲自跑到米店去买米,我们店里会提前送到府上,你看好不好?"顾客当然说好了,于是这家顾客就成为米店的忠诚客户。后来,王永庆自己开了一个米店,因为他重视服务,善于经营,生意非常的好,后来生意越做越大,成为了著名的企业家。

王永庆的故事给了我们如下启示:
(1) 服务可以创造利润、赢得市场;
(2) 卓越的、超值的、超满意的服务,才是最好的服务;
(3) 通过服务来实施差异化策略,比你的对手做得更好、更多、更棒;
(4) 我们要比客户更了解客户,提前发现客户的潜在需求,培养满意忠诚客户群。

(资料来源:中华品牌管理网,http://www.cnbm.net.cn/member/do91829159.html)

☞ 资料链接

餐饮服务精神十要点

某餐厅的服务精神是十个"一点",这也是对员工的要求。其实,在任何一家酒店或餐饮店,服务如果能真正做到这十个"一点",我们相信客人都会感到满意。

微笑露一点:微笑是所有服务业的国际通行证,微笑体现基本的服务态度,当然客人需要的是员工发自内心的微笑。善于微笑的员工对于任何一家饭店来说无疑都是宝贵的财富。

度量大一点:一个人或一个企业的心胸如何,从度量得以反映。现代社会是一个浮躁的社会,要构建和谐社会,就需要更多的度量大的人和企业。

行动快一点:行动快不快,体现了一个企业的执行力。在服务过程中,客人对服务人员的行动往往有比较高的期待,能否做到位,对客人的满意度有很大的影响。

脾气小一点:在服务实践中,我们可以发现,很多矛盾和问题都是由于一方或双方的脾气大引起的。脾气小一点或谦让一点,对做好服务无疑是非常重要的。

脑筋活一点:这主要体现在服务的灵活性方面。在服务过程中,确实有很多意外情况或应急事件,是服务人员难以预料的,这时脑筋活不活就很重要了。

理由少一点:遇到问题急于解释,在服务中是常见的现象。其实,任何问题都可以找到理由,但对于服务来说,找理由、追究责任并不能让客人感到满意,我们所需要做的就是马上想办法解决问题。

效率高一点:在现代社会,时间对客人来说是非常宝贵的资源。因此,服务的效率非常重要。现在很多饭店企业对各个服务程序都提出了量化的时间标准,无疑这是保证服务效率的根本。

嘴巴甜一点:人人都喜欢听好听的话,任何客人都不例外,因此,对于服务人员来说,嘴巴甜不甜也是使客人感到满意的重要因素。当然,服务语言的艺术性也是需要下大工夫训练的。

做事勤一点:饭店服务中,常常会对服务人员会提出"五勤"的要求,眼勤(多看、多观察,以便及时处理有关情况)、口勤(多问、多征求意见)、耳勤(多听,从客人的语言中找问题)、手勤(多做)、腿勤(多走,在行动中发现问题)。

说话温柔一点:这一点和嘴巴甜一点的要求是一致的。说话温柔是服务亲和力的体现,只有有亲和力的服务才能真正赢得客人的称赞。

(资料来源:中国吃网,http://www.6eat.com/DataStore/CardExpensePage/267240_0)

参考文献

1. 王学泰. 中国饮食文化史. 广西:广西师范大学出版社,2006.
2. 谢明成. 最新餐饮经营管理实务. 沈阳:辽宁科学技术出版社,2000.
3. 詹益政. 酒店餐饮经营实务. 广州:广州南方日报出版社,2002.
4. 相关网站资料:
   中国烹饪协会网 http://www.ccas.com.cn/
   中国职业餐饮网 http://www.canyin168.com/
   中国吃网 http://www.6eat.com/

第二部分 餐饮服务基础篇

第二章　餐饮服务基本技能及服务礼仪

娴熟的餐饮服务技能及优雅得体的服务礼仪是餐厅服务人员为客人提供基本服务的基础，是餐厅提高服务质量，为客人提供优质服务的前提和保障。餐厅服务人员必须苦练服务的基本技能，遵照服务礼仪的要求让自身养成并保持良好的服务礼仪，提供让客人满意的服务。

第一节　餐饮服务基本技能

本节将从餐厅服务各环节必须掌握的基本技能入手，对各项服务技能做具体介绍。

一、托盘

(一) 关于托盘

托盘是餐厅服务人员用来为客人运送各类物品的常用工具，托盘服务是餐厅中最基本的专业服务技能，托盘服务技能的高低可以衡量服务人员服务质量的高低，是餐厅服务员必须掌握的基本技能之一。

托盘包括轻托和重托两种服务方式。重量在5千克以内的小件物品使用轻托的服务方式进行托运服务，一般使用左手于胸前进行，故又叫胸前托；重量在5千克~10千克之间的大件及重物使用重托的服务方式进行托运服务，一般用左手往后翻转于肩上进行，故又叫肩上托。

托盘服务是快速、卫生、有序为餐厅客人提供服务的方式，餐厅服务员必须依据不同物品递送的需要选择并正确使用合适的托盘服务方法为客人进行各项优质的服务。

(二) 托盘服务操作要领

(1) 整理装盘：根据用途合理选择托盘并擦拭干净盘底与盘面，最好使用胶垫，以防滑动，一般是重物、高物在里，轻物、低物在外。先上桌的物品在上、在前，后上桌的物品在下、在后。

(2) 托姿：托盘的方式按其重量差别，分为轻托与重托。轻托左手臂弯成90度角，掌心向上，五指分开，手掌自然成形，掌心不与盘底接触，平托于胸前。托盘距离胸前约5厘米。重托时右手扶住托盘，左手伸开五指，用全掌拖住盘底，右手协助将托盘托起至胸前,向上转动手腕,将托盘稳托于肩上。

(3)操作程序:

理盘—装盘—起托—行走—卸盘

(三)注意事项

(1)讲究服务卫生,形成并保持使用托盘的习惯。

(2)托盘时不要以拇指向上按住盘边托盘。

(3)托盘斟酒时,应随时调节托盘重心,勿使托盘打翻,将酒水泼洒在宾客身上。

(4)托盘时,手肘不要碰到客人的头部。

(5)不能在客人的就餐桌上装卸托盘上的物品。

二、餐巾折花

(一)关于餐巾

餐巾,又称口布、茶布、席布等,它是餐厅中供宾客用餐时的卫生清洁用品。在中国的古代典籍中就有宴会中使用"餐巾"覆盖食物和擦手的记载,明清时期,宫廷和贵族宴会就出现了高档的锦缎绣花餐巾。在西方,餐巾也有很深的历史渊源。早期的希腊和罗马贵族一直保持用手指进食的习惯,所以在用餐完毕后用一条和毛巾大小的餐巾来擦手,更讲究一点的则在擦完手之后捧出洗指钵来洗手,洗指钵里除了盛着水之外,还漂浮着玫瑰的花瓣,埃及人则在钵里放上杏仁、肉桂和橘花。餐巾发展到17世纪时,除了实用意义之外,还特别注意观赏价值。公元1680年,意大利已有26种餐巾的折法,如教士僧侣的诺亚方舟形,贵妇人用的母鸡形,以及一般人喜欢用的小鸡、鲤鱼、乌龟、公牛、熊、兔子等形状。西亚、埃及等地区的文明中也有使用餐巾的历史记载。

现在我们使用的餐巾是中西合璧的产物,被广泛应用于各式餐厅服务中,成为餐厅和服务的一个重要组成部分。

(二)餐巾折花基本技法

1. 折叠(图2-1)

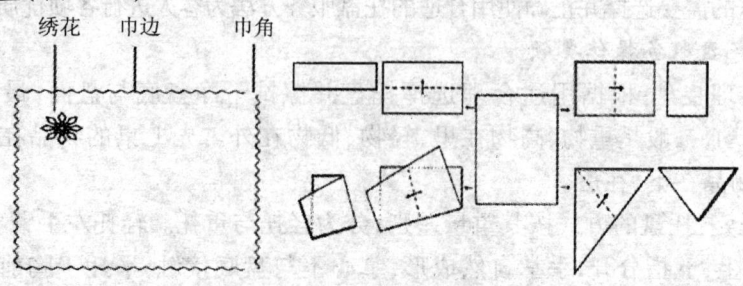

图2-1 折叠示意图

2. 推折(图2-2)

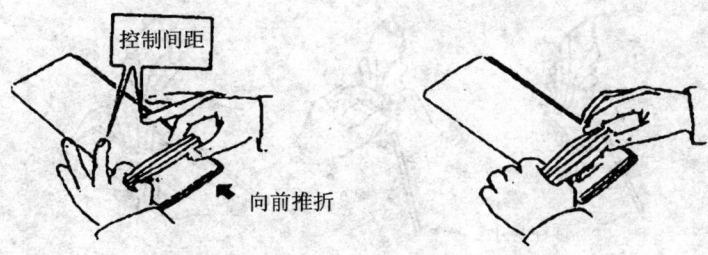

图2-2 推折示意图

3. 卷(图2-3)

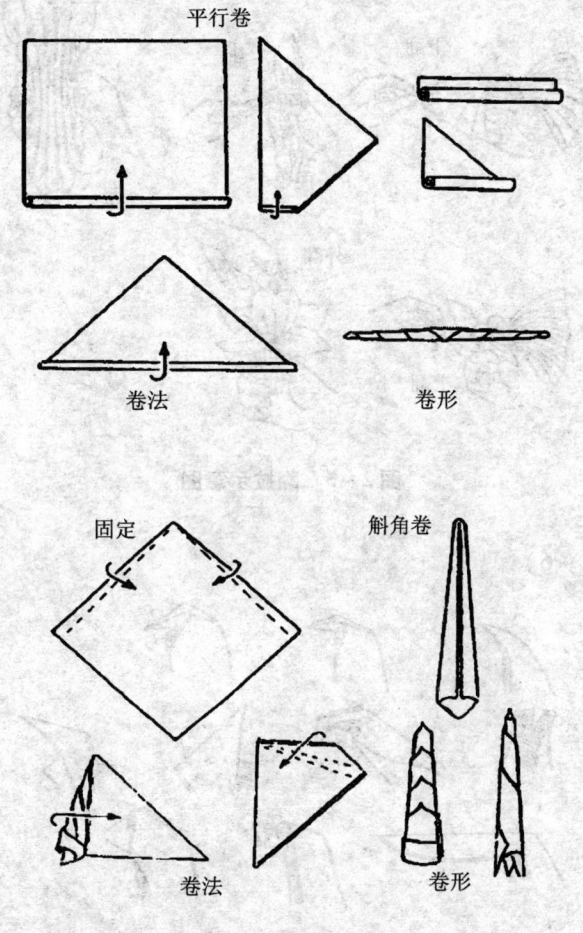

图2-3 卷示意图

4. 穿(图2-4)

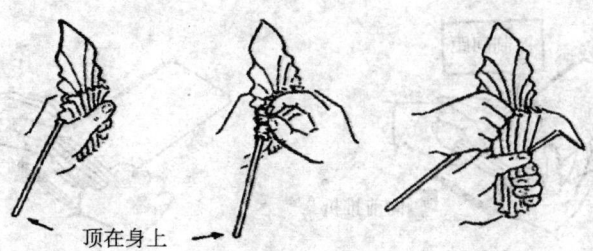

图2-4 穿示意图

5. 翻拉(图2-5)

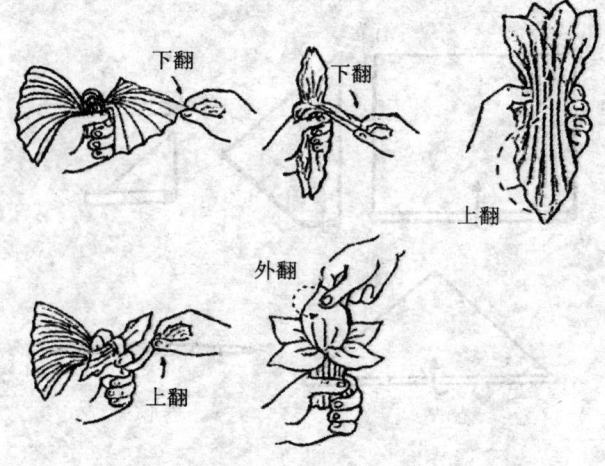

图2-5 翻拉示意图

6. 捏压(图2-6)

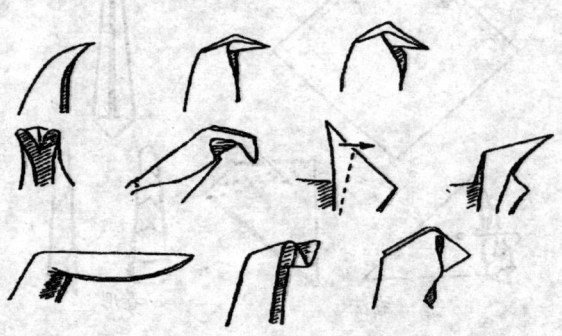

图2-6 捏压示意图

（三）注意事项

1. 折花操作注意事项

（1）操作前要洗手消毒。

（2）在干净的托盘或餐盘中操作。

（3）操作时不允许用嘴叼、咬。

（4）放花入杯时要注意卫生，手指不允许接触杯口，杯身不允许留下指纹，注意花的观赏面。

（5）杯花放置在杯中 2/3 处为宜。

2. 花的选择与摆放注意事项

（1）根据宴会的规模选择花形。大型宴会选择简洁、挺括的花形；小型宴会一桌可使用不同花形，也可使用两至三种花形相间搭配。

（2）根据宴会主题选择花形。

（3）根据季节选择花形。

（4）根据宗教信仰选择花形。

（5）摆放时要突出主位，主花要摆放在主位，相似花形错开摆放，摆放距离均匀，注意协调，将观赏面朝向宾客。

三、摆台

（一）中餐宴会摆台服务程序及操作要领

1. 中餐宴会摆台服务程序

准备餐具→选择桌台及铺台布→摆放餐具→整理席面→摆放餐椅

2. 台型设计与餐台的选择

（1）台型设计

中餐宴会大多数用圆台。一般直径为 150 厘米的圆桌，每桌可坐 8 人左右，直径为 180 厘米的圆桌，每桌可坐 10 人左右，直径为 220 厘米的圆桌，可坐 14 人左右。直径超过 180 厘米的圆桌，应安放转台。

中餐宴会台型设计中餐桌的排列十分强调主桌位置。主桌应放在面向餐厅主门、能够纵观全厅的位置。中餐宴会台型设计要求将主宾入席和退席要经过的通道作为主行道，主行道应比其他行道宽敞突出些。

根据餐厅的形状和大小及赴宴人数的多少来安排台形排列，桌与桌之间的距离以方便穿行上菜、斟酒、换盘为宜。摆桌椅时要留出服务员分菜位，其他餐位距离相等，一般桌与桌之间的距离不少于 2 米。在整个宴会餐桌的布局上，要求整齐划一，要做到：台桌布一条线，桌腿一条线，花瓶一条线，主桌主位能互相照应。中餐宴会台型设计中其他台椅的摆法、背向要以主桌为准。

大型宴会除了主桌外,所有桌子都应编号。号码架放在桌上,使客人从餐厅的入口处就可以看到。客人亦可从座位图知道自己桌子的号码和位置。座位图应在宴会前画好,宴会的负责人按照宴会图来检查宴会的安排情况和划分服务人员的工作区域。而宴会的主人可以根据座位图来安排客人的座位。但任何座位计划都应为可能出现的额外客人留出座位。一般情况下应预留10%的座位,预留座位最好事先与主人协商确定。

　　此外,中餐摆台要尊重各民族的风俗习惯和饮食习惯,摆台要符合各民族的礼仪形式,中餐宴会的摆台、餐台、席位安排要注意突出主台、主宾、主人席位。花台面的造型要逼真、美观、得体、实用。所谓"得体"是指台面的造型要根据宴会的性质恰当安排,使台面图案所标示的主题和宴会的性质相称。如婚嫁酒席就摆"喜"字席、百鸟朝凤等台面;如接待外宾的酒席,就摆设迎宾席、友谊席、和平席等。多台宴会应强调会场气氛,做到灯光明亮,通常要设主宾讲话台,麦克风要事先装好,绿化装饰要求做到美观高雅。此外,吧台、礼品台、贵宾休息台等视宴会厅的情况灵活安排。要方便客人和服务人员为客人服务,整个宴会布置要协调美观。

　　(2)选择餐台及铺台布

　　根据宴会预订的情况及台型设计的要求选择合适的餐台,然后根据餐台的大小选择平整、无皱纹、无破边、无破洞、大小适宜的台布。铺台布时中线鼓缝朝上,正对正副主人,台布中心图案置于桌中央,台布下垂的四角离地面距离相等。

　　3.中餐宴会摆台操作要领

　　(1)准备餐具及用品:干净台布、骨碟、味碟、小汤碗及勺、筷架筷子及分羹、红葡萄酒杯、白酒杯、水杯或饮料杯、公用餐具、烟灰缸、牙签、花、菜单、桌牌号等。

　　(2)具体操作步骤:

　　第一步:站立于副主人位铺设台布,台布铺设四围下垂均等。

　　第二步:骨碟定位。使用托盘将需要摆放的骨碟托至餐桌主人位,侧身用右手从主人位按顺时针方向开始摆放骨碟,骨碟距离桌沿1厘米~1.5厘米(一指宽),骨碟与骨碟间距均匀。

　　第三步:将味碟、汤碗、筷子筷架及长柄勺(分羹)托至主人位,先将味碟摆放至骨碟正前方,距离骨碟1厘米,然后将汤碗及勺摆放于味碟左侧,距离味碟1厘米,再将筷架摆放于骨碟右侧,将筷子及分羹放于筷架上,分羹距离骨碟的距离为3厘米,筷尾距离桌沿1厘米。若餐厅给客人提供的牙签为独立包装,则将牙签袋放置在筷子及分羹的中间位置。

第四步：用托盘把红葡萄酒杯及白酒杯托至主人位，先在味碟正前方 2 厘米处摆放红葡萄酒杯，然后在红葡萄酒杯的右侧摆放白酒杯，两杯在同一直线上且和骨碟、汤碗所在的直线呈 30 度角。

第五步：在工作台上将餐巾花折好插入水杯或饮料杯，用托盘将杯和餐巾花一同托至主人位，放置于红葡萄酒杯的左侧，使三杯呈一直线且杯与杯之间保持 1 厘米的距离。

第六步：在正副主人位各摆放一套公用餐具。

第七步：摆放烟灰缸、花、菜单及桌牌号。

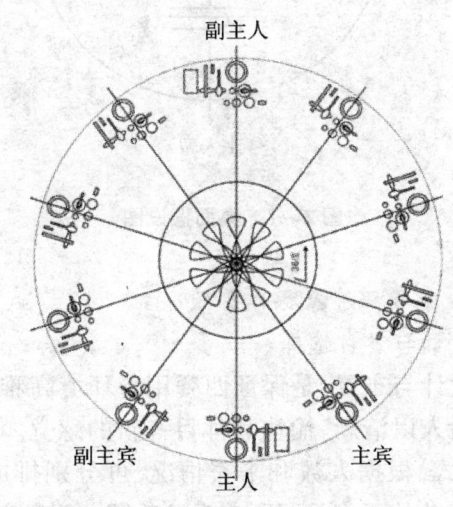

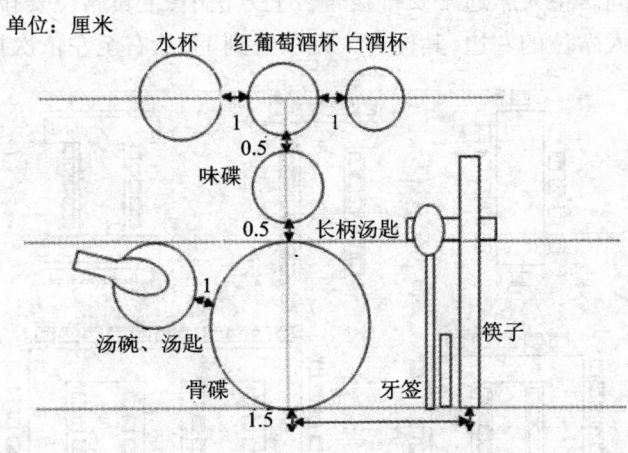

单位：厘米

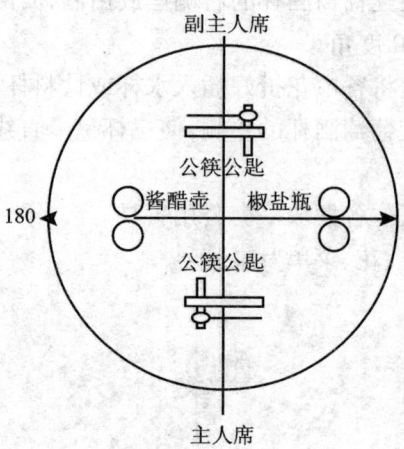

图2-7 桌面摆设图

（二）西餐宴会摆台服务程序及操作要领

1. 西餐宴会台型设计与餐台选择

做好西餐宴会的设计与布置，是保证西餐用餐环境高雅、舒适的重要事项，好的台型与台面设计能给人以清新、愉快和耳目一新的感觉。西餐宴会的台型布置安排，一般采用长桌形式，根据人数和来宾情况，可分别排成"T"形、"I"形、"门"形、"E"形、"山"形等，总的要求是要既美观又适用。西餐宴会各种台型宾主席位的安排大致相同。主人席通常安排在席台上方正中，主宾席位安排在主人右边，副主宾安排在主人席位的左边，其他客人则从上到下，从右至左依次排列。

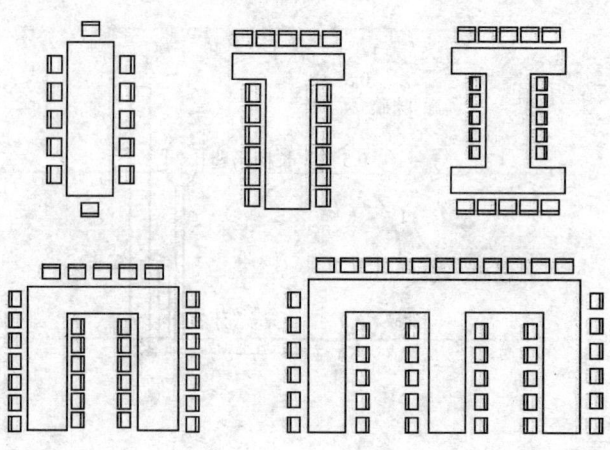

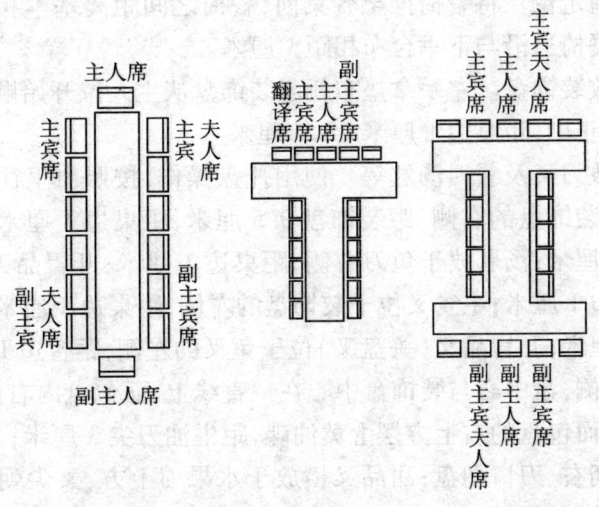

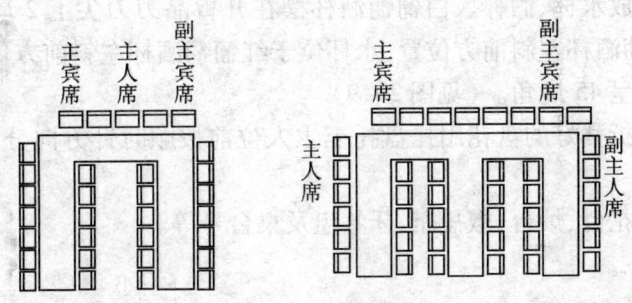

图 2-8 西餐馆会台型设计

2. 西餐宴会摆台程序

准备干净餐具→选择桌台及铺设台布→餐椅定位→摆放餐具→整理席面。

3. 西餐宴会摆台操作要领

(1)准备好餐具:装饰盘、主餐刀、主餐叉、鱼刀、鱼叉、汤勺、开胃品刀、开胃品叉、甜品勺、甜品刀、面包盘、黄油刀、黄油碟、水杯、红葡萄酒杯、白葡萄酒杯、椒盐瓶、牙签、花盘、烛台、桌牌号等。

(2)具体操作步骤(以6人位宴会套餐、英式席位安排为例):

第一步:站立于副主人位铺设第一块台布,台布凸缝朝上,位于餐桌中分线上,然后再于主人位铺设第二块台布,台布中凸线向上,两块台布中凸线对齐;两块台布面重叠5厘米,主人位方向台布交叠在副主人位方向台布上,台布四边下垂均等。

第二步：餐椅定位。将餐椅推至餐桌前，餐椅之间距离基本相等；相对餐椅的椅背中心对准；餐椅边沿与下垂台布相距1厘米。

第三步：摆放装饰盘。左手拿垫布托起装饰盘从主人位开始顺时针方向摆设，装饰盘放于席位正中，距桌边1厘米~1.5厘米。

第四步：摆放刀叉及餐刀汤匙等。使用托盘操作，按照由里往外摆放的原则，先将主餐刀放于装饰盘的右侧，距装饰盘0.5厘米，距桌边1厘米；鱼刀放于主餐刀右边距桌边4厘米；汤匙放于鱼刀右侧，距桌边1厘米；开胃品刀(头盘刀)位于汤匙右侧，距桌边1厘米；主餐叉位于装饰盘的左侧，距桌边1厘米；鱼叉位于餐叉左边，距桌边5厘米；开胃品叉(头盘叉)位于鱼叉的左侧，距台边1厘米；面包盘位于开胃品叉的左侧，盘中心与装饰盘中心在一直线上，面包盘内右侧1/3处摆上牛油刀，刀刃朝左；面包盘的右上方摆上黄油碟，距牛油刀尖3厘米；水果刀横放于装饰盘上方，刀把朝右、刀口朝盘；甜品叉横放于水果刀上方，叉尖朝右；甜品匙横放于甜食叉上方，匙柄朝右。

第五步：摆放水杯、酒杯。白葡萄酒杯摆在开胃品刀刀尖上2厘米处，红葡萄酒杯放于白葡萄酒杯左斜前方位置，水杯位于红葡萄酒杯左斜前方位置，三杯成一直线，并与线边呈45度角。(见图2-9)

第六步：将折叠好的盘花用托盘托至主人位前按顺时针方向分别摆放于装饰盘上。

第七步：摆花台、烛台、椒盐瓶、牙签盅及桌台号等。

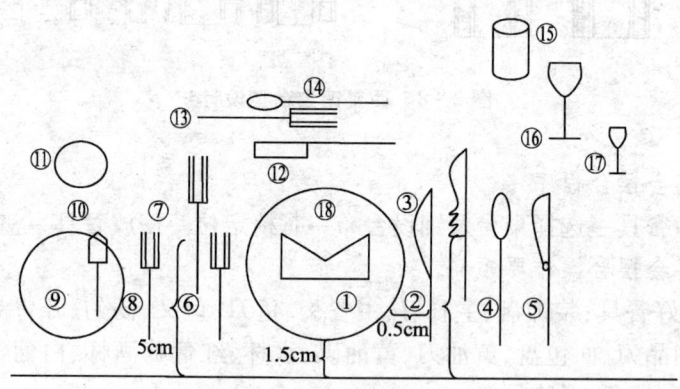

图2-9　西餐宴会摆台

①主食餐盘②主食餐刀③鱼刀④汤匙⑤头盘刀⑥主食餐叉⑦鱼叉⑧头盘叉⑨面包盘⑩牛油刀⑪牛油碟⑫水果刀⑬甜食叉⑭甜食匙⑮水杯⑯红葡萄酒杯⑰白葡萄酒杯⑱餐花

四、餐前服务准备

无论中餐厅还是西餐厅,无论是零点服务还是宴会服务,餐厅服务员为客人提供标准且优质的服务前均必须做好充分的餐前服务准备工作。

(1)到岗后迅速换好工服并参加餐前会,了解餐厅当天的任务分派情况及注意事项,根据餐厅分派给自己的任务在15分钟~20分钟内做好相关的准备工作,如:清洁相关设备与工具的准备、餐桌的整理与摆设、菜单的了解、熟悉价格、补充物品等工作。具体内容及程序为:

检查并整理自己责任区域内的餐桌及餐椅是否摆放妥当→准备好需要使用到的客用及自用物品→整理好服务区内的工作台→摆放好餐桌椅后开始铺设台布→摆放餐具及完成餐巾折花等操作任务。

(2)准备工作完成之前,再次检查自己工作的责任区域是否全部准备妥当。

(3)餐厅领班或主任召开餐厅营业前短会,检查所有服务人员的准备情况及个人卫生情况,报告当天的特别事项或当天预订客人的特别菜单及特别要求,最后勉励餐厅服务人员以积极的态度去迎接和完成即将到来的工作任务。

(4)餐前短会结束后,服务人员各就各位,迅速进入工作岗位,准备开门营业,迎接客人。

五、迎宾与带位服务

迎宾服务工作是客人到达餐厅后的第一站工作,迎宾人员是第一个与客人接触的关键人物,能否在迎领时给客人留下良好第一印象是客人评价餐厅服务质量和水准高低的关键。有礼貌地迎接及恭送顾客,往往使顾客产生不可磨灭的良好印象,使陌生的客人成为餐厅的常客。

(一)迎宾服务要求

(1)仪表和服饰的要求:迎宾人员要有较好的仪容和仪表,五官端正,仪态大方,穿着打扮要符合岗位的需要,并能体现餐厅经营的特色和餐饮服务精神。

(2)语言使用和表达要求:使用标准并具个性化的服务语言迎接到餐厅用餐的每位客人,语音语调要柔美,表达要清晰,表述要完整。如:"您好,欢迎光临""早上好,先生/女士,欢迎光临""您好,请问您有预订吗?""先生/女士您好,请问您几位?"等。

(3)礼貌服务:招呼客人要热情有礼、面带微笑、态度诚恳。

(4)正确领位:包括把客人带到正确的位置上和引领姿势的正确两方面。

(5)针对不同客人的不同要求提供灵活、周到、恰到好处的服务。假如客人是戴帽及穿外套的,应尽可能协助客人妥善保管。同时从容而镇定地询问有否订座,了解客人的人数,然后决定方向引导客人至空席位。遇营业忙碌或座位告满,对前来的顾客,必须要有照顾,并从速安排他们入座。

(二)迎宾带位服务要领

(1)标准站姿:站立要端正,挺胸收腹,两眼平视,面带微笑,双臂提前交叉,左手放在右手上,双脚成"V"字形,双膝和脚后要靠紧。

(2)着装标准:上岗前对照镜子检查仪容仪表,头发梳理整齐,并用发网把头发束起来。工号牌佩戴于左胸,制服合身、整洁,纽扣要扣齐全。穿肉色丝袜,不能有挂丝,皮鞋保持光亮。

(3)手势标准:手臂伸直,手指自然并拢,手掌向上,以肘关节为轴,指向目标。同时,眼睛要看着目标并兼顾对方是否看到指示的目标,在介绍或指方向同时切忌用一只手指指点或五指分开。

(4)接待标准:在引领客人的过程中,介绍餐厅情况、包房或本餐厅的特别介绍菜品,走在客人的右前方,与客人保持1米左右的距离,不要走在客人的后面或走得太远,以便客人能够看到指引的方向或方便与客人交流。到达餐桌位置后,为客人拉椅让座,并从客人的右侧递上菜单。将客人交予餐厅服务员接替,向客人作礼貌的招呼方可离去。

(5)接订餐电话:①电话铃声响起三声以内接起电话,并致问候:"您好,××店。"语气柔和亲切。②认真倾听客人的电话事由。③询问客人预订的时间、人数及用餐标准、客人的单位或姓名、联系方式。④复述客人的预订。⑤感谢客人的来电,并说:"谢谢,恭候您的光临,再见!"

(三)迎宾带位服务注意事项

(1)要注意客人的人数以及到来的先后次序,如果先来的客人等在一旁,看到后来的客人受到招待,会使他们非常生气。

(2)带领客人至一个座位时,除非客人另作选择,千万不可改变主意,更不要犹豫不定,变换桌座。在餐厅中往返找寻座位,使客人无所适从,是最尴尬而不恭的事。

(3)带位应先带至餐厅的前段显而易见之处,其次以平均角度安排。

(4)带位者同时要尽量从顾客的角度出发决定其座位,如常客往往对曾坐过的位子,有感情上的偏爱。

(5)双人座,宜安排单身的客人(通常喜近窗得以远眺),或一对异性或同性的两人至幽静处入座。

(6)中央位置,安排三人以上并且装扮入时的人士入座。

(7)内角不挨通道的座位,宜安排携带能走动儿童的顾客入座,以免孩童活动奔走妨碍服务工作或吵扰别的顾客。

(8)出入口隐蔽处,适于较年长及行动不便的顾客入座,以便利其行动。身体残缺者也以方便而又隐蔽的位置为宜。

(9)带位切忌以不相识客人并桌,尤其是单身女客,千万勿随便带其与陌生顾客并桌。如客人对所带至的座位不满意,或要求调换时,不可借故拒绝,应尽速安排客人至满意的空位就座。

(10)应特别留意的是各类宠物(猫或狗等),均不可进入餐厅。

六、接受客人点菜

餐厅营业开始后,桌边服务员要按照不同餐饮形式的点菜程序及要求及时接受客人的点菜,正确填写点菜单,并能在点菜的过程中为不同客人提供合理的建议。具体程序及服务内容为:

(1)协助迎宾引领客人入座,待客人坐下后给客人递上菜单及斟倒茶水和递送热毛巾等,站立在客人右后侧接受客人点菜。

(2)根据不同客人的需求及餐厅营销的需要给客人提供合理的点菜建议,提高餐厅的经济效益。

(3)在点菜单上记录客人点菜的内容。

(4)复述客人所点的菜肴及其他内容。

(5)礼貌致谢。

(6)点菜过程中其他注意事项:①填写点菜单时要填写相应的台号、人数、服务员的姓名和日期;②正确填写客人所点菜肴的数量和品名;③点菜单中的空行要用笔画掉,特殊要求应注明;④冷菜、热菜、点心要分单填写,以便厨房做相应准备和操作。

七、斟酒

(一)斟酒前的准备工作

1. 准备和检查酒水

斟酒前准备好客人所点酒水,检查酒水质量,用手握住瓶颈部,将瓶倒置,对准明亮处看酒水是否沉淀,饮料是否混浊,将瓶身、瓶底擦干净待用。

2. 开酒瓶

酒水及饮料是餐厅客人消费的一大内容,餐厅服务员必须要掌握各类酒水及饮料的开瓶方法,根据不同客人所点酒水及饮料提供相应的开瓶服务。在餐厅中最常见的有三类酒水的开启服务:一类是易拉罐式的酒水的开启服务;一类是瓶盖式的酒水开启服务;一类是带木塞的酒水开启服务。

(1)易拉罐式酒水的开启方法与技巧:首先将酒罐的表面冲洗干净,擦干,左手固定酒水罐,用右手拉酒水罐上面的拉环。轻轻往上提起拉开,直至拉环完全脱离即可。

(2)瓶盖式酒水的开启方法与技巧:需要使用到开瓶起子,首先将酒水瓶擦干净,将啤酒瓶或饮料瓶放在桌子的平面上,左手固定酒水瓶,右手持开瓶起子,轻轻地将瓶盖打开。开瓶后,不要直接将瓶盖放在餐桌或吧台上,可放在一个小盘中,待开瓶后,撤走该小盘。

(3)带木塞类酒水的开启方法与技巧:开启红葡萄酒时,用小刀沿瓶口突出圆圈下切除封盖,用布将瓶口擦拭干净。将开瓶器的螺旋体插入软木塞中心点,缓缓地转入,如用蝴蝶形开瓶器,当螺旋体渐渐进入软木塞时,两边的把手会渐渐升起,当把手到顶点时,轻轻地将它们扳下,把软木塞拔出。开瓶时,如软木塞断裂,可用"两夹型开瓶器"把瓶塞夹出来。

开启香槟气泡酒时,首先撕开铝箔封套,一手握住瓶塞,一手转开软木塞上固定用的铁丝网。将瓶身略为向外倾斜,不可对着人。一手仍握住瓶塞,另一手慢慢旋转瓶身。注意控制软木塞拔出的声响,愈安静愈好。由于瓶内的压力比瓶外大,有时软木塞会弹出,所以,开瓶时要把手放在软木塞上,以免弹出伤人。

(二)斟酒服务程序与要领

1. 持瓶动作

为顾客斟酒水时,餐厅服务员持瓶姿势是否正确是保证斟酒准确、规范的关键。正确的持瓶姿势为:叉开右拇指,其余四指并拢,掌心贴于瓶身中部,即酒瓶商标的另一方。握瓶时,手指用力均匀,使酒瓶握实在手中。

2. 斟酒站位

餐厅服务员站在客人的右侧身后,右腿在前,插站在两位客人的座椅中间,脚掌落地,左腿在后,左脚尖着地呈后蹬势,使身体向右呈略斜式,面向顾客,右手持瓶,从顾客右侧依次进行斟酒。餐厅服务员进行斟酒服务时,忌讳将自己身体贴靠在顾客身上或座椅上,但也不要离得太远,更不可在一个站位同时为左右两位顾客斟酒。斟完酒水(饮料)后,身体应迅速恢复直立状,在斟酒水(饮料)服务时,切忌弯腰、探头、直立或仰身。

3. 斟酒标准

不同的酒品其斟倒标准不同,餐厅服务员应按照酒品的特点,准确地将酒水斟入杯中。特殊酒水服务中,应针对不同特点的酒水及顾客的不同需要,提供相应的服务,以满足顾客的特殊需求。

(1)中餐常用的酒水杯斟酒标准为:白酒斟入杯中应为八分满,红葡萄酒一般为1/3~1/2。给每位顾客斟倒第一杯啤酒时,应使酒液顺杯壁滑入杯中,八成酒液,二成泡沫。

（2）西餐常用的酒水杯斟酒标准为：红葡萄酒、白葡萄酒均为六分满；白兰地酒斟入杯中为一个斟倒量（将酒杯斟入酒后横放时，杯中酒液与杯口齐平）；西餐烈性酒斟倒量通常与白兰地相同。

（3）斟倒各种饮料时，无论中餐还是西餐，其斟倒标准均以八分满为宜。

4. 斟倒方式

（1）桌斟：指顾客的酒杯放在餐桌上，餐厅服务员右手持瓶向杯中斟倒酒水。此种方法又分为托盘斟酒和徒手斟酒，是餐厅零点点餐服务最常使用的一种斟酒方法。

托盘斟酒操作要领：服务员将顾客选定的酒水、饮料放于托盘内，餐厅服务员左手端托盘，托盘的位置应位于客人座椅背以后，保证托盘平稳，右手取送斟倒，根据顾客的需要取送酒水，依次将所需酒水斟入杯中，这种斟倒方法可以方便顾客选用。为一位客人斟完一杯以后，换瓶时要稳，轻拿轻放。

托盘斟酒时，装боть要合理，托盘托在椅背的外侧20厘米左右，不与身体接触，换瓶时注意安全。此种方法多用于客人人数较多，酒水品种较多，或者需要持续斟酒，或者酒水需要保温时的斟倒。

徒手斟酒操作要领：服务员左手持餐巾布，右手握酒瓶，手掌自然张开，握住酒瓶的中部偏下部位，拇指朝内，食指指向瓶口，与拇指呈约60度角，其余三指基本并在一起，与拇指配合握紧瓶身，商标朝向客人一方，站在客人的身后右侧，面向客人，将顾客选定的酒水依次斟入客人的杯中，然后用左手中的餐巾布将瓶口擦拭干净。斟酒时，瓶口对准杯口，斟倒一般酒水时，瓶口应距离杯口2厘米左右，瓶口对准杯中心，缓缓地将酒水注入到酒杯中。斟啤酒或气泡酒时应将酒液沿杯壁注入杯中。

（2）捧斟：餐厅服务员站立于顾客右侧身后，右手握瓶，左手将酒杯捧在手中，向杯中斟满酒后绕向顾客的左侧将装有酒水的酒杯放回原来的杯位。捧斟方式一般适用于非冰镇酒品。捧斟取送酒杯时动作要轻、稳、准、优雅大方。此种方法多用于酒会和酒吧服务。

此外，无论采用哪种方式斟倒酒水，酒瓶口都应与杯口保持一定的距离，切忌把瓶口搁在杯沿或采用高溅注酒的方式，以免有碍卫生及操作时发出声响，防止把酒杯碰倒。

八、上菜与分菜

上菜与分菜是餐厅服务人员的基本功，是中餐零点餐服务和宴会服务中必不可少的内容，熟练掌握上菜分菜的技艺不仅让宾客适时品尝了美味佳肴，也可让宾客领略丰富的饮食文化，高超娴熟的上菜分菜技艺还能给宾客以赏心悦目的艺术享受,为就餐助兴。

(一)中餐上菜与分菜

1. 上菜程序与规则

(1)上菜程序:冷菜—热菜—汤—点心—水果,粤菜习惯于先汤后菜。

(2)上菜规则:先冷后热,先菜后点,先咸后甜,先炒后烧,先清淡后肥厚,先优质后一般。特殊要求,灵活掌握。

2. 上菜位置和姿势

(1)上菜位置:宴会上菜服务以不打扰客人为原则,选择在副主人位右侧进行,也可以在位于主人位呈90度角的位置,即翻译或陪同人员之间进行。零点上菜服务选择在客人间隙较大的位置,但要避开老人、女士和小孩。

(2)上菜姿势:服务员将菜肴用左手托盘托至餐桌前,右脚跨前在两椅之间,侧身用右手上菜。上菜时要报菜名并对菜肴做简单介绍。

3. 上菜节奏和时机

(1)中餐零点餐的冷菜必须在客人点菜结束后5分钟内上至客人餐桌,中餐宴会则必须在宴会开始前15分钟摆好并斟好酒水。

(2)根据客人用餐的情况,灵活把握好上菜的节奏,一般在客人餐桌上前一道菜接近吃完时,将新的一道菜送至餐桌。

(3)中餐宴会如遇宾主讲话或离席敬酒不宜上菜。

4. 上菜规范及注意事项

(1)熟悉菜单,核对菜肴,检查菜肴质量。

(2)上菜动作要轻、稳,切勿从客人头上越过。

(3)上菜前要巡视台面,整理转台。

(4)先上调料、配料,再上菜肴。

(5)主动为客人用餐刀划开整鸡整鸭整鱼的皮骨等并剔骨,要注意"鸡不献头,鸭不献掌,鱼不献脊"。

(6)上菜时使用礼貌服务用语。如:"打扰一下"、"请慢用"等。

5. 分菜规范及注意事项

(1)正确使用公筷、长柄汤勺、叉、匙等分菜工具为客人进行分菜。

(2)根据不同菜肴的特点选择不同分菜方式,分菜方式有餐位分让、旁桌分让、转盘分让、厨房分让四种。

(3)分菜时站立要稳,餐位分让时站在客人左侧,右手拿分菜叉、匙给客人均匀分菜。

(4)分菜时一定要注意安全卫生、分派均匀、装盘美观、了解菜肴、动作娴熟。

(二)西餐上菜与分菜

(1)西餐上菜顺序:开胃菜—汤—副菜—主菜—配菜(沙拉)—甜品—咖啡、茶。

(2)西餐上菜位置:从左侧或右侧上菜。

(3)西餐上菜次序:先女后男,先宾后主;先斟酒后上菜。

(4)西餐上菜规范:先撤后上。

(5)西餐分菜方法:餐位分菜法、旁桌分菜法。

九、撤换餐具

在客人用餐的过程中,需要多次撤换餐碟或小汤碗,重要宴会要求每道菜换一次餐碟,一般宴会换碟次数不得少于三次。撤换餐具能显示宴会服务的优良和菜肴名贵;突出菜肴的风味特点;保持桌面卫生雅致。撤换餐具要做到以下几点:

1. 把握好撤换餐具的时机

(1)上翅、羹或汤之前,应换餐碟,上一套小汤碗,待宾客吃完后,送上毛巾,收回汤碗,再换上干净餐碟。

(2)顾客吃完带骨的食物或芡汁多的食物之后,应及时更换干净餐碟。

(3)上甜菜、甜品之前应更换所有的餐碟和小汤碗。

(4)上水果之前,要换上干净餐碟和水果刀叉。

(5)残渣骨刺较多或其他脏物如烟灰、废纸、用过的牙签的餐碟,要随时更换。

(6)宾客失手将餐具跌落在地的要立即更换。

2. 撤换餐具的方法

(1)待宾客将碟中食物吃完方可撤换餐碟,如宾客放下筷子而菜未吃完的,应征得宾客同意后才能撤换。

(2)撤换时要边撤边换,撤与换交替进行并按先主宾后其他宾客的顺序撤换,注意要站在宾客右侧操作。

3. 更换烟灰缸的方法

(1)准备好两个去污、消毒、干净、无异物的烟灰缸,放入服务托盘中。

(2)站在客人的右侧,示意客人:"对不起,先生/小姐。(Excuse me, Sir/Madam.)"

(3)左手托服务盘,右手从托盘中取出一个干净的烟缸,盖在客人台面上的脏烟缸上,用食指压住上面的干净烟缸,用拇指和中指夹住下面的脏烟缸,把两个烟缸一同撤下放入左手的托盘中,再将托盘中另一个干净的烟缸放在桌上烟缸原来的位置。

(4)当更换的烟缸中还有半截正在燃烧的香烟时,须先征询客人是否可以撤换掉:"对不起,先生/小姐,可以为您撤换烟缸吗？（Excuse me, Sir/Madam. May I change your ashtry?）"

十、餐厅结账

结账服务是餐厅服务的最后环节,也是会给顾客留下最为深刻印象的服务环节之一,因此,餐厅服务员必须做好这个环节的服务,提高顾客的满意度。餐厅结账服务的工作标准及流程为：

（一）为客人拿账单

（1）当客人要求结账时,服务员应请客人稍等,并立即去收款台为客人拿取账单。

（2）告诉收款员所结账单的台号,并检查账单台号、人数、食品及饮品消费额是否正确。

（3）将取回的账单夹在结账夹内,走到主人右侧,打开结账夹,右手持账夹上端,左手轻托账夹下端,递至主人面前,请主人检查,注意不要让其他客人看到账单。

（二）请客人签单

（1）如果客人是住店客人,服务员请客人出示房卡及卡套。

（2）在为客人送上账单的同时,为客人递上笔,并礼貌地提示客人需写清房间号,正楷姓名及签字;如客人未带卡套,请客人稍等将房卡送收银员处核对;核对无误后,将房卡归还客人。

（3）客人签好账单后,服务员将账单重新夹在结账夹内,拿起账夹,并真诚地感谢客人。

（4）将账单送回收款员处。

（三）信用卡结账

（1）如客人使用信用卡结账,服务员请客人等候,并将信用卡、身份证和账单送回收款员处。

（2）收款员做好信用卡收据后,服务员检查无误后将收据、账单及信用卡、身份证夹在结账夹内,拿回餐厅。

（3）将结账夹打开,从主人右侧递给主人,并为客人递上笔,请客人分别在账单和信用卡收据上签字,并检查签字是否与信用卡上的签字一致。

（4）将账单第一页,信用卡收据中的客人存根页及信用卡、身份证递给客人,并真诚地感谢客人。

（5）将账单第二联及信用卡收据另外三页送回收款员处。

（四）现金结账

（1）如客人付现金，应在客人面前清点钱数，并请客人等候，将账单及现金送收款员。

（2）收款员收完钱后，服务员将账单第一页及所找零钱夹在结账夹中，送回主人。

（3）服务员站立于客人右侧，打开结账夹，将账单第一页及所找零钱递给客人，同时真诚地感谢客人。

（4）客人确定所找钱数正确后，服务员迅速离开客人餐桌。

（五）支票结账

（1）如客人支付支票，应请客人出示身份证并注明联系电话及单位地址，然后将账单及支票、证件同时送给收款员。

（2）收款员结完账并记录下证件号码及联系电话、单位地址后，服务员将账单第一联及支票存根核对后送还给客人，并真诚地感谢客人。

（3）如客人使用密码支票，应请客人直接在支票密码栏中填写密码。

（六）结账后的服务

如客人结账完毕并未马上离开餐厅，而是继续交谈时，服务员应继续提供服务，为客人添加茶水，并及时更换烟灰缸。

（七）为客人开发票

（1）询问客人有关信息，如单位名称等。

（2）请收款员帮助客人开具发票，检查开具的发票上单位名称是否正确、数字填写是否正确。

（3）将发票夹在结账夹内，从主人右侧为客人送上发票，并再次感谢客人在本餐厅的消费。

十一、其他服务技能

（一）客前烹制

所谓客前烹制，其实是在就餐客人面前进行的一种烹饪表演，是一种能够增加就餐气氛，提高宴会档次的服务方式，也是把餐饮管理者与顾客之间沟通的距离快速拉近的一种交际方式。无论是中餐还是西餐，有许多菜肴都可以用来进行客前烹制，但对于中高档次的中餐厅来讲，主要还是用于宴会中的大菜。传统的法式西餐服务中的服务员进行客前烹制服务。客前烹制的要求及注意事项有以下几点：

（1）烹制操作者表演水平要高，需要有熟练技术和充满自信的操作人员。客前烹制的操作者必须经过专门培训才可以上岗。

(2)客前烹制的服务方式比较费时,服务的节奏亦较慢,要充分考虑客人的就餐时间。

(3)要保证客人不受干扰,充分考虑顾客的感受,不能使客人有不适的感觉。烹制过程中声音不可太响,味道不宜太重,烹饪时间过长的菜肴不宜进行客前操作。

(4)设施设备要质地优良、造型美观、功能齐全,要给人以高档华贵的感觉。

(5)要保证菜肴色、香、味等各方面的质量,顾客来餐厅用餐,主要是来享受美味佳肴,而不会是为了专门欣赏烹饪表演,如果只注重渲染气氛而不能保证菜品质量,其结果只能是导致客人的不满和反感。

(6)进行客前烹制时服务工作要求更高,对于客前操作的菜肴,一定要给客人做详细的介绍,并且操作人员和服务人员要注意运用自己的服务技巧调节现场的气氛,使整个就餐过程因为进行了客前操作而使人感到热烈和愉悦。

(二)接听电话服务

电话在餐饮业中的使用,越来越普及且日益重要。无论是哪个岗位,在电话接听服务中,都应及时、准确、注重语言技巧,重要岗位切忌无人在岗。

1.接听电话的一般程序

(1)电话铃响3声内,用左手拿起电话。

(2)致以简单问候,语气柔和亲切。

(3)自报单位(部门)名称或个人姓名(外线电话报餐厅名称,内线电话报部门或岗位名称)。

(4)认真倾听对方的电话事由。如需转呼他人,应请对方稍候,然后轻轻放下电话,去传呼他人。如是对方通知或询问某事,应按对方要求逐条记下,并复述或回答对方。

(5)记下或问清对方通知或留言的事由、时间、地点、号码和姓名。

(6)对对方打来电话表示感谢。

(7)等对方放下电话后,自己再轻轻放下。

2.接听电话时要注意的事项

(1)正确使用称呼。

(2)正确使用敬语。

(3)咬字(词)清楚,语言要简练、清楚、明了,不要拖泥带水、浪费客人时间,引起对方反感。不对客人讲俗语和不易理解的酒店专业语言,以免客人不明白,造成误解。

(4)尽量不失礼节地设法辨明对方身份、姓名、工作单位和电话号码。如对方实在不愿意透露姓名和有关资料,也不要失礼、怪罪对方。

(5)对方拨错电话时,要耐心地告诉对方"对不起,您拨错电话号码了"。自己拨错了电话号码,一定要先道歉,然后再挂线重拨。

(6)要用融入笑容的声音接听电话,要注重接听电话的礼貌。

(三)订餐服务礼仪

1.电话预订

(1)电话铃响3声内,面带微笑,左手拿起话筒,右手准备记录相关预订信息与对方通话,话筒与口部保持2厘米~3厘米距离,通话结束时,应遵循对方先挂机的原则。

(2)如知道对方是谁,应称呼对方的姓氏及职位,如:"您好,陈经理""您好,刘女士"等。

(3)如不知道对方是谁,应直截了当,报餐厅名称,如:"某某餐厅,很高兴为您服务"通话结束时应说:"谢谢您的预订,期待您的光临"。

(4)通话时应保持良好精神状态,讲普通话,吐字清晰,声调柔和。听不清对方讲话时,委婉地提醒对方,"我们这边线路不太好,麻烦您再说一遍好吗/您的声音稍大一点好吗?"。

2.当面预订

(1)接待亲自来店预订的客人时,立刻起身,主动问候,"您好,请问需要帮忙吗?"当确认客人订餐时,询问客人:"请问您需要预订什么时间的餐位?大约几位?""对房间和菜品有什么特殊要求吗?"。

(2)对预订客人的要求要随时做好记录,待客人预订好后向客人再次复述,确保无误。

(3)观察到宾客犹豫不决时,应根据客人要求热心为客人提供信息,当好参谋。

(4)对重要的客人和熟客可以不露声色地巧妙地予以照顾,让其有一种优越感及被重视、被尊重的感觉。如:"××总,知道您每次宴请的客人都非常的重要,为您安排××包房如何?房间大又明亮。我会与经理沟通,为您安排最优秀的服务员为您服务!"

(5)不可边接电话边为客人服务,不能与较熟的客人谈话过久。

(四)迎宾

1.站姿

女迎宾员站姿脚为"丁"字形或"V"字形,左脚脚跟靠右脚脚心处,两脚之间呈35度~45度为宜,双手自然下垂在腹部,右手放于左手上面。男迎宾员站姿为双脚与肩同宽,双腿绷直,双手背后右手放于左手后面。

2.询问

有客人到达迎宾区域时,迎宾员应面带微笑向客人行鞠躬礼,并向客人问好和表示欢迎。使用礼貌用语询问客人是否有预订,如:"先生,请问您有预订吗?/请问您几位用餐?"如果客人有预订餐位,迎宾员要问清客人的姓名和预订方式,及时找到预订记录,询问客人人数是否与预订人数一致,如有变动经客人允许后,安排合适的就餐人数和餐位并引领客人前去。如果客人没有预订,应先询问客人用餐人数,是去包房还是大厅就餐,待客人决定后马上引领客人前去。

3. 引领

引领时,将右手臂自然弯曲,提至齐胸的高度,五指伸直并拢,掌心向上以肘关节为轴,指向目标,做里面请的手势,注意动作幅度不要过猛。引领客人时,应在宾客的左侧或右侧前方1.5米左右侧身行走,同时用眼睛余光观察客人是否跟上,行走过程中不时回头示意客人,上台阶或有拐弯时提醒客人慢行。问候时,遵循四先原则:先女后男,先老后幼,先宾后主,先主要后一般。客人带有行李或较重的公文包时征求客人是否需要代为保管,若对方再三谢绝帮助,则不必再三征询,对客人的任何物品都要轻拿轻放。用餐高峰期时,餐厅内暂无空位,要向客人表示歉意,说明情况。客人因不能耽误时间而要离去,应热情相送,同时递送订餐卡。客人表示可以等候,要马上安排客人在等位区沙发就座,及时倒水,并示意客人看看杂志、报刊,同时帮助把菜品安排好。座位安排好后,引领客人并与服务员交接菜单。注意:引领客人入座时,迎客走前,送客走后,客过要礼让,同行不抢道。

4. 拉椅让座及递送菜单

把客人引领到就餐区后为主宾和主人拉椅让座,向主人递上餐厅菜单,并向客人示意:"先生,祝您用餐愉快!"然后方可离开重新回到迎宾岗位。当客人就座时,除迎宾人员外,责任区内的服务员也应协助迎宾人员,拉椅并请客人就座。

(五) 接受客人点菜

1. 菜单展示

无论中餐或是西餐,服务员一般将菜单先递给请客的主人,主人为了礼貌,也可能会请客人各自点菜。为了客人点菜方便,餐厅最好能多备菜单,给每位客人一份菜单,如菜单不够时,女士与年长者优先。递送菜单时,服务员应从主人的右边按逆时针方向递送(也可从主人左侧开始按顺时针方向递送),最后将菜单递给主人。服务员递送菜单给每位客人的同时,若时间许可,可以站在客人右后侧,顺便为客人抖开餐巾,交给客人使用。在还未点菜前,服务员可以先倒茶水和调整摆设的餐具。

2. 接受客人点菜

服务员站立于客人右后侧,先以口头告诉客人餐厅当日特别推荐的菜肴,介绍客人手中菜单的内容。待客人考虑好要点的菜后手持点菜单开始接受点菜,点菜顺序和方向与递送菜单方向顺序需保持一致。客人报出所点菜名后，服务员应按照餐厅填写点菜单的要求及时把菜名及相关要求填至点菜单内并向客人复述。点菜单一式三联，第一联送厨房，第二联送出纳（收银），第三联服务员留存。

服务员对餐厅菜品内容、菜色烹调方法等要非常熟悉，点菜时应依客人所需给予不同菜色及不同调配的多种安排，掌握一定推销技巧，促进餐厅菜肴的销售。

（六）小毛巾及茶水服务

客人落座后，在上菜之前为客人斟倒茶水，并递上小毛巾。

第二节 餐饮服务基本礼仪

《礼记·礼运》有云："夫礼之初，始诸饮食"，礼仪是酒店餐饮服务环节中必不可少的交流工具，也是尊重不同民族和国家习惯的需要。良好的礼仪能使我们的服务更加有礼有节、周到细致，让酒店客流不断。餐厅服务人员必须注重礼节、礼貌的培养，要根据对象的不同使用不同的礼节和礼貌方式。

一、餐饮服务仪表

（一）仪容的具体要求

亲切和蔼、端庄大方。经常修剪指甲，不留长指甲，不涂指甲油。发式按酒店的规定要求，男士不留长发，发型不留过耳朵和后衣领，每天上班前刮脸修面，保持整洁；女服务员不留披肩发和怪异发型，头发要理整齐。每天早晚刷牙，鼻毛不出鼻孔。饭后漱口，勤洗澡防汗臭，上班不吃异味东西，不饮含酒精的饮料。保持良好的精神状态，面貌自然。女服务员上班可以淡妆打扮，但不准戴手镯、手链、戒指、耳环及夸张的头饰，戴项链不外露。男女均不准戴有色眼镜和饭店规定以外的物品和装饰品。

（二）着装的具体要求

上班之前换好干净制服，服饰整洁整齐，裤长合适，衣带内不装多余的物品。不可敞胸，服务卡置于左胸前。不能将衣袖卷起，女服务员穿裙子，不可露出袜口，应穿肉色袜子。系领带时，要将衣服的下摆扎在裤子里。领带扎正，脏了要洗，破了要换。鞋子穿黑色皮鞋或布鞋，皮鞋擦油，保持光亮，布鞋保持干净、整洁。

二、餐饮服务行为及沟通礼仪

（一）行为的具体要求

站姿：挺胸收腹，眼睛平视，嘴微闭，面带笑容，双臂自然下垂或在体前交叉，右手放在左手上，以保持随时向客人提供服务的状态。双手不叉腰、不抱胸、不插袋。

女子站立时呈V字形,双膝和脚后跟要靠紧。男子站立时双脚与肩同宽,身体保持端正。站累时,脚可向前或向后伸半步或移动一下位置,但上身仍应保持正直,不可倚壁而立。

步态:行走的姿势应端庄,身体重心稍向前,重心落在大脚趾,平视面带微笑,挺胸抬头,不晃肩,双手自然摆动,臂部放松,脚步轻缓,步履均匀,迎客时走在前面,送客时走在后,客过要让路,同时不许在宾客中间穿插而过,多人行时不要横直一排,不在酒店内奔跑追逐,可大步走,但要给超过的人道歉。

坐姿:要端正落座时,右脚后收半步,站立时再并直,上身挺直双臂放松,两脚自然并拢,手自然放在双膝上,手指并拢。

手势:是具有表现力的手势语言,介绍菜和引路时要用到。在给宾客指方向时,伸出手掌,手指并拢,以肘关节为中心转动到指示方向,并且眼睛和手的方向一致。

严格禁止在宾客面前有吸烟、吃零食、掏鼻孔、剔牙齿、挖耳朵、打饱嗝、打喷嚏、打哈欠、抓头、搔痒、修指甲、伸懒腰等饭店不允许的其他行为。

(二)语言的具体要求

语言是服务员和顾客交流的一种工具。所以服务员要掌握基本的礼貌用语。

基本礼貌用语分为:欢迎语、问候语、告别语、称呼语、祝贺语、道歉语、道谢语、应答语、征询语。

(1)欢迎语:欢迎光临,欢迎您来我们餐厅用餐、请稍等、请这边坐、您的菜上齐了、请问您喜欢吃点什么、请用餐、请坐、谢谢、再见。

(2)问候语:您好、早安、午安、早、早上好、下午好、晚上好、路上辛苦了。

(3)告别语:再见、晚安、明天见、祝您旅途愉快、祝您一路平安、欢迎您下次再来。

(4)称呼语:小姐、夫人、太太、同志、首长、那位先生、那位女士、大姐、阿姨。

(5)祝贺语:恭喜、祝您节日快乐、祝您圣诞快乐、祝您新年快乐、祝您生日快乐、祝您新婚快乐、恭喜发财。

(6)道歉语:对不起、请原谅、打扰您了、失礼了。

(7)道谢语:谢谢、非常感谢。

(8)应答语:是的、好的、我明白了、谢谢您的好意、不要不客气、没关系、这是我应该做的。

(9)征询语:请问您有什么事吗?(我能为您做什么吗?)需要我帮您做什么吗?您还有别的事吗/您喜欢(需要、能够……)?请您……好吗?

(10)基本礼貌用:您好、请、谢谢、对不起、再见。

服务员应正确使用服务用语:语气清晰、声音柔和、语言准确、简练清楚、面带微笑、态度和蔼亲切、注意语言与表情一致、不左顾右盼、要垂直恭立、距离适当、注视脸的三角区、答应客人的事力争办到、说话文明礼貌。

教学实践

1. 实验室教师现场示范指导练习餐饮服务基本技能。

（1）托盘端托服务

实训目的：通过对托盘端托服务基础知识的讲解和操作技能的训练，使学生了解托盘的种类和用途，掌握托盘的操作程序与操作要领，达到熟练端托，运用自如的训练要求。

实训方法：老师先讲解、示范，然后由学生实作，老师再指导。按托盘操作中的各种行走步伐和餐厅服务中可能出现的场景设计。

训练内容：轻托——托5千克以下物品，训练站立、行走、避让、下蹲等。

（2）餐巾折花

实训目的：通过对餐巾折花基础知识的讲解和操作技能的训练，使学生了解餐巾花的种类，花形选择与摆放要求，掌握折花的手技要领与部分折花的操作方法，达到操作规范、熟练折叠的训练要求。

实训方法：老师先讲解、示范，然后由学生实作，老师再指导。按折花的各种手法要领、植物类花形、动物类花形、实物类花形的顺序依次进行训练。同学之间分组比质量、比速度，相互点评。

（3）铺台布服务

实训目的：通过对铺台布服务基础知识的讲解和操作技能的训练，使学生了解铺台布的种类、规格和方法，掌握铺台布的操作程序与标准，达到操作规范、一次到位的训练要求。

实训方法：老师先讲解、示范，然后由学生实作，老师再指导。

（4）中餐摆台

实训目的：通过对中餐摆台基础知识的讲解和操作技能的训练，使学生了解摆台的种类和摆台要求，掌握各种摆台的操作程序与标准，达到操作规范、技能娴熟的训练要求。

实训方法：老师先讲解、示范，然后由学生实作，老师再指导。按摆台顺序分类进行训练，然后再进行综合训练。操作后学生之间相互点评，教师指点。

实训内容：

① 零餐早餐摆台程序与标准：铺台布→骨碟→汤碗、汤勺→筷子、筷架→公用餐具的摆放。

② 零餐午、晚餐摆台程序与标准：铺台布→骨碟→汤碗、汤勺→筷子、筷架→

水杯→茶杯、杯碟→公用餐具的摆放。

③ 中餐宴会摆台程序与标准:铺台布→放转盘→摆放餐具:A. 垫盘、骨碟 B. 汤碗、汤勺、味碟 C. 筷子、筷架 D. 酒杯 E. 香巾架 F. 公用餐具 G. 牙签筒、烟灰缸 H. 菜单 I. 席次卡、座卡、桌花 J. 围椅。

(5)西餐摆台

实训目的:通过对西餐摆台基础知识的讲解和操作技能的训练,使学生了解西餐摆台的种类和摆台要求,掌握摆台的操作程序与标准,达到操作规范、技能娴熟的训练要求。

实训方法:老师先讲解、示范,然后由学生实作,老师再指导。按摆台顺序分类进行训练,然后再进行综合训练。操作后学生之间相互点评,教师指点。

实训内容:

① 西餐台型设计。

② 西餐座次安排。

③ 西餐铺台布操作程序与标准。

④ 零餐早餐摆台程序与标准:铺台布→餐椅定位→展示盘→餐刀、餐叉→面包盘、黄油刀→咖啡杯具→调味品、牙签筒、烟灰缸→水杯。

⑤ 零餐午、晚餐摆台程序与标准:铺台布→展示盘→餐椅定位→餐刀、餐叉、汤匙→面包盘、黄油刀→甜品匙、叉→水杯→调味品、牙签筒、烟灰缸→烛台。

⑥ 西餐宴会摆台程序与标准:铺台布→餐椅定位→展示盘→餐刀、餐叉、汤匙→面包盘、黄油刀、黄油碟→甜品匙、叉和水果刀→酒杯→公用餐具。

(6)迎宾服务

实训目的:通过对迎宾服务基础知识的讲解和迎宾服务的操作技能的训练,使学生了解引领客人、安排客人座位的技巧,掌握迎宾服务程序与标准,达到能够热情、准确、熟练迎接宾客的能力。

实训方法:设计模拟场景,老师先示范,后学生实作,老师再指导。学生之间相互点评。

实训内容:

① 模拟情景:餐厅有座位时的迎宾服务。

服务程序与标准:迎接客人—引位—拉椅让座—送上菜单—记录。

② 模拟情景:餐厅客满时的迎宾服务。

服务程序与标准:迎接客人—引位—拉椅让座—送上菜单—记录。

(7)点菜和点酒水服务

实训目的:通过对点菜和点酒水服务基础知识的讲解和操作技能的训练,使学生了解就餐中为客人点菜服务、酒水服务的基本要领,掌握点菜和点酒水服务程序与标准,达到能够为客人提供熟练、满意而准确的服务的能力。

实训方法:设计模拟场景,老师先示范,后学生实作,老师再指导。按角色扮演法进行点菜和点酒水服务模拟训练,学生分组进行,相互点评。

(8)斟酒服务

实训目的:通过对斟酒服务基础知识的讲解和操作技能的训练,使学生了解斟酒服务的方式、方法,斟酒的顺序和时机,斟酒前酒质的检查与冰镇和温热,掌握斟酒的操作要领与标准,达到熟练操作,不滴不洒,不少不溢的训练要求。

实训方法:设计模拟场景,老师先讲解、示范,后学生实作,老师再指导。学生分组进行,相互点评。

(9)上菜服务

实训目的:通过对传菜、上菜服务基础知识的讲解和操作技能的训练,使学生了解传菜、上菜服务要求,掌握上菜的操作程序与服务技巧,达到操作规范、熟练上菜的要求,能够为客人提供熟练、满意而准确的就餐服务的能力。

实训方法:老师先讲解、示范,后学生实作,老师再指导。设计模拟场景,按角色扮演法进行传菜员、上菜服务员的模拟训练,学生分组进行,相互点评,老师点评并总结。

(10)分菜服务

实训目的:通过对分菜服务基础知识的讲解和操作技能的训练,使学生了解分菜服务方式、分菜顺序与分菜要求,掌握分菜的基本手法和操作程序与标准,达到能够为客人提供熟练、满意而准确的分菜服务的能力。

实训方法:老师先讲解、示范,后学生实作,老师再指导。按角色扮演法进行传菜员、上菜服务员、分菜服务员的模拟训练,学生分组进行,相互点评,老师点评并总结。

(11)撤换餐用具

实训目的:通过对撤换餐用具基础知识的讲解和操作技能的训练,使学生了解撤换餐用具的时机与要求,掌握撤换餐用具的方法与标准,达到熟练操作的要求。

实训方法:老师先讲解、示范,后学生实作,老师再指导。学生分组进行,相互点评。

(12)结账与收银服务

实训目的:通过对结账与收银服务基础知识的讲解和操作技能的训练,使学生了解结账的种类、要求,掌握结账与收银服务程序与标准,达到能熟练准确地为客人结账的能力要求。

实训方法:设计模拟场景,老师先示范,后学生实作,老师再指导。学生之间相互点评。

2.到酒店餐饮部现场观看餐厅服务员的各项技能操作。

> 经典案例

【案例2-1】

服务技能很重要

装饰典雅的某餐厅灯火辉煌,一桌高档酒席正在有条不紊地进行着,只见身着农家特色制服的服务员轻盈地穿行在餐桌之间。正当客人准备祝酒时,一位服务员不小心失手打翻了酒杯,酒水洒在了客人身上。"对不起、对不起",这边歉声未落,只听那边"哗啦"一声,又一位服务员摔破了酒杯,顿时客人的脸上露出了不悦。第二天,客人将投诉电话打到了饭店总经理的办公室,愤然表示他们请的一位重要客人对餐厅的服务很不满意。

(资料来源:职业餐饮网,http://www.canyin168.com/glyy/cygl/cyal/201012/25647_6.html)

案例评析:

餐厅服务员必须有娴熟的服务技能和丰富的服务知识,才能将精美的实物产品和尽善尽美的劳务服务有机地结合起来,让客人在物质上和精神上获得满足,以达到餐饮服务的目的。因此,在对客服务时,餐厅服务员应动作熟练、规范、优美,拥有扎实的餐厅服务基本功。

【案例2-2】

成功的预订

某天,李总将订餐电话打到了他常去的××餐厅预订台,预订员小刘接受了李总的预订,以下是小刘和李总的对话。

小刘:"您好,李总,欢迎订餐,我是订餐员小刘。"

(点评:对于熟客要称呼客人的姓氏及职务,让客人有受重视与受尊重的感觉)

李总:"是的,晚上给我一个十二三人的包厢。"

小刘:"好的,李总,请问您今天是商务宴请还是家人用餐?"

(点评:问清客人预订的要求是给客人提供满意预订服务的基本要求)

李总:"是家人用餐。"

小刘:"好的,李总,给您安排在2楼的洪福菊包厢,这个包厢靠里面,比较安静,而且通风效果不错,您满意吗?"

(点评:此话说得较好,体现了我们的"细心",客人的满意就是来自我们的细心)

李总:"太好啦,谢谢你们想得如此周到。"

小刘:"不客气,李总。我们期待您和您的家人晚上光临!"

(资料来源:百度文库,http://wenku.baidu.com/view/cc0eb6c5d5bbfd0a795673cb.html)

资料链接

餐饮服务技巧

1. 给客人上错了菜怎么办?
(1)先表示歉意,若客人还没有动筷,应及时撤掉,撤回厨房部核实,及时上应该上的菜。
(2)若客人已开始吃,则不必再撤,尽量婉转地动员客人买下,若客人执意不肯,可通知主管作为赠送菜。
2. 发现客人损坏了酒店物品怎么办?
(1)马上清理碎片、杂物。
(2)关切地询问客人有无碰伤,如有碰伤应马上采取相应医疗救助措施。
(3)通知吧台,婉言向客人收取赔偿费用。
3. 在服务中,服务员不小心弄脏客人衣服(物)怎么办?
(1)诚恳地向客人道歉(视情节,可由领班、主管或前厅经理出面)。
(2)设法替客人清洁(可能的情况下,征得客人同意,留下联系电话、地址,替客人干洗后送回)。
(3)主管、领班视具体情况给客人一些优惠。
4. 对急于赶车等着急用餐的客人怎样接待?
(1)给客人介绍烹制简单、快捷的菜式品种,此种情况下,"快吃、吃饱"比"细吃、吃好"重要。
(2)亲自到厨房(或通知主管、领班)和厨师长取得联系,或可以出催菜牌或在菜单上写上"加快"字样。
(3)服务快捷、灵敏,同时询问客人有无事情需要帮助,尽量满足客人的要求。
5. 对较晚来就餐的客人应该怎样接待?
(1)要更加热情,不能有任何不耐烦、不高兴的表现。
(2)要先请客人入座,然后和厨房联系,再为客人介绍简单、快速的菜品。
(3)自始至终热情服务,不得以下班、清洁卫生等方式催促客人。
6. 客人需要的菜品菜谱上没有怎么办?
(1)首先说:"请稍候,我到厨房问一下,是否能做。"然后和厨房联系,最大限度地满足客人的需求。
(2)如厨房没有原料或不能做,首先表示诚挚的歉意,然后主动介绍本店类似的菜品。
7. 客人点菜时菜谱缺菜怎么办?
(1)先向客人表示歉意。

(2)然后推荐类似的菜品(注意:推荐的菜一定要有,否则客人点的菜接二连三没有,会引起客人反感)。

8. 客人为了向服务员表示谢意,要给服务员敬酒怎么办?

(1)首先表示谢意。

(2)婉言向客人说明工作时间不允许喝酒,从而谢绝,同时主动地为其服务,如撤餐具、加茶水等,转移客人的注意力,不使其感到难堪。

(3)如确实难于推辞,应接过杯来,告知客人工作结束后再饮,然后换个酒杯斟满酒给客人,同时表示谢意。

9. 客人正在谈话,而又有事要问客人怎么办?

(1)很有礼貌地站立在客人身旁,乘客人说话空隙俯身轻言:"对不起,打扰一下。"然后说事,说完事表示谢意。

(2)如要讲的事不便让其他客人知道,可将客人请到一旁,说完事要致谢。

10. 遇到个别客人故意刁难服务员怎么办?

(1)应态度和蔼,更加细致耐心地为客人服务。

(2)满足客人的合理要求。

(3)委婉地求助同桌通情达理的客人帮助。

(4)通知主管、领班采取必要措施,如调整服务员服务区域等。

(5)任何情况下服务员不得对客人态度、口气生硬,更不能发生口角。

(资料来源:中国吃网,http://www.6eat.com/)

 参考文献

1. 谢明成. 最新餐饮经营管理实务. 沈阳:辽宁科学技术出版社,2000.4.

2. 詹益政. 酒店餐饮经营实务. 广州:广州南方日报出版社,2002.

3. 李勇平. 餐饮服务与管理. 大连:东北财经大学出版社,2006.

4. 劳动和社会保障部,中国就业培训技术指导中心. 餐厅服务员. 北京:中国劳动社会保障出版社,2001.

5. 相关网站资料:

百度百科:http://baike.baidu.com/view/2670.htm

中国烹饪协会网 http://www.ccas.com.cn/

中国职业餐饮网 http://www.canyin168.com/

中国吃网 http://www.6eat.com/

第三章 餐饮服务基本程序及方法

第一节 中餐服务基本程序及方法

一、中餐厅服务岗位及职责

中餐厅主要是为客人提供中式餐饮服务的部门,在国内,中餐厅的工作任务一般较重,其岗位设置也较多,以下是各岗位的具体职责。

(一)中餐厅服务员岗位职责

(1)服从部长领导,做好餐前准备工作。

(2)严格执行工作程序、服务程序和卫生要求,努力提高服务质量。

(3)按主动、热情、耐心、礼貌、周到的要求,不断完善服务态度。

(4)分工不分家,团结协作,又快又好地完成接待任务。

(5)妥善安排顾客就座,注意客人用餐情况;及时更换餐具、烟灰缸,主动为客人点烟;及时清理桌面,更换干净的桌垫。

(6)上班时要精神集中,不准几个人凑在一起闲谈。

(7)要做到手勤、脚勤、眼勤、口勤,及时为顾客提供服务。

(8)上班时要控制情绪,保持良好的心态。

(9)遇到客人投诉,应立即汇报上级领导解决,随时满足客人的服务要求。

(10)上岗时要求衣冠整洁、端庄大方、笑容可掬、彬彬有礼。

(11)熟知当天订餐的单位(或个人)名称、时间、人数及台位安排等情况,注意记录客人的特别活动(如生日庆祝会),如有重要情况,应及时向主管汇报。

(12)替客人存取保管衣物,并询问有无贵重物品,贵重物品提醒客人自行保管。

(13)整理、准备菜单、酒水单,发现破损及时更换。

(14)迎接客人,引导客人到预订台位或客人满意的台位,为客人拉椅,铺好餐巾,递上菜单酒水单。

(15)客满时,负责安排好后到的顾客,使客人安心等位。

(16) 留意常客姓名,以增加客人的亲切感和自豪感。

(17) 随时注意听取顾客的意见,及时向上级反映。

(18) 随时注意在接待工作中的各种问题,及时向上级反映和协助处理。

(19) 掌握和运用礼貌语言,如:"先生、小姐您好,欢迎光临"、"欢迎您到我们餐厅就餐"等。

(20) 负责接听电话,客人电话订餐应问清楚姓名、单位、时间及人数,传听电话要准确、快捷。

(21) 向客人介绍餐厅各式菜点、各种饮品和特式菜点,吸引客人来餐厅就餐。客人用餐后离开餐厅时,征求客人意见并向客人表示感谢、欢迎客人下次光临、站在门口目送客人。

（二）餐厅领班岗位职责

(1) 负责对员工的考勤、考评,根据员工表现得好差进行表扬或批评、奖励或处罚,对餐厅经理负责。

(2) 根据每天的工作情况和接待任务安排部属的工作。

(3) 登记好部属的出勤情况,检查员工的仪容仪表是否符合要求,对不符合要求者督其改正。

(4) 正确处理工作中发生的问题和客人的投诉;处理不了的问题要及时向经理报告。

(5) 了解当天宾客订餐情况、宾客的生活习惯和要求。

(6) 开餐前集合全体部属,交代订餐情况和客人要求以及特别注意事项。

(7) 检查工作人员的餐前准备工作是否完善,餐厅布局是否整齐划一,调味品、配料是否备好、备齐,备餐间、台椅、花架、酒吧、餐柜、门窗、灯光等是否光洁明亮,对不符合要求的要督促员工迅速调整。

（三）中餐厅经理岗位职责

(1) 督导完成餐厅日常经营工作,编制员工出勤表,检查员工的出勤状况,检查员工的仪表及个人卫生、制服、头发、指甲、鞋子是否符合要求。

(2) 具有为公司作贡献的精神,不断提高管理艺术,负责制定餐厅经理推销策略、服务规范和程序并组织实施,业务上要求精益求精。

(3) 重视属下员工的培训工作,定期组织员工学习服务技巧技能,对员工进行公司意识、推销意识的训练,定期检查并做好培训记录。

(4) 热情待客,态度谦和,妥善处理客人的投诉,不断改善服务质量。加强现场管理,营业时间坚持在一线,及时发现和纠正服务中出现的问题。

(5) 领导餐厅QC（全面质量管理）小组对餐厅服务质量检查,把好餐厅出品服务的每一关。

(6)加强对餐厅财产的管理,掌握和控制好物品的使用情况,减少费用开支和物品损耗。

(7)负责餐厅的清洁卫生工作,保持环境卫生,负责餐厅美化工作,抓好餐具、用具的清洁消毒。

(8)及时检查餐厅设备的情况,建立物资管理制度,做好维护保养的工作,并做好餐厅安全和防火工作。

(9)与厨师长期保持良好的合作关系。根据季节差异、客人情况研究制定特别菜单。

(10)参加餐饮部召开的各种有关会议,完成餐饮部经理下达的其他各项任务。

(11)定期召开餐厅员工会议,检讨近期服务情况,公布 QC 小组活动记录。

(12)搞好客人关系,主动与客人沟通;处理客人投诉,并立即采取行动予以解决,必要时报告餐饮部经理。

(四)餐饮副经理岗位职责

(1)协助餐饮部经理开展餐饮经营及销售活动,完成计划指标。每日提供销售统计,每月拟写经营报告。参与执行年度预算及菜单的成本、价格的制定。

(2)审阅餐饮部下属各部门的每日营业报表、每日记事簿及客人的投诉单,发现问题及时纠正,并报告餐饮部经理。

(3)检查餐饮部的各个餐厅、酒吧、厨房,确保餐饮产品的质量;做好开餐前的准备工作;开餐高峰时,亲临现场指挥和督导下级,确保服务质量。

(4)实施餐饮部的各项规章制度,解决人事问题;不断地创造部门内良好、和谐的工作气氛和环境;评估员工,实施员工培训计划,提高服务质量。

(5)实施餐饮部的促销活动方案,组织和协调有关部门,确保促销活动顺利进行。

(6)完成上级交给的其他任务。

(五)餐厅采购部经理岗位职责

(1)主持采购部全面工作,提出物资采购计划,报总经理批准后组织实施,确保各项采购任务完成。

(2)调查研究各部门物资需求及消耗情况,熟悉各种物资的供应渠道和市场变化情况,供需心中有数。指导并监督下属开展业务,不断提高业务技能,确保公司物资的正常采购量。

(3)审核年度各部呈报的采购计划,统筹策划和确定采购内容。减少不必要的开支,以有效的资金,保证物资供应。

(4)要熟悉和掌握公司所需各类物资的名称、型号、规格、单价、用途和产地。检查购进物资是否符合质量要求,对公司的物资采购和质量要求负有领导责任。

(5)监督参与大批量商品订货的业务洽谈,检查合同的执行和落实情况。

(6)按计划完成各类物资的采购任务,并在预算内尽量减少开支。

(7)认真监督检查各采购员的采购进程及价格控制。

(8)在部门经理例会上,定期汇报采购落实结果。

(9)每月初将上月的全部采购任务完成及未完成情况逐项列出报表,呈总经理及财务部经理,以便于上级领导掌握全公司的采购项目。

(10)督导采购人员在从事采购业务活动中,要遵纪守法,讲信誉,不索贿,不受贿,与供货单位建立良好的关系,在平等互利的原则下开展业务往来。

(11)负责部属人员的思想、业务培训,开展职业道德、外事纪律、法制观念的教育,使所有员工适应市场经济的快速发展。

（六）厨房各岗位工作职责

1. 总厨

(1)直接领导:董事会或总经理。

(2)管理对象:各厨师长。

(3)联系范围:公司各部门。

(4)工作职权:

①据公司董事会或总经理指示,负责公司厨政系统日常工作调节、部门沟通,做到"上传下达"。

②厨师队伍技术培训规划和指导。

③负责公司厨政系统菜品、原料研究开发、厨政管理研究工作。

④组织酒店对关键原料品质的鉴定工作。

⑤对酒店厨师系统的考察和考核评级作总体把关和控制。

⑥与酒店总经理共同处理各种重大突发事件。

⑦负责组织对菜品的设计和审计工作,不断了解菜品动态和动向。

(5)工作职责:

①进行厨政作业管理的巡察、解决各种疑难技术问题。

②进行厨师脱产培训、在岗培训指导。

③调节各厨房厨师的人员配置,并将处理意见报公司总经理审定。

④组织制定酒店原料的采购,供应与存储规划,并对其作业管理流程进行密切监控。

⑤对酒店菜品烹饪作业过程进行检查、指导、确保酒店菜品数量与品质的正常供应。

⑥根据总公司规划,定期组织菜品研究与开发,并负责完成各个时期菜品研发责任指标。

⑦根据公司总经理指示,参与和组织国家级和国际大型餐饮食品学术研讨交流会议与活动。

⑧对酒店重大烹饪作业任务亲自指挥指导。

⑨负责对厨政管理制度执行情况进行监督和纠正。

2. 厨师长

(1)直接领导:总厨(无总厨由总经理负责)。

(2)管理对象:厨房各组组长。

(3)联系范围:酒店各部门。

(4)工作职权:

①负责各小组组长的考勤考核工作,根据他们工作表现的好坏,正确行使表扬或批评、奖励或处罚职权。

②全权处理各厨房的日常业务工作并做好事前工作安排。

③合理调动,安排各小组组长、厨师、厨工的人员配置。

④现场检查、督导厨房的各种准备工作。

(5)工作职责:

①根据酒店的特点和要求,制定零点和宴会菜单。

②制定厨房的操作规程及岗位职责、确保厨房工作正常进行。

③巡视检查厨房工作情况,合理安排人力及技术力量,统筹各个工作环节。

④检查厨房设备运转情况和厨具、用具的使用情况,制订年度订购计划。

⑤根据不同季节和重大节日组织特色食品节、推出时令菜式,增加花色品种,以促进销售。

⑥每日检查厨房卫生,把好食品卫生关,贯彻执行食品卫生法规和厨房卫生制度。

⑦定期实施厨师技术培训,组织厨师学习新技术和先进经验。定期或不定期对厨师技术进行考核,制定值班表,评估厨师,对厨师的晋升调动提出意见。

⑧负责保证并不断提高食品质量和餐饮特色、指挥大型和重要宴会的烹调工作,制定菜单,对菜品质量进行现场把关,重要客人可亲手操作。

⑨合理调配人员,科学安排操作程序,保证出菜节奏,为服务工作提供良好的基础。

⑩负责控制食品和有关劳动力成本,准确掌握原料库存量,了解市场供应情况和价格。根据原料供应和宾客的不同口味要求,制定菜单和规格、审核厨房的请购单,负责每月厨房盘点工作,经常检查和控制库存食品的质量和数量,防止变质、短缺,合理安排使用食品原料。高档原料的进货和领用必须经厨师长审核或开单才能领发,把好成本核算关。

⑪负责指导主厨的日常工作,根据客人口味要求,不断改进菜品质量,并协助总经理设计、改进菜单,使之更有吸引力,不断收集、研制新的菜点品种,并保持地方特色风味。

⑫经常与各部门联系协调、并听取宾客意见,不断改进工作。

3. 红案炉子组长

(1)直接领导:厨师长。

(2)管理范围:炉灶厨师。

(3)联系范围:厨房其他各组。

(4)职权:负责小组考勤,安排本组厨师上岗。

(5)工作职责:

①协助厨师长制作菜单,懂得成本核算和菜肴的销售价。

②熟练地烹制厨房能够提供的季节、月、周、日特色菜。

③检查督导组内所有厨师的仪容、仪表及工作服。协助厨师长培训厨师,指导新厨师按厨房的程序工作。

④开餐前检查所有烹饪原料是否准备妥当,检查炉头各岗位的准备工作。

⑤负责零点、宴会及团体餐的出菜顺序、烹调工作,与烧烤、切配、打荷、汤锅及面点厨师搞好协作。

⑥掌握各种原料的名称、产地、出菜使用率、用法和制作方法,分派下属领取当日厨房所需要的原料。

⑦向厨师长汇报厨房工作,并提出建议,如厨房人员问题,厨房食品卫生质量问题,当天厨房所不能提供的菜品,食品原料的采购问题,客人对食品投诉及要求、季节、月、周、日、厨房的特色创新菜式,第二天原料申购等。

⑧工作完毕后,应负责检查厨具、用具是否整齐清洁,保证一切烹饪原料安全储存、场所卫生干净、各种能源开关如水、电、气、油等是否安全关闭。

4. 红案炉子厨师

(1)直接领导:红案组长。

(2)联系范围:传菜员、管事组。

(3)工作职责:

①负责零点及宴会菜肴的烹制,满足客人对食品提出的特殊烹饪要求。

②熟练地烹制厨房提供的各类菜肴。

③按组长的要求,填写领料单,经厨师长签字后,领取每日货物。

④负责制作当天所需氽煮食品及半成品的准备工作,配制各种调料。

⑤上班后,准备好所有炉头必用的生产工具,如铁锅、勺、铲、毛巾、竹刷、漏勺等。

⑥开餐完毕后,清洗所有炉头生产工具,摆放整齐,并负责原料收藏、环境卫生的清洁、能源的关闭。

⑦接受上级的其他任务。

二、中餐零点服务程序及方法

(一)确定客人预订并引领客人到位

(1)客人到餐厅后领位员首先热情礼貌地问候客人。

(2)领位员确定客人预订后引领客人到位。引领客人时与客人保持1米至1.5米之间的距离。

(3)领位员帮助客人搬开椅子,待客人站定在座椅前时将座椅轻轻送回原位协助客人就座。

(二)餐前服务

(1)服务员站立客人右侧为客人铺上口布,并按先宾后主、女士优先的原则。

(2)从客人左侧服务第一道毛巾。

(3)领位从客人右侧打开菜单第一页,将菜单送在客人手中。

(三)茶水服务

(1)征询客人是否需要茶水并请客人看茶单选择。

(2)为客人服务茶水如不需要可撤下茶杯。

(四)饮品服务

(1)推荐并为客人订饮品或酒水,并为客人重述"点单"内容。

(2)为客人服务饮品,即服务员左手托托盘,右手拿饮料从客人右侧将饮品倒入杯中八分满。

(3)饮料放在客人的筷子的前面并按先宾后主、女士优先的原则。

(五)为客人订食品单

(1)服务领班向客人介绍菜单内容及特色菜帮助客人选择食品。

(2)客人订完食品后重述"点单"内容。

(3)将"点单"送到收款台分送到厨房传菜部。

(六)推销并服务白酒及葡萄酒

(1)客人订完食品后服务员主动推销酒水。

(2)客人接受推荐后服务员按标准为客人服务酒水。

(七)客人用餐过程中的服务

(1)为客人服务食品时从客人右侧将食品放在餐桌上并为客人报出菜名。

(2)随时观察客人台面为客人添加酒和饮料。

(3)随时撤空盘空碗并每两道菜为客人换一次餐盘。

（4）烟灰缸内不得有两个以上烟蒂须及时为客人换烟缸。

（5）如客人用餐过程中去洗手间，服务员应为客人搬开座椅，待客人返回时再协助客人搬开座椅，帮助客人入座。

（八）为客人清洁桌面

当客人用完正餐后，服务员用托盘从客人右侧撤掉所有餐具只留下酒杯和饮料杯，撤餐具前须征得客人同意。

（九）征询客人意见

（1）服务员从客人左侧为客人服务第二道毛巾、换骨碟。

（2）领班在不打扰客人谈话的前提下主动走到主人右侧礼貌地询问主人对本餐厅的服务和食品质量是否满意，如客人表示满意，领班应真诚地感谢客人。

（3）如客人提出了一些建议领班应认真记录，并真诚地感谢客人的建议，同时告诉客人餐厅将考虑客人的建议。

（十）结账并感谢客人

（1）提前把账单准备好。

（2）当客人要求结账时服务员应检查账单，将账单夹在结账夹内从主人右侧把账单递给主人请客人结账。

（3）客人结账时服务员真诚地感谢客人。

（4）客人离开餐厅时感谢客人，表示欢迎客人再次光临。

三、中餐主题宴会服务程序及方法

（一）宴会前准备

1. 班前例会

（1）参加楼面经理主持召开的班前例会，并准时到达。

（2）接受仪容仪表的检查，符合仪容仪表要求规范。

（3）认真听取和记录宴会内容、要求，接受分配的工作任务，做到"八知""三了解"，留意特殊菜品的上菜要求。"八知"：知宴会台数、人数；知开餐时间；知宴会菜品；知上菜程序；知主人身份；知宴请对象；知结账方式；知优惠内容。"三了解"：即了解宾客的风俗习惯；了解宾客的生活忌讳；了解宾客特殊要求。

2. 打扫卫生

按照打扫店堂程序搞好室内外清洁卫生。

3. 餐厅设施设备的检查

（1）检查照明、空调、音响等设备是否正常完好，有效使用。

（2）宴会餐台、餐椅、备餐柜是否完好且符合宴会完好、牢固的要求。

（3）发现问题通知工程部加紧维修并跟踪检查，确保宴会举办前达到要求。

4. 备好跟料、餐用具酒水等

(1)根据特殊菜品菜式要求配好跟料、跟器皿,熟知粤菜的跟料知识、掌握菜品的配器以及配器的使用方法。

(2)备好各类餐用具,做到品质齐全、数量充足、清洁卫生。

(3)根据宾客要求准备好各种酒水,对宾客自带酒水当面检查清点,存放好专人负责、统一分配,保证品相完好无破损、数字准确。

(二)宴会布局

1. 台型设计

根据餐厅大小形状、宴会规模、设备条件、客人要求做台型设计(美观、合理、符合并满足宴会要求)。

2. 台型布局

(1)根据台型设计图将桌子整齐排列成型,桌与桌的距离适中、松紧适度,以方便客人就餐和服务员服务为宜。

(2)布局合理、美观整齐、桌布折缝一条线,桌腿椅子面一条线,瓶花台号一条线。

3. 设计主桌

(1)主桌的位置面向会场的主门,居显著位置,并能纵观全局、突出主位。

(2)主人、主宾入、退席通道辟为主通道。

(3)台布、餐椅、餐具、花草装饰与其他桌有区别。

4. 布置美化现场

(1)按预定内容、标准布置美化宴会会场,调试好音响、麦克风等;宴会主题词,主席台背景,会场氛围、灯光,麦克风符合宴会要求。

(2)对客人自请庆典公司负责布置会场的,应全做好协调督导,要求在规定时间内完成。

5. 设计工作台

根据宴会所需合理设置每个服务工作台,每个工作台服务餐台应明确。

(三)宴会摆台

1. 摆台规格

按宴会规格高低,决定摆台的规格。一般宴会摆 5 件头素台面,另每桌配 5 个白酒杯;高级宴会或普通宴会客人饮白酒、红酒、饮料时应摆 8 件头素台面,其规格与宴会档次、标准一致。

2. 摆台

(1)按设计好的台型图摆好餐桌。

(2)按铺台布的方法铺底布、面布四周下垂均匀股缝朝上。

(3)10人位餐台按照的"三三二二"方法摆放餐椅,上下方各三张,左右方各两张。

(4)摆转圈上转玻中心与餐台在同一圆心上。

(5)按规范摆餐具、杯具、用具及附件,符合5件头、8件头素台面标准。

(6)摆公筷、公勺两套,分别摆在正副主人的前方转玻上,筷头、勺柄朝右。

(7)摆菜单,将宴会菜单摆在主人餐具前方,封面朝向转玻,有条件应每桌摆一张,最少保证主人主宾桌上各有一菜单。

(8)主桌摆上花盆;依台型图摆上台号卡。

(四)开餐前准备

1. 备餐用具

按宴会所需备好餐具、用具,整齐摆放在工作台上,保证餐用具洁净、卫生、分类摆放。

2. 备小毛巾

按规定形状折叠好小毛巾,存放于毛巾车或毛巾柜内消毒,温度适中、量足够。

3. 摆酒水

按客人要求将酒水统一摆放在桌子上或工作台上,统一对称,商标朝向来宾。

4. 空调、灯光要调好

(1)提前60分钟开启空调,温度要适宜。

(2)提前30分钟开启宴会厅所有灯光,并检查灯具。

5. 检查落实

(1)楼面经理提前1小时对宴会各项准备工作及要求进行例检,确保宴会任务圆满成功,各项准备需达到宴会要求的标准。

(2)提前30分钟进行最后检查,对不符合要求的立即改进弥补。

6. 上凉菜

(1)提前30分钟上凉菜,上菜不重、不漏、看面朝向客人。

(2)上菜时注意荤素、味型、颜色的搭配并做好检查。

(五)迎接客人

1. 站岗迎客

所有准备工作结束,确认开餐前30分钟进入工作状态,迎宾站在大门口,服务员站在指定位置面向宴会厅门口准备迎接客人,要精神饱满、站姿规范、提前进入状态。

2. 热情问候

客人到达,迎宾员应热情礼貌的问候,把客人引进宴会厅或专用的休息厅休息,保持微笑、热情、使用敬语。

（六）带客入座

1. 迎客入座

客至宴会厅，服务员行 35 度鞠躬礼，并说"欢迎光临"，按宴会规定座次图把客人引入席（符合宴会规定及主人要求）。

2. 拉椅让座

拉椅背用手示意客人入座，左膝抵椅背往里送，至客舒服为好（拉椅顺序：女士、重要客人、一般客人、主人）。

3. 存放衣物

接过客人衣物，挂在椅背上，征得客人同意使用椅套将客人的衣服、包套住，并提示客人"请保管好自己的随身物品！"明确工作范围、语言到位，靠近通道附近、上菜位必须使用椅套。

4. 送巾敬茶

送上小毛巾，敬奉茶水，按先主宾后主人，再顺时针方向从每位客人的右侧进行（操作规范，使用礼貌用语"请用巾、请用茶"）。

（七）落巾抽筷

1. 落巾

逐位取口布，侧身向后折好口布铺在客人膝盖上。

2. 抽筷

为客人抽取筷套，换上热毛巾。

（八）宴会仪式

1. 仪式前准备

了解客人举办宴会仪式的时间、顺序、内容，确定服务项目并做好相应准备。宾主一致辞，通知暂停走菜，关掉背景音乐，服务员肃立一旁或适当位置，用托盘准备好 1~2 杯甜酒等。

2. 宴会仪式

客人到齐并征得主人同意后举行仪式。

（九）询斟酒水

1. 斟预备酒

大型宴会，应征得主人同意提前 10 分钟斟预备酒，一般斟色酒时，若有 3 种酒，则按白酒—红酒—啤酒—饮料的顺序，用手示意，同时询问客人喝什么酒，一定要保证客人干杯时杯中有酒。

2. 按顺时针方向斟酒

主桌或高级宴会有 2 名服务员时，可由 1 名服务员从主宾，另 1 名服务员从副主宾开始按顺时针方向斟，酒水放置托盘中，商标朝向客人，右腿朝前站于两客人桌椅之间,左脚在后,脚尖着地,呈后蹲姿势。左手持盘,右手持瓶,依序从每位客人的右边斟酒,斟酒量均匀:白酒八分满;红酒根据客人要求八分或五分满;白葡萄酒六分满;啤酒、饮料、黄酒斟八分满;动作规范,斟酒时符合礼仪,不滴不洒。

（十）招呼开席

1. 撤鲜花、台号

将主桌的花盆和其他桌的瓶花、台号撤走放置落台,或在规定地方摆放整齐。

2. 转单入厨

楼面经理就出菜席数开单入厨,通知厨房走菜,出菜时间在主人宣布宴会开始后,要保质保量按时出菜。

（十一）上菜分菜

1. 按序上菜

按先冷后热、先荤后素、先咸后甜、先优质后一般的原则上菜。

2. 规范上菜

（1）上菜先撤盘,调整台面,腾出上菜的位置;双手端盘,将菜上至转台,并转至主宾、主人处;退后半步报菜名并介绍其特点或典故趣闻;上菜符合礼仪,上带盖的菜汤,上桌后征的客人的同意将盖撤下。

（2）上菜位置,大型宴会一般在副主宾右边的第一或第二位客人之间侧身上菜、撤盘,使用礼貌用语,注意不要在主人、主宾身边进行,以免影响客人就餐,介绍时要生动简洁、声音清晰响亮。

3. 出菜速度

熟知菜品烹制方法、过程,结合客人就餐快慢,掌握好上菜节奏,既不能造成空台又不能堆积过多,菜品太多可采取大盘换小盘,和指导品尝加以解决。以桌为准,全场统一出菜,每道菜的间隔时间一般为4～5分钟。

4. 分菜、派菜

根据宴会规格和客人要求进行分菜、派菜,并提供相应的服务。派送菜品应从客人的右手边,并按先主宾后主人,再顺时针方向进行。掌握好分菜件数,分量均匀,汤不流失,分后留少许在盘中让客人自取。

（十二）席间服务

1. 撤换餐具

分菜后,应撤换与装菜相同的碗、盘、碟,再行派送菜点,撤餐具时发现里面还有菜点,应礼貌征询客人是否还要用,再做处理。上甜食时应撤换全部小餐具,应注意客人用餐习惯,如客人筷子放在骨碟上,换后将筷子还原。每吃完一道菜换一次骨碟,随时保持客人前面的小餐具与摆台数量基本一致。经客人同意后方可撤走,动作熟练,手法干净,撤换餐具分两次进行,随时保持餐台清洁卫生。

2. 续斟酒水

随时注意观察每位客人酒杯,当客人干杯或杯中酒只剩下 1/3 时应及时添加,记住每位客人所饮酒水,征询后添加。

3. 勤换烟灰缸

客人抽烟应主动点烟,并注意添加和撤换烟缸,烟缸内有 2 个烟头就应及时更换,留意火不要太高,以免烧伤客人,使用干净烟缸盖住脏烟缸一起撤至托盘内,再把干净烟缸放置餐台上。

4. 勤换毛巾

做到客到递巾;上汤羹、炒饭后递巾;上虾蟹等用手抓菜后递巾。用过的毛巾及时收回,上毛巾应使用毛巾盘,以避免弄湿台面。

5. "三轻""四勤"

即:走路轻、说话轻、动作轻;眼勤、口勤、手勤、脚勤,随时观察用餐情况掌握客人用餐需求。

6. 餐中敬酒

宴会中,如主人起身离开座位去敬酒,应帮助拉椅,并将其口布的一角压在骨碟下托着酒跟在主人身后,以便为客人续酒,所斟酒水应符合客人要求的品种。

7. 敬送水果

清理台面,换餐具,送上时令水果,上水果叉或牙签等。

8. 上毛巾、热茶

客人餐毕,送上一道热毛巾,再上一道热茶,请用巾、请喝茶。

(十三)结账签单

1. 清点酒水

请主办人一起分类清点酒水、名烟的使用及剩余数量,并做退酒处理,集中分类清点,并让客人确认签字,用过的空瓶罐集中存放,以利于清点。

2. 收银台打单

所有的账单和宴席预订单一同拿到银台汇总打单,将账单放至收银夹,请客人结账埋单,实际出菜桌数应双方确认签字,优惠事项、收费标准,按宴会预订单规定执行,账单确认不错不漏,找补清楚。

(十四)敬语送客

1. 拉椅

宴会结束,客人站起准备离席,服务员主动拉椅,留出退席的通道。"请各位带好你们的随身物品""请慢走""欢迎再次光临"。

2. 提示

取椅套,提醒客人带好物品,帮助客人穿外衣。

3. 送客

将客人送至宴会厅门,热情送客并向客人致谢。

(十五)收尾工作

1. 关闭电器设备

关闭空调、音响及部分照明设备,所留照明能满足收尾即可。

2. 收舞台、撤饰品

撤主席台背景及饰物;撤离物品放置规定地点,摆放规范。

3. 收台

按规范收台,顺序为:围椅、收桌布、收玻璃器皿、收茶具、分类收大小餐具、收金属器皿、玻璃器皿使用杯筐。收台后,应分类进行集中清洗。

4. 清理现场

撤临时工作台,打扫店堂,清出酒瓶等杂物,清洗、擦拭、存放餐用具,归还借用物品;摆台整理桌椅。收尾工作规范,不能当着客人的面打扫店堂、擦拭餐具。最后,恢复餐厅原状。

第二节 西餐服务基本程序及方法

一、西餐基本知识

(一)西餐的含义

西餐这个词是由于它特定的地理位置所决定的,是我国人民和其他东方国家和地区的人民对西方国家菜点的统称,也可以说是对西方餐饮文化的统称。我们通常所说的西餐不仅包括西欧国家的饮食菜肴,同时也包括东欧各国,还包括美洲、大洋洲、中东、中亚、南亚次大陆以及非洲等国的饮食,因此西餐主要指代的便是以上区域的餐饮文化。西餐一般以刀叉为餐具以面包为主食,多以长形桌台为台型。

随着东西方文化的不断撞击、渗透与交融,东方人民已经逐渐了解到西餐中各个菜式的不同特点,并开始区别对待了,西方餐饮文化作为一个整体概念也已被东方人民接纳。在我国,一些高级饭店和社会餐饮企业应市场的需求早已于20世纪80年代开始广泛经营法式、意式及其他各式西餐厅。

(二)西餐的主要特点

在原材料方面,西式菜肴主要使用海鲜、畜肉(牛、羊、猪肉)、禽类、鸡蛋、奶制品(牛奶、奶油、黄油、奶酪等)、蔬菜、水果和粮食。西餐的食品原材料特别讲究新鲜,这是因为许多菜肴是生吃的,如生蚝、生三文鱼、生的各种蔬菜制作的沙拉、生鸡蛋黄制作的沙拉酱等。在制作方面,西餐最主要的特点是,突出主料,讲究菜肴的形色美观、口味鲜美、营养丰富、讲究菜肴的加工和烹调技艺。

此外,西餐对菜肴的种类和上菜的次数有着不同的习惯,通常,这些习惯来自不同年龄、不同地区、不同用餐习惯、不同用餐时间和不同用餐目的等。传统的欧美人吃正餐时会点三至四道菜肴,在三道菜肴组成一餐时,第一道菜是开胃菜,第二道菜肴是主菜,第三道菜肴是甜点。如开胃菜点了两道菜,一道冷开胃菜、一道热开胃菜(汤),再加上主菜和甜点就组成了四道菜肴的一餐。但当今的欧美人用餐比较讲究实惠、实用和节省时间,经常是根据自己的需求点菜。如一些男士可能只点一个三明治和冷饮为午餐,很多女士午餐时经常仅要一个沙拉和一个汤。

(三)西餐的分类及其特点

西餐大致可分为法式、意式、俄式、英式、美式等几种,不同国家的人有着不同的菜式烹饪及饮食习惯。

1. 法式西餐

法国人一向以善于吃并精于吃而闻名,法式大餐至今仍名列世界西菜之首。传统的法国人将用餐看作休闲和享受,菜肴可以表现艺术甚至是爱情,用餐人经常会对菜肴提出表扬或建议等。有种说法非常形象,说"法国人是夸奖着厨师的技艺吃"。

法式菜肴的特点是:选料广泛(如蜗牛、鹅肝都是法式菜肴中的美味),加工精细,烹调考究,滋味有浓有淡,花色品种多;法式菜还比较讲究吃半熟或生食,如牛排、羊腿以半熟鲜嫩为特点,海味的蚝也可生吃,烧野鸭一般六成熟即可食用等;法式菜肴重视调味,调味品种类多样,用酒来调味,什么样的菜选用什么酒都有严格的规定,如清汤用葡萄酒,海味品用白兰地酒,甜品用各式甜酒或白兰地等。法国人十分喜爱吃奶酪、水果和各种新鲜蔬菜。传统的法式菜肴有:马赛鱼羹、鹅肝排、鸡尾生蚝杯、法国洋葱汤、巴黎小牛柳、红酒山鸡、鸡肝牛排等。

2. 意式西餐

意式西餐被誉为西菜始祖。在古罗马帝国时代,意大利曾是欧洲的政治、经济、文化中心,其西餐烹饪技术是西餐烹饪的始祖。意式菜肴的特点是:原汁原味,以味浓着称,烹调注重炸、熏等,以炒、煎、炸、烩等方法见长。意大利喜爱面食,做法、吃法甚多,意大利面条和馅饼世界闻名,其制作面条、云吞和馅饼方面非常考究,各种形状、颜色、味道的面条至少有几十种,颜色来源于鸡蛋、菠菜、西红柿、胡萝卜等原料,不但诱人而且有营养。意式菜肴的名菜有:通心粉素菜汤、焗馄饨、奶酪焗通心粉、肉末通心粉、奶酪比萨饼、米兰牛排等。

3. 俄式西餐

俄式西餐主要是指以俄罗斯、乌克兰等国为主的用餐形式,俄式西餐在世界上享有美誉,被誉为西菜经典。俄式西餐的形成和发展受法国、意大利、奥地利等国的影响较大,沙皇俄国时代的上层人士非常崇拜法国,贵族不仅以讲法语为荣,而且饮食和烹饪技术也主要学习法国。但经过多年的演变,特别是俄国受寒冷气候的影响,烹饪菜肴喜好油大和味浓,高热量食物的品种多,逐渐形成了自己的烹调特色。俄国菜带有多种口味,如酸、甜、咸和微辣,常以酸奶油调味,酸黄瓜、酸白菜往往是饭店或家庭餐桌上的必备食品。俄式菜肴在西餐中影响较大,一些地处寒带的北欧国家和中欧南斯拉夫民族人们日常生活习惯与俄罗斯人相似,大多喜欢腌制的各种鱼肉、熏肉、香肠、火腿以及酸菜、酸黄瓜等。

俄国人喜食热食,爱吃鱼肉、肉末、鸡蛋和蔬菜制成的小包子和肉饼等,各式小吃颇具盛名。传统俄式名菜肴有:罗宋汤、黑鱼子酱、什锦冷盘、酸黄瓜汤、煎鲑鱼饼、串烤羊肉、黄油鸡卷等。

4. 英式西餐

英国的饮食烹饪,注重饮食时的家庭气氛,简洁与礼仪并重,有家庭美肴之称。英式菜肴的特点是:油少、清淡,注重选用海鲜及蔬菜做原料,菜量要求少而精。调味时较少用酒,调味品大都放在餐台上由客人自己依据个人口味选用。英式菜肴的烹调方法多以蒸、煮、烧、熏见长。英式早点以鲜嫩、干净、漂亮受到各国旅游者的好评,如各种煎鸡蛋,外观洁白,蛋黄鲜嫩,配上各式水果、面包、黄油等,深受人们的欢迎。英式菜肴的名菜有:鸡丁沙拉、鸡肉原汤、烤大虾苏夫力、薯烩羊肉、英格兰烤鱼块、面包黄油布丁、伦敦什锦扒等。

5. 美式西餐

美国是个多民族的国家,美国菜有多种风味,是在英国菜的基础上发展起来的,继承了英式菜简单、清淡的特点,口味咸中带甜。美国人一般对辣味不感兴趣,喜欢铁扒类的菜肴,常用水果作为配料与菜肴一起烹制,如菠萝焗火腿、莱果烤鸭。美国菜的食品原材料来自世界各国,喜欢吃各种新鲜蔬菜和各式水果,沙拉和三明治是美国人喜爱的菜肴。美国人对饮食要求并不高,只要营养、快捷就可。著名的美国菜肴有:原汁烤火鸡、橘子烧野鸭、美式牛扒、苹果沙拉、糖酱煎饼、西冷肉扒等。

二、西餐服务基本程序

(一)迎宾

(1)打招呼、问候。

(2)引客入座:2分钟内让客人落座。

(二)餐前服务

(1)服务面包和水:客人入座后2分钟内完成。

(2)客人点餐前饮料:客人入座后2分钟内完成。

(3)呈递菜单、酒单:客人入座后5分钟内完成。

(4)解释菜单:一般在客人入座后10分钟内,即在服务饮料时解释菜单。

(5)服务饮料:客人入座后10分钟内完成。

(6)点菜记录:客人入座15分钟内完成,或在服务饮料后进行;如果必要,可在呈递菜单时,即客人入座后5分钟进行。

(7)送点菜单到厨房:记录完点菜立即送到厨房。

(三)开胃品服务

(1)服务开胃品:客人入座15分钟后进行。

(2)服务开胃酒:应在上开胃品前服务到餐桌;开瓶、倒酒可在上开胃品前,也可在上开胃品后进行。

(3)清理开胃品盘:全桌客人用完后撤盘、杯。

(4)加冰水:清理完盘、杯后,主动为客人加满冰水,直到服务甜点。

(四)汤或沙拉(第二道菜)服务

(1)服务汤或沙拉:在清理完开胃品盘后10分钟内进行。

(2)服务第二道菜所配酒水:同第二道菜一起服务。

(3)清理第二道菜餐具:全桌客人用餐完毕,撤走餐具及酒杯;另有规定除外。

(五)主菜服务

(1)服务主菜:清理完第二道菜的餐具后10分钟内进行。

(2)服务主菜所配酒水:酒杯在上主菜前服务,上菜后递酒、开瓶、倒酒。

(3)清理主菜盘及餐具:客人用完主菜后清理主菜盘、旁碟、空杯等,只留水杯或饮料杯,撤换桌上烟灰缸。

(4)清理调料:撤走所有调料,如盐、胡椒、西红柿等。

(5)清扫桌上面包屑:用刷子将桌上面包屑扫进餐盘,而不是扫到地上。

(六)餐后服务

(1)布置甜点餐具:摆上甜点盘、甜点叉、甜点刀、茶匙。

(2)布置服务咖啡或茶的用品:摆上乳脂、糖、牛奶等以及热杯与杯碟。

(3)服务甜点:清理完主菜餐具后15分钟内进行。

(4)服务咖啡或茶:服务甜点后或与甜点同时服务。

(5)清理甜点盘:当全部客人用餐完毕后进行。

(6)服务餐后饮料:客人点完饮料后10分钟内进行。

(7)加满咖啡或茶:应主动问客人是要咖啡还是茶,并为客人加满咖啡或茶,不要等客人要求时再加。

(七)收尾工作

(1)呈递账单。闲暇用餐服务要等客人要求时呈递;快速用餐服务在上完主茶或者加咖啡或加茶时呈递。

（2）收款。根据餐馆规定收取现金、信用卡。

三、西餐主要服务方式及其特点

（一）法式服务

1. 法式服务特点

传统的法式服务在西餐服务中是最豪华、最细致和最周密的服务。通常，法式服务用于法国餐厅，即扒房。法国餐厅装饰豪华、高雅，以欧洲宫殿式为特色，餐具常采用高质量的瓷器和银器，酒具常采用水晶杯。通常采用手推车或旁桌现场为顾客加热和调味菜肴及切割菜肴等服务。在法式服务中，服务台的准备工作很重要，通常会在营业前做好服务台的一切准备工作。法式服务注重服务程序和礼节礼貌，注重服务表演，注重吸引客人的注意力，服务周到，每位顾客都能得到充分的照顾。但是，法式服务节奏缓慢，需要较多的人力，用餐费用高，餐厅利用率比较低。

2. 法式服务方法

（1）法式服务的摆台

法式服务的餐桌上先铺上海绵桌垫，再铺上桌布，这样可以防止桌布与餐桌间的滑动，也可以减少餐具与餐桌之间的碰撞声。装饰盘常采用高级的瓷器或银器等，摆装饰盘时，将装饰盘的中线对准餐椅的中线，装饰盘距离餐桌边缘1~2厘米；装饰盘的上面放餐巾，装饰盘的左边放餐叉，餐叉的左边放面包盘，面包盘上放黄油刀；装饰盘的右边放餐刀，刀刃朝向左方；餐刀的右边常放一个汤匙；餐刀的上方放各种酒杯和水杯；装饰盘的上方摆甜品的刀和匙。

（2）法式服务方式及程序

传统的法式服务是二人合作式，由两名服务员共同为一桌客人服务。一名为经验丰富的正服务员，另一名是助理服务员。顾客入座后，正服务员接受顾客点菜，为顾客斟酒上饮料，在顾客面前烹制菜肴，为菜肴调味，分割菜肴，装盘，递送账单等。助理服务员帮助正服务员现场烹调，把装好菜肴的餐盘送到客人面前，撤餐具和收拾餐台等。助理服务员用右手从客人右侧送上每一道菜。通常，面包、黄油和配菜从客人左侧送上，因为它们不属于一道单独的菜肴。从客人右侧用右手斟酒或上饮料，从客人右侧撤出空盘。

服务汤时，由助理服务员将汤用银盆端进餐厅，然后把汤置于炉上加热和调味，为方便服务，加工的汤一定要比客人需要量多些。当助理服务员把热汤端给客人时，应将汤盘置于垫盘的上方，并使用一条叠成正方形的餐巾，这条餐巾能使服务员端盘时不烫手，同时可以避免服务员把大拇指压在垫盘的上面，汤由正服务员从银盆用大汤匙将汤装入顾客的汤盘后,再由助理服务员用右手从客人右侧服务。

服务主菜时,正服务员将现场烹调的菜肴,分别盛入每一位客人的主菜盘内,然后由助理服务员端给客人。如服务员为顾客服务牛排时,助理服务员从厨房端出烹调半熟的牛肉、马铃薯及蔬菜等,由正服务员在客人面前调配作料,把牛肉再加热烹调,然后切好并将菜肴放在餐盘中,正服务员这时应注意客人的表示,看他要多大的牛排。同时,应该配上沙拉,服务员应当用左手从客人左侧将沙拉放在餐桌上。

(二)俄式服务

1. 俄式服务特点

俄式服务讲究优美文雅的风度,将装有整齐、美观菜肴的大浅盘端给所有顾客过目,顾客可以欣赏到厨师的装饰艺术和精湛手艺,可以刺激顾客的食欲。俄式服务每一个餐桌只需一个服务员,服务的方式简单快速,服务时不需要较大的空间,因此,它的效率和餐厅空间的利用率都比较高。由于俄式服务使用了大量的银器,并且服务员将菜肴分给每一个顾客,使每一位顾客都能得到尊重和较周到的服务,因此增添了餐厅的气氛。俄式服务用大浅盘给每位客人分菜,剩下没分完的菜肴可以送回厨房,从而避免了不必要的浪费。俄式服务的银器投资很大,如果使用和保管不当会影响餐厅的经济效益。俄式服务的不足之处是最后分到菜肴的顾客,看到大银盘中的菜肴所剩无几会影响食欲。

2. 俄式服务方法

俄式服务的餐桌摆台与法式的餐桌摆台几乎相同但其服务方法与法式服务不同。其服务程序为:

(1)分发餐盘

服务员先用右手从客人右侧送上相应的空盘,开胃菜盘、主菜盘、甜菜盘等。注意冷菜上冷盘,即未加热的餐盘,热菜上热盘,即加过温的餐盘,以便保持食物的温度。上空盘依照顺时针方向操作。

(2)运送菜肴

菜肴在厨房全部制熟,每桌的每一道菜肴放在一个大浅盘中,然后服务员从厨房中将装好菜肴的大银盘用肩上托的方法送到顾客餐桌旁,热菜盖上盖子。站立于客人餐桌旁。

(3)分发菜肴

服务员用左手以胸前托盘的方法,用右手操作服务叉和服务匙从客人的左侧分菜。分菜时以逆时针方向进行。斟酒、斟饮料和撤盘都在客人右侧。

(三)美式服务

1. 美式服务特点

美式服务主要特点是简单、快捷,一名服务员可以照看数张餐台。餐具和人工成本都比较低,空间利用率及餐位周转率都比较高。美式服务是西餐零点和西餐宴会理想的服务方式,广泛用于咖啡厅和西餐宴会厅。

2. 美式服务方法

(1)美式服务的摆台

①美式服务的餐桌上先铺上海绵桌垫,再铺上桌布,这样可以防止桌布与餐桌之间的滑动,也可以减少餐具与餐桌之间的碰撞声。桌布的四周至少要垂下30厘米,但是,台布不能太长,否则,影响顾客入席。有些咖啡厅在台布上铺上较小的方形台布,这样,重新摆台时,只要更换小型的台布就可以了,可以节约大台布的洗涤次数,同时,也起着装饰餐台的作用。通常,每两个顾客使用糖盅、盐盅和胡椒瓶各一个。

②将叠好的餐巾摆在餐台上,它的中线对准餐椅的中线,餐巾的底部离餐桌的边缘1厘米。两把餐叉摆在餐巾的左侧,叉尖朝上,叉柄的底部与餐巾对齐。在餐巾的右侧,从餐巾向外,依次摆放餐刀、黄油刀、两个茶匙。刀刃向左,刀尖向上,刀柄的底部朝下,与餐巾平行。面包盘放在餐叉的上方。水杯和酒杯放在餐刀的上方,距刀尖1厘米,杯口朝下,待顾客到餐桌时,将水杯翻过来,斟倒凉水。

(2)美式服务方式及程序

在美式服务中,菜肴由厨师在厨房中烹制好,装好盘。餐厅服务员用托盘将菜肴从厨房运送到餐厅的服务桌上。热菜要盖上盖子,并且在顾客面前打开盘盖。传统的美式服务,上菜时服务员在客人左侧,用左手从客人左边送上菜肴,从客人右侧撤掉用过的餐盘和餐具,从顾客的右侧斟倒酒水。目前,许多餐厅的美式服务上菜服务从顾客的右边,用右手顺时针进行。

(四)英式服务

英式服务又称家庭式服务,家庭的气氛很浓。其服务方法是服务员从厨房将烹制好的菜肴传送到餐厅,由顾客中的主人亲自动手切肉装盘,并配上蔬菜,服务员把装盘的菜肴依次端送给每一位客人。调味品、少司和配菜都摆放在餐桌上,由顾客自取或相互传递。英式服务中许多服务工作均由客人自己动手,用餐的节奏较缓慢。在美国,家庭式餐厅很流行,这种家庭式的餐厅大都采用英式服务。

(五)综合式服务

综合式服务是一种融合了法式服务、俄式服务和美式服务的综合服务方式。一些西餐宴会服务也常采用这种服务方式。综合式服务通常用美式服务上开胃品和沙拉;用俄式或法式服务上汤或主菜;用法式或俄式服务上甜点。由于餐厅的种类和特色、顾客的消费水平、销售方式不同,餐厅不同餐次选用的服务方式组合也会有不同。

(六)自助餐厅服务

目前大部分的星级酒店中都设有自助餐厅,自助餐厅服务主要适用于会议、团队及大型活动用餐。其特点有:菜肴丰富、陈列精美,能唤起食欲;价廉物美;就餐速度快,餐桌周转率高;服务简单,不需太多服务人员,节约劳力。

为方便分区域疏散客人,自助餐厅一般设中心食品陈列桌,几个分散的食品陈列桌,人均选食品面积不少于30平方厘米。设立特色菜自助餐台,如沙拉台、甜品台、临时酒吧、烧烤台,布置上应匠心独具。

自助餐厅一般分为设座式和不设座式两种,设座式自助餐要摆好台,高级自助餐的开胃品和汤送到客人的桌上,饮料、面包、黄油也要送桌。不设座式自助餐服务时,盘子、沙拉、热蔬、热主菜、汤类、餐具、餐巾、面包、黄油、开胃品、饮料和甜点可以分别在几处设点。

自助餐餐台后应设1~2位厨师照顾餐台,菜盘里如三分之一已空时应补充或换一盘满的,服务员也需随时提供其他各种服务。

四、西餐厅岗位及职责

(一)西餐厅经理(或主管)岗位及职责

1. 素质要求

具备饭店管理或工商管理专业大专以上文化程度,在餐厅工作至少3年以上。熟悉西餐服务的方法、程序和标准。熟知西餐菜单和酒单,具有西餐厅客前服务表演能力。熟悉餐厅财务管理与主要国家的货币,善于与顾客和员工沟通,有较强的语言表达能力,至少掌握英语阅读与会话能力,有较强的英语听说能力,善于使用英语推销。具有处理顾客投诉和解决实际问题的能力。

2. 岗位职责

(1)接受餐饮部经理督导,负责酒店西餐部餐饮出品和服务以及各项行政管理工作。

(2)制订本部年度、月度的营业计划,领导部门全体员工积极完成各项接待任务和经营指标。及时分析和总结年度、月度的经营情况。

(3)推广餐饮销售,根据市场情况和不同时期的需要,制订销售计划、有特色的食品及时令菜式和饮品的推广计划等。

(4)制订服务标准和操作规程、服务规则,检查管理人员和服务人员的工作效率和服务态度、出品部门的食品(饮品)质量及各项规章制度的执行情况,发现问题及时纠正和处理。控制餐饮出品的标准、规格和要求,掌握良好的毛利率,抓好成本核算。加强食品原料及物品的管理,减少生产中的浪费,降低费用、增加盈利。

(5)处理客人投诉,与客人建立良好的关系。不定期地征求客人意见,听取客人对餐厅服务和食品的评价,及时进行研究,调整相应对策,以便为客人提供良好的消费环境。

(6)建立物资管理制度,保管好餐厅的各种器具、物品。抓好设备、设施的维修保养,提高完好率,加强日常管理,防止事故发生。

(7)制定服务技能和烹饪技术培训计划和考核制度,定期与总厨研究新菜式及品种。对各级业务管理人员进行严格督导,不间断地进行业务知识及工作业绩考核,不断提高业务能力和工作水平。

(8)抓好员工队伍建设,熟悉和掌握员工的思想情况、工作表现和业务水平,开展经常性的礼貌礼仪教育和职业道德教育,注意培训、考核和选拔人才,通过组织员工活动,激发员工的积极性。

(9)参加酒店经理例会及各种重要的业务协调会议,与酒店各部门建立良好的沟通关系,互相协作、配合,保证营业工作顺利进行。

(10)抓好卫生工作及安全工作,组织环境、操作方面的卫生检查,贯彻执行餐饮卫生制度,开展经常性的安全保卫、防火教育,确保餐厅、厨房、饼房、库房的安全。

3. 工作细则

(1)做好营业前的各项检查工作,开好员工餐前会。检查员工仪表仪容;检查领班、员工交班本,检查每天营业报告;检查卫生、摆台、餐具准备等是否符合标准及餐厅要求;检查灯光、空调设备是否完好正常等。在餐前会中对前日工作加以总结,并对今日工作提出要求,传达上级工作指令。

(2)参加每日上午的餐饮例会,总结汇报餐厅工作,接受上级工作指令。

(3)召开西餐部领班例会,布置落实具体工作。

(4)检查每餐开餐前的准备情况,监督领班工作。

(5)开餐时间在餐厅进行巡视,与客人保持良好沟通,并做好随时处理突发事件的准备。

(6)每餐结束后做好各餐工作总结,审批各类单据。

(二)西餐厅领班岗位及职责

1. 素质要求

具有饭店管理或相关专业大专以上文化程度,在餐厅工作至少3年以上经历,熟悉西餐服务的方法、程序和标准。熟知菜单和酒单,具有西餐厅客前服务表演能力。熟悉财务知识、结账程序、各种票据和各国货币。善于沟通,有较强的语言能力,具有使用英语服务的能力、处理顾客投诉和解决服务中出现的实际问题的能力。

2. 岗位职责

(1)保持本部门顺畅及有效率的运营。在餐厅忙与不忙时都要保持服务水准的一贯性。

（2）培训及督导服务员及实习生的工作。定期对本组员工进行绩效评估，向上级上报奖惩建议并组织实施本组员工培训。努力学习专业知识，提高自身素质，积极参加饭店组织的培训。

（3）协助经理或副经理开展工作，督导本班组服务员，保持良好的服务质量，组织带领服务员完成预定经济指标。完成上级特别指派的任务。

（4）发挥带头人作用，对自己严格要求，对下属热情帮助，耐心辅导，搞好现场培训，并带领属下员工严格按操作规范进行接待。具有团队精神，乐于随时提供帮助。

（5）按制定的服务标准培训传菜员，使其能以最高的效率，正确完成好本职工作。督导传菜员，使其准确无误地根据制定的标准工作。检查所传送食品的造型与卫生状况。

（6）熟知菜单的内容和食品知识。根据餐厅的营业状况，确保各种调味料准备的适量。

（7）本班次结束前，要检查餐厅摆台，清洁卫生及做好所有收尾工作，并与下一班做好交接工作。

3. 工作细则

（1）做好营业前的各项检查工作，如员工及自身仪容仪表的整洁、摆台工作、清洁卫生工作等，使开餐前的准备工作充分有序。召开餐前会，传达当班服务的注意事项及可能遇到的问题。

（2）餐厅开始营业后要协助餐厅经理或主管迎接客人；督促服务员的各项服务工作按要求和标准执行；及时处理好客人的投诉。

（3）监督餐后的收尾工作，检查摆台工作、服务员工作台的用品补充及卫生情况，检查并排除涉及卫生、安全的隐患，如关灯、关空调、门锁等。

（三）西餐厅服务员岗位及职责

1. 素质要求

（1）具有高中以上学历或同等学力，有从事餐饮服务一年以上的工作经历。

（2）热爱本职工作，性格开朗并善于克制自己的情绪，能始终保持礼貌和冷静，以饱满的热情服务顾客；能吃苦耐劳，可以连续并高效地为顾客提供优质服务。

（3）掌握必需的食品、酒水知识；具有大方、礼貌、得体地为顾客提供餐饮服务的能力，有一定的西餐服务技能，在餐厅服务中可能使用英语。

（4）身体健康，仪表端正。

2. 岗位职责及工作细则

（1）依照餐厅制定的工作标准和服务程序，向客人提供最优质的服务。

(2)着装整洁、守时、礼貌参加班组例会、服从上级指挥。

(3)负责开餐前的各项准备工作和餐后收尾工作。

(4)处理服务中的突发事件,保持餐厅良好的用餐秩序;与客人保持良好的关系,及时向上级反馈客人意见。

(5)熟练掌握餐厅的菜肴、酒水等知识,并积极向客人推销。

(6)负责餐厅服务用具和用品的补充工作;爱护餐厅财产及各种服务设备的保养工作。

(7)自觉遵守酒店及部门的各项规章制度,做好餐厅的安全和卫生清洁工作。

(8)参加酒店及部门组织的各项培训活动。

(9)完成上级布置的其他工作。

第三节 团体包餐服务

一、团体包餐服务的特点

团体包餐是酒店根据会议、旅游团队以及大型团体活动的需要,推出的一种一定人数按固定就餐标准、就餐规格,定时用餐的就餐形式。团体包餐又称为集体包餐。团体包餐服务的特点有:

(1)就餐形式多样,有圆桌聚餐式、分饭包餐式等。不同的团体包餐,其标准不同,档次不同,人数不等,就餐方式不同。因此,不同的团队包餐菜肴数量的丰俭不同,菜肴品种的档次不同,为其提供的服务方式也不同。

(2)与零点相比,团体包餐服务有着较为突出的特点:即每一个团体包餐的用餐人数固定,用餐标准固定,开餐桌数固定,开餐时间统一,菜肴统一,用餐速度较快,就餐顾客易形成统一意见,容易配合服务。

二、团体包餐服务的要点

(一)掌握包餐标准,拟定合适菜单

服务员在开餐前首先要了解团体包餐的标准,按标准为客人准备菜单,无论是每日两餐或三餐的菜肴品种,应尽量做到不重样,如果是一连几天的包餐,更应将菜单调剂安排好,做到餐餐有新意,使客人进餐后感到舒适味美。拟定菜单时,要与包餐主办单位负责人取得联系,经商定后通知各个生产部门并取得配合,菜的品种、档次及数量根据标准确定。

(二)掌握就餐人数,做好准备工作

团体包餐的人数较为固定,服务员应按其包餐人数提供大小适当的就餐环境,

同时安排好就餐所需桌椅及各种餐饮用具。集体聚餐式的包餐,可根据其包餐人数安排桌数,每桌可坐8人、10人或12人,按每桌就餐人数摆放好餐用具,如餐碟、餐勺、筷子及公用菜碟、菜勺、筷子、牙签等,同时要备足更换用的餐用具。份饭式的包餐,可根据其包餐标准、人数准备好盛装器皿及各种食品,按规格、数量的要求均分装好,以保证准时迅速开饭。

（三）掌握就餐方位,做到正确迎领

每一包餐团体的用餐方位在开餐前一定要落实,服务人员一定要做到心中有数。餐厅有大有小,团体包餐人数有多有少,如果一个餐厅同时接待几个包餐团体时,一定要注意按事先安排好的方位将每一团体引领到座位上,以避免出现错位现象。

（四）掌握包餐时间,合理安排服务

掌握包餐时间的关键有三点:一是掌握包餐的开餐时间,以便准时开餐,如规定的开餐时间已到,而个别顾客未到,服务员应主动征求主办单位的意见,在得到主办单位许可后方可开餐;二是掌握包餐团体的用餐时间要求,以便服务人员在规定的时间内完成好各项服务,上齐各种菜肴食品;三是掌握好开餐、用餐时间要求,提高劳动效率。

（五）掌握包餐性质,提供细微服务

包餐有会议包餐,会议又分学术会、研究会、商业洽谈会等。团体包餐又包括旅游团包餐、访问团包餐、考察团包餐等。包餐人员又有国内外之分。由于包餐性质的不同,前来就餐的人员构成也不相同,所以服务人员要做到:了解包餐顾客的国籍、身份、民族及宗教信仰,使餐间服务准确无误;了解包餐顾客的特殊需求及饮食禁忌,把服务工作做到细微之处。

（六）掌握包餐顾客的特殊需要,提供个性化服务

团体包餐一般人数较多,而且有些团体包餐的时间也比较长,在包餐过程中,难免会有一些顾客需要特殊照顾,餐厅服务人员应灵活服务。如对身体不舒服的顾客,应及时让厨房另做病号饭,对因故不能准时来餐厅就餐的顾客,应留餐。

（七）清点酒水饮料,结清团队用餐账目

当本餐的各种菜肴食品上齐后,应告知包餐主办单位的负责人,使之心中有数,同时将本餐所用的各种酒水、饮料进行整理清点,并一一上账。团体包餐的结账方式与其他形式就餐的结账方式不同。一般会议包餐,餐毕将其用餐账单整理好后,请大会秘书处的负责人签字并交至收银台;如使用餐券用餐的,则应将餐券整理、清点、汇总登记、封包后交收银台。旅游团队包餐,餐毕将其用餐账单整理好后请订餐单位的陪同人员或随团的地方负责人签字并交至收银台,收银台核对无误后转入该旅行社在饭店所设的总账中,以备定期统一结账。总之,无论是以上哪

种签单方式,看台服务员在结账时应注意:物品上账清楚,数量准确,结账及时,不留单,不压单,以便及时汇总结账,防止出现错单、丢单现象。

(八)礼貌送客,做好服务收尾工作

客人用餐完毕,服务员要站立恭候,随时送客。顾客离席后,要及时整理餐台,检查是否有遗留物或丢失物品,一经发现上述问题,做到及时、妥善处理。

第四节 送餐服务

一、送餐服务

送餐服务是高星级饭店客房服务个性化的体现,一般来说,四星级酒店应18小时提供送餐服务,并有送餐菜单和饮料单,送餐菜式品种不少于8种,饮料品种不少于4种,甜食品种不少于4种,有可挂置门外的送餐牌。五星级酒店应24小时提供送餐服务,并有送餐菜单和饮料单,送餐菜式品种不少于8种,饮料品种不少于4种,甜食品种不少于4种,有可挂置门外的送餐牌,送餐车应有保温设备。

提供送餐服务的酒店一般应做到:第一,菜单印制精美,放置方便;第二,菜品符合要求,餐具搭配适宜;第三,送餐工具规范实用,维护保养良好,具有保温、防尘功能;第四,服务流程规范、及时准确、服务到位;第五,四星级饭店18小时的要求是指点餐时间。

二、送餐服务程序及标准

程 序	服务标准	操作示范
1	熟悉送餐菜单内容及时接听订餐电话,重复和确认预订的所有细节,主动告知预计送餐时间。	"你好!送餐服务,请问有什么需要可以帮助吗?""感谢您的来电,再见!"
2	正常情况下,送餐的标准时间为:事先填写好的早餐卡:预计时间5分钟内;临时订早餐:25分钟内;小吃:25分钟内;中餐或晚餐:40分钟内。	按客人要求迅速通知厨房做好相关送餐准备。
3	送餐推车保持清洁,保养良好;推车上桌布清洁、熨烫平整;饮料、食品均盖有防护用具;送餐推车上摆放花瓶;口布清洁、熨烫平整、无污渍;盐瓶、胡椒瓶及其他调味品盛器洁净,装满。	检查调料餐具的齐全,装饰品摆放于托盘和餐车上;菜肴放在托盘上,注意它的温度,送餐时托盘上要求加保鲜盖。

续表

程 序	服 务 标 准	操 作 示 范
4	送餐时按门铃或轻轻敲门(一轻二重),未经宾客许可,不得进入客房;礼貌友好地问候宾客;征询宾客托盘或手推车放于何处,为宾客摆台、倒酒水、介绍各种调料。	"你好!送餐服务,请问可以进来吗?" "您还有其他需求吗?你的餐费一共是×××元。"
5	送餐完毕,告知餐具回收程序(如果提供回收卡,视同已告知),向宾客致意,祝愿宾客用餐愉快。	"您可以在半小时/1小时后打电话让我们收餐具,请问还有其他需求吗?祝你用餐愉快,再见!"退出门口,转身关门。
6	送餐服务食品质量评价。	

教学实践

1. 小组实践演练中餐零点程序中各环节服务及服务方法。

实训内容:餐前服务。

实训目的:通过对餐前服务基础知识的讲解和餐前服务操作技能的训练,使学生了解餐前服务的内容,掌握餐前服务程序与标准,达到能够为客人提供熟练、满意的餐前服务的能力。

实训方法:设计模拟场景,老师先讲解、示范,后学生实作,老师再指导。学生之间相互点评。

2. 小组实践演练宴会服务程序中各环节服务及服务方法。

实训项目:斟酒服务。

实训目的:通过对斟酒服务基础知识的讲解和操作技能的训练,使学生了解斟酒服务的方式、方法,斟酒的顺序和时机,斟酒前酒质的检查与冰镇和温热,掌握斟酒的操作要领与标准,达到熟练操作,不滴不洒,不少不溢的训练要求。

实训方法:设计模拟场景,老师先讲解、示范,后学生实作,老师再指导。学生分组进行,相互点评。

实训内容:开启酒瓶操作方法、握瓶姿势、斟酒三步法、斟酒要领、托盘斟酒、徒手斟酒。

模拟情景:葡萄酒、香槟酒的开启模拟,托盘斟酒,徒手斟酒模拟训练。

经典案例

【案例 3-1】

教授喜欢喝的咖啡

某日下午,李教授和他的一位朋友来某大宾馆大堂咖啡厅,坐定之后等服务员前来点要饮料。两人对坐闲聊了一会儿后,服务员端来一壶现磨咖啡,外加两茶盅牛奶和数块方糖,朝着李教授说:"我送来了您喜欢喝的咖啡。"(李教授是这里的常客,服务员几乎都很熟悉他的爱好)谁知那天是李教授的朋友做东,他从来不喜欢喝现磨咖啡,而习惯雀巢速溶咖啡加伴侣。

李教授的朋友面露愠色地对服务员说:"今天是我请李教授来此叙谈休息一下,您怎么如此不懂得待客的道理,竟自作主张要我们喝什么就喝什么?!"服务员不肯认错,对李教授的朋友说:"我了解李教授平素喜欢喝现磨咖啡,我料想您不会是不喝咖啡的客人。"

李教授听服务员这样讲,觉得对他的朋友有失尊重,于是批评这位服务员道:"你不应当没有弄清主客之前就主观地下结论,即使今天我是主人,你也应当先问客人需要什么饮料嘛!"李教授的朋友接着讲:"我恰好是向来不喝现磨咖啡,而是喝惯了雀巢速溶咖啡加伴侣的人。"服务员讨好不成,反而遭到责备,准备继续争论下去。这时大堂副经理闻声趋前,弄清情况后要服务员赔了不是,并答应现磨咖啡按一杯计价,另外补送一杯雀巢咖啡加伴侣给李教授的朋友才算了结此事。

(资料来源:百度齐客空间,http://hi.baidu.com/new/cheatnet?page=2)

案例评析:切忌不分主客越俎代庖

上述案例中的服务员尽管出发点并无恶意,但是忽略了应有的服务程序,不应当由于李教授是常客,彼此很熟悉,便自作主张任意行事,不分清主客而越俎代庖。要知道教授喜欢喝的咖啡不等于就是教授的朋友喜欢喝的呀!

咖啡厅也有一套正规的服务程序,不得任意改变。当客人光临入座后,服务员先热情主动相迎打招呼问好。然后将饮料单递给客人当中的做东付账者,当发现客人点饮料时犹豫不决时,服务员可主动推荐介绍,并观察客人的反应及时调整,当客人全部点完后,服务员根据开的单子重复读一遍以取得确认,上饮料时也不要忘记报一下名称。

【案例 3-2】

送客风波

一个深秋的晚上,三位客人在南方某城市一家饭店的中餐厅用餐。他们在此已坐了两个多小时,仍没有去意。服务员心里很着急,到他们身边站了好几次,想催他们赶快结账,但一直没有说出口。最后,她终于忍不住对客人说:"先生,能不能赶快结账,如想继续聊天请到酒吧或咖啡厅。"

"什么!你想赶我们走,我们现在还不想结账呢。"一位客人听了她的话非常生气,表示不愿离开。另一位客人看了看表,连忙劝同伴马上结账。那位生气的客人没好气地让服务员把账单拿过来。看过账单,他指出有一道菜没点过,但却算进了账单,请服务员去更正。这位服务员忙回答客人,账单肯定没错,菜已经上过了。几位客人却辩解说,没有要这道菜。服务员又仔细回忆了一下,觉得可能是自己错了,忙到收银员那里去改账。当她把改过的账单交给客人时,客人对她讲:"餐费我可以付,但你服务的态度却让我们不能接受。请你马上把餐厅经理叫过来。"这位服务员听了客人的话感到非常委屈。其实,她在客人点菜和进餐的服务过程中并没有什么过错,只是想催客人早一些结账。

"先生,我在服务中有什么过错的话,我向你们道歉了,还是不要找我们经理了。"服务员用恳求的口气说道。

"不行,我们就是要找你们经理。"客人并不妥协。

服务员见事情无可挽回,只好将餐厅经理找来。客人告诉经理他们对服务员催促他们结账的做法很生气。另外,服务员把账目多算了,这些都说明服务员的态度有问题。

"这些确实是我们工作上的失误,我向大家表示歉意。几位先生愿意什么时候结账都行,结完账也欢迎你们继续在这里休息。"经理边说边让那位服务员赶快给客人倒茶。在经理和服务员的一再道歉下,客人们终于不再说什么了,他们付了钱,仍面含余怒地离去了。

(资料来源:中国酒店网,http://news.chinahotel.com/Dining/Case/200812/6690.html)

案例分析:

送客是礼貌服务的具体体现,表示餐饮部门对宾客的尊重、关心、欢迎和爱护,在星级饭店的餐饮服务中是不可或缺的项目。在送客过程中,服务人员应做到礼貌、耐心、细致、周全,使客人满意。其要点为:

(1)宾客不想离开时绝不能催促,也不要做出催促宾客离开的错误举动。

(2)客人离开前,如愿意将剩余食品打包带走,应积极为之服务,绝不要轻视他们,不要给宾客留下遗憾。

(3)宾客结账后起身离开时,应主动为其拉开座椅,礼貌地询问他们是否满意。

(4)要帮助客人穿戴外衣、提携东西,提醒他们不要遗忘物品。

(5) 要礼貌地向客人道谢,欢迎他们再来。
(6) 要面带微笑地注视客人离开,或亲自陪送宾客到餐厅门口。

☞ 资料链接

为顾客创造西餐6个M

1. "Menu"(菜单)

走进西餐馆,服务员领客人入座后,首先送上来的便是菜单。菜单被视为餐馆的门面,老板也一向重视,用最好的面料做菜单的封面,有的甚至用软羊皮打上各种美丽的花纹。在这里用菜单称之似有不妥,应称之为"菜谱"。下面的案例能让我们了解西餐菜单对于西餐就餐的重要性:

20年前,四位年轻的"万元户"农民走进了豪华的马克西姆餐厅。他们有了钱,想品一品法国名菜。餐厅经理和服务员欣喜异常,热情招待他们入座,并礼貌地呈上菜谱,恭敬地请他们点菜。谁料,其中一位把菜谱推到一边,不屑一顾地说:"点什么菜?你们看着来,什么贵上什么,我们有的是钱!"四位农民花了近2000元,美美吃了顿法国名菜,但也不时出"洋相",刀叉不知如何使,餐巾最后当了手绢用……

后来法方总经理谈起此事,很有感触:"从这四位年轻人身上,看到中国农民确实富了,令人振奋。但是中国朋友吃西餐不看菜单,使我们很难理解。在法国,就是戴高乐、德斯坦总统吃西餐也得看菜单点菜的。这里不涉及有钱没钱的问题,因为看菜单、点菜已成了吃西餐的一个必不可少的程序,是种生活方式。"

2. "Music"(音乐)

豪华高级的西餐厅,要有乐队,演奏一些柔和的乐曲,一般的小西餐厅也播放一些美妙的乐曲。但这里最讲究的是乐声的"可闻度",即声音要达到"似听到又听不到的程度",就是说,要集中精力和友人谈话就听不到,要想休息放松一下就听得到,这个火候要掌握好。

3. "Mood"(气氛)

西餐讲究环境雅致,气氛和谐,一定要有音乐相伴,有洁白的桌布,有鲜花摆放,所有餐具一定洁净。如遇晚餐,要灯光暗淡,桌上要有红色蜡烛,营造一种浪漫、迷人、淡雅的气氛。

4. "Meeting"(会面)

也就是说和谁一起吃西餐,这是有选择的,一般是与亲朋好友,趣味相投的人。吃西餐主要为联络感情,很少在西餐桌上谈生意。所以西餐厅内,少有面红耳赤的场面出现。

5. "Manner"(礼俗)

也称之为"吃相"和"吃态",总之要遵循西方习俗,勿有唐突之举,特别在手拿刀叉时,若手舞足蹈,就会"失态"。使用刀叉,应是右手持刀,左手拿叉,将食物切成小块,然后用刀叉送入口内。一般来讲,欧洲人使用刀叉时不换手,一直用左手持叉将食物送入口内。美国人则是切好后,把刀放下,右手持叉将食物送入口中。但无论何时,刀是绝不能送物入口的。西餐宴会,主人都会安排男女相邻而坐,讲究"女士优先"的西方绅士,都会表现出对女士的殷勤。

6. "Meal"(食品)

一位美国美食家曾这样说:"日本人用眼睛吃饭,料理的形式很美;吃我们的西餐,是用鼻子的,所以我们鼻子很大;只有你们伟大的中国人才懂得用舌头吃饭。"我们中餐以"味"为核心,西餐是以营养为核心,至于味道那是无法同中餐相提并论的。

(资料来源:http://jingyan.baidu.com/article)

参考文献

1. 谢明成.最新餐饮经营管理实务.沈阳:辽宁科学技术出版社,2000.
2. 詹益政.酒店餐饮经营实务.广州:广州南方日报出版社,2002.
3. 李勇平.餐饮服务与管理.大连:东北财经大学出版社,2006.
4. 劳动和社会保障部,中国就业培训技术指导中心.餐厅服务员.北京:中国劳动社会保障出版社,2001.
5. 相关网站资料:

　　百度百科:http://baike.baidu.com/view/2670.htm

　　中国烹饪协会网 http://www.ccas.com.cn/

　　中国职业餐饮网 http://www.canyin168.com/

　　中国吃网 http://www.6eat.com/

第四章 餐饮服务用具的使用、卫生及保养方法

为很好地实现餐厅对客服务的功能,餐厅需要使用到大量的用具,这些用具既有客用品也有服务人员使用的服务用具还有厨房生产所需的设备及用具。餐饮服务用具的合理使用、维护及保养工作是餐饮企业经营管理的一项重要任务,是实现餐饮经营目标的基础保障。

第一节 餐饮服务用具分类

一、餐厅服务用具分类

(一)家具

出于经营与提供温馨、细致、周到服务的需要,餐厅需要各式家具,家具数量也较多。餐厅家具一般主要包括餐桌、餐椅、工作台等。

1. 餐台

(1)圆台:一般直径有150厘米、160厘米、170厘米、180厘米、200厘米、220厘米、240厘米、260厘米等。圆台的底台或台架高度一般为80厘米。一般直径超过180厘米的圆台须配玻璃转盘。不同直径的圆台可接待客人入座的情况如表4-1所示:

表4-1 不同直径的圆台可接待客人入座请况

餐台直径(厘米)	适宜接待客人数	餐台直径(厘米)	适宜接待客人数
120	4位	200	12位
140	6位	220	14位
160	8位	240	16位
180	10位	260	18~20位

(2)方台:中餐厅一般使用90厘米×90厘米、100厘米×100厘米和110厘米×110厘米三种规格的方台。在零点中餐厅中也常使用长方形方台。正方形方台使用时,一般1~2位客人选用90厘米×90厘米、3~4位客人选用100厘米×100厘米的方台,若正式宴会4位客人应选用110厘米×110厘米的方台。西餐厅

中大多都使用长方台以及由长方台拼接而成的T型台、U型台、回型台等。

2. 餐椅

依据餐台的使用情况及餐厅经营、室内装饰要求配以相应的餐椅,餐椅的材质一般由木质和不锈钢制成。

3. 工作台

是餐厅服务员为客人提供桌边服务时的工作用台,一般工作台上都备有服务员所需的工作用具及少量客用品。

(二)布草

餐厅布草主要包括各种规格的餐台布、餐台裙、餐椅套、口布、香巾、门帘、装饰布、沙发布等。由于餐厅经营的需要,餐厅布草种类繁多,且大部分布草的使用频率较高,布草的需求量比较大,若布草管理稍有混乱,就容易出现丢失、浪费的现象,所以餐厅必须规范和加强布草管理,确保布草的合理使用,进而向客人提供更优质的服务。

(三)餐厅服务车

餐厅服务车主要包括活动服务车、烹调车、切割车、开胃品车、房内送餐车等。活动服务车主要用于餐厅摆台及撤台中餐具的运送;烹调车主要用于客前烹制工作,常见于高档中、西餐厅;切割车用于客前服务时切割整块或整个食物的服务车;开胃品车是用于陈列餐厅中冷开胃品菜的服务车,开胃品菜陈列于服务车中,有利于促进销售,方便消费者选取和服务人员拿取。(服务车的使用见资料链接4-2)

(四)餐厅常用餐具

餐厅常用餐具按材质的不同主要包括瓷器类餐具、玻璃类餐具、金属类餐具等;按饮食习惯分类可分为中餐餐具和西餐餐具。以下主要按饮食习惯分类分别介绍中餐餐具和西餐餐具在餐厅中的使用情况。

1. 中餐餐具

(1) 盘类

中餐用盘常用的有圆盘、条盘、长方盘、汤盘、高脚盘、碟等,形状各异。直径有从7.6厘米的调味碟到直径为81.3厘米的大直圆盘,尺寸多样,一应俱全。

(2) 碗类

碗是餐厅中常用来盛装米饭、汤或炖制品的主要餐具。主要有汤碗、手碗、口汤碗、面碗等。

(3) 勺

勺又名调羹,汤匙,划子等,是专门舀汤的餐用具。主要有木质、瓷质、金属和玻璃等材料制成。有长柄和短柄之分,长柄勺体较小,柄长而细,主要用于分装流质类食品;短柄主要用于不用分派的汤菜及添菜之用。桌上用调羹一般是陶瓷制成,用于接食菜品和舀汤之用,客人在进餐时辅助筷子食用一些汤类食品,也可用于甜羹与小吃。桌上用的调羹体积较小可放入碗碟中,可配合口汤碗同上。

(4)筷及筷架(筷套)

筷子一般用竹子、红木、黄杨木、象牙、银、塑料等制成,有方头和圆头两种。一般全长为20厘米左右。筷子在摆放和使用时为了方便卫生,应使用筷架和筷套。筷架的作用是托起筷头,保证筷子摆放在餐桌上时不会受到污染。

(5)杯具

中餐厅中玻璃和瓷器杯具使用较多,玻璃杯具主要有红葡萄酒杯、白酒杯、水杯等;瓷器杯具主要有黄酒杯、白酒杯等。

2. 西餐餐具

西餐餐具种类繁多,较常见的有餐叉、餐刀、餐匙等,这些餐具主要以银制或不锈钢制为主,用于高档餐厅中。

(1)餐叉类

各类餐叉是西餐中最常用的餐具,餐叉有由不锈钢、铝合金或银制成。常用的有正餐叉、鱼叉、甜品叉、海鲜叉、服务用叉等。如图4-1所示:

图4-1 餐叉

A.海鲜叉 B.鱼叉 C.蛋糕叉 D.甜点叉 E.正餐叉 F.服务叉

(2)餐刀类

餐刀也是西餐中不可缺少的用具。主要分为正餐刀、牛排刀、鱼刀、甜品刀、黄油刀、水果刀等。如图4-2所示:

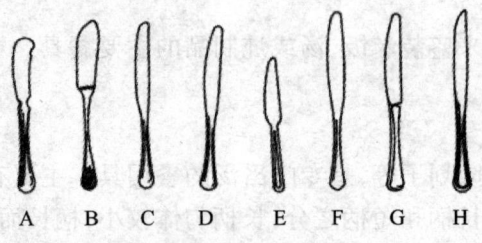

图4-2 餐刀

A.黄油刀 B.鱼刀 C/D.甜点刀 E.水果刀 F/G.正餐刀 H.牛排刀

(3)餐匙类

西餐匙按形状,大小和用途可分为冰茶匙、甜点匙、汤匙、茶匙、咖啡匙等。如图4-3所示:

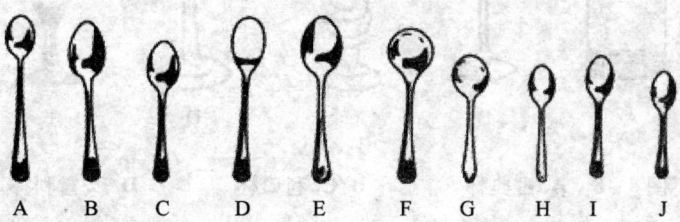

图4-3 匙

A.冰茶匙 B/C.甜点匙 D.法式调味汁匙 E.大汤匙 F.浓汤匙 G.清汤匙 H.茶匙 I.咖啡匙 J.小杯咖啡匙

(4)杯具类

西餐中所使用到的杯具大部分均由玻璃制成,主要有红葡萄酒杯、白葡萄酒杯、香槟杯、鸡尾酒杯、利口酒杯、雪利酒杯、啤酒杯、水杯(果汁杯)、古典杯、冰激凌杯、咖啡杯、茶杯等,其中咖啡杯多为瓷质杯具。如图4-4至图4-13所示:

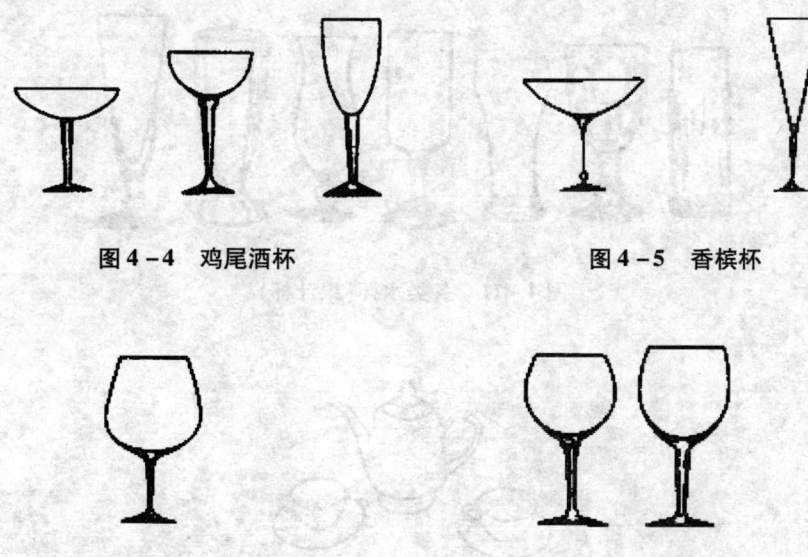

图4-4 鸡尾酒杯　　　　　　图4-5 香槟杯

图4-6 白兰地杯　　　　　　图4-7 红、白葡萄酒杯

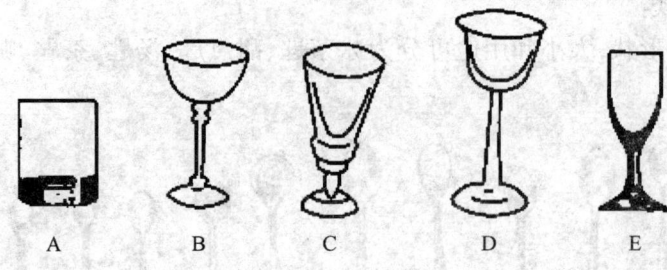

图4-8　A.古典杯　　B/C.利口杯　　D/E.雪利杯

图4-9　啤酒杯

图4-10　冰激凌杯

图4-11　各类水杯(果汁杯)

图4-12　茶杯

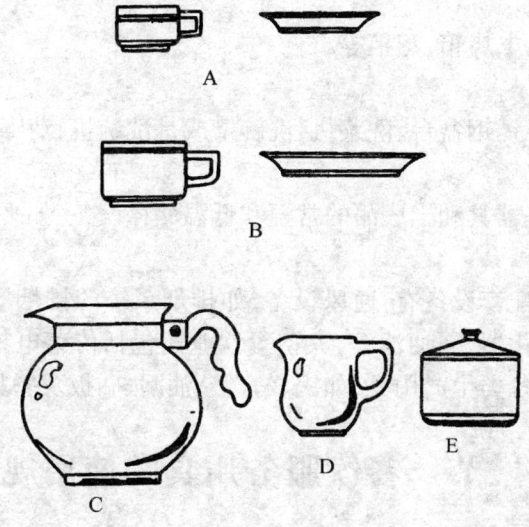

图4-13 咖啡杯具

A.小杯咖啡杯和碟 B.咖啡杯和碟 C.咖啡壶 D.奶油壶 E.糖缸

除上述常用的西餐餐具外,还有许多其他专用的餐具和服务用具。如餐具有:龙虾叉、牡蛎叉、蚝叉、蜗牛夹钳、龙虾签、蛋糕刀、切肉刀、剔骨钢刀、冰夹、糕饼夹、糖夹、通心面夹、蛋糕托匙。服务用具有:方暖锅、椭圆形暖锅、大汤锅、蜗牛盘、酒篮、食物盆和盖、面包篮、玉米棒盘、调味盅、鳄梨碗、冰桶及冰桶架、椒盐瓶、牡蛎盘、烛台、糖夹(主要用于夹取糖、椒盐等作料)、蜗牛夹(与蜗牛叉配用,主要用于食用蜗牛等风味菜)、冰夹(主要用于夹取碎冰块)、蛋糕托(是一种形似铲子的用具,主要用于铲取蛋糕等糕点)等。

(五)其他服务设备

空调、音响等各类电器设备也是餐厅中必须有的服务设备。

二、厨房生产设备及用具分类

厨房生产设备及用具是餐厅厨房生产的工具,其特点是设备种类多、规格、功率、容量等各方面都很大、价格也比较高,侧重于整体厨房,涉及金属材质部分全部采用不锈钢材质。其大致可分为以下五大类:

(一)炉灶类

主要有燃气炉、电焗炉、电磁炉、红外炉、微波炉等。

(二)原材料处理加工类

主要有和面机、馒头机、压面机、切片机、绞肉机、榨压汁机等。

(三)蒸烤类

主要有蒸汽房、电烤箱、蒸柜等。

(四)洗涤消毒类

清洗工作台、不锈钢盆台、洗菜机、洗碗槽或是洗碗机,消毒碗柜等。

(五)储藏类

用于食物原料、器具和半成品的常温和低温储存设备,如平板货架、米面柜、冰箱、冰柜、冷库等。

厨房通常用的配套设备有:通风设备,如排烟系统的排烟罩、风管、风柜、处理废气废水的油烟净化器、隔油池等,大型餐饮业还包括传菜电梯。此外,厨房在生产时还需要使用到各类生产用具,如锅、勺、铲、油漏、砧板及餐具等。

第二节 餐饮服务用具的使用规范

一、餐、酒具清洗规范

(一)操作顺序

按一刮、二洗、三冲、四消毒、五保洁的顺序操作。一刮是将剩余在餐、酒具内的食物残渣倒入桶内并刮干净。二洗是将刮干净的餐、酒具用2%的热碱水并加入适量洗涤剂清洗干净。三冲是将经过清洗的餐、酒具用流动的水冲去残留在餐、酒具表面和碱液或洗涤剂。四消毒是将洗净的餐、酒具进行消毒处理。五保洁是将洗后的餐、酒具放在清洗过的餐具柜里。

(二)操作规范

1. 清洗规范

清洗餐具时首先必须去污,餐具上不可留有食物残渣,然后将餐具分类放入水池用消毒液浸泡及擦洗,浸泡的时间和擦洗的方式必须掌控好。擦洗后的餐具必须分类用高压喷水枪冲洗,冲洗后的餐具上不能有各种消毒液的残留,保证餐具的安全卫生。在保洁环节,必须将冲洗消毒好的餐具用专用口布擦干水渍,确保餐具无污、无渍、无破损,最后分类整理放入餐具柜中。

2. 消毒规范

为保证餐厅餐具卫生及保障客人用餐安全,餐厅必须对所有使用的餐、酒具进行消毒处理,在餐厅中常用的消毒方式有煮沸消毒、蒸汽消毒、消毒柜消毒、药物消毒等。

(1)煮沸消毒时,将洗净的餐具放入沸水中20~30分钟。注意:餐具必须全部放于水中使餐具的每个部分都能接触到沸水且餐具与餐具间不宜叠得太密,否则会影响消毒效果。

(2)蒸汽消毒时,餐具放入蒸汽箱后箱门应关好,蒸汽应开足,让温度升到120℃,在12磅压力下蒸20分钟。

(3)消毒柜消毒时,注意温度一般是控制在120℃,并持续30分钟。

(4)药物消毒时要注意把消毒液的浓度调至合理范围,具体浓度范围见表4-2:

表4-2 消毒液浓度表

药物名称	消毒液浓度	浸泡时间
新高锰酸钾	0.2%~1%	不少于5分钟
高锰酸钾	0.1%	不少于10分钟
漂白粉	0.1%	5~10分钟
过氧乙酸	0.2%	2~3分钟

二、餐、酒具保管规范

餐、酒具保管是指消毒后的餐、酒具应存放于专门的保洁柜内保管,避免与其他杂物混放。

(一)餐、酒具的存放要求

(1)定期消毒处理存放柜,保证存放柜的干燥和洁净。

(2)将消毒好的餐具分类放入存放柜内,拿放餐具时,不得随便用手触摸到餐具的内面和筷子头,餐具上要盖上干净洁白的布巾,关好柜门,防止灰尘再次污染。

(3)餐具放入消毒柜应竖起排列,中间留有空隙,不要叠成一堆,以便热气透入。筷子应分头尾,平放或筷子头朝内。未使用的餐具应存放于柜内作保管。

(4)做好餐具保洁除有固定地方放餐具外,使用和拿取餐具时也应该注意卫生。

(二)规范餐具破损管理,进行经常性盘点

要对清洁好的餐具进行经常性盘点,发现餐具破损,必须了解原因,及时处理。若因正常使用损耗而破损的,必须要做好相关记录并填写破损记录单,事后进行破损申报,若因人为因素造成破损的,必须追究相关责任人的责任,减少酒店损失。

三、金、银餐具的保养规范

高档餐厅中经常使用一些金、银餐具来凸显客人尊贵的身份,但如果此类餐具由于保养不当,不但不能发挥它的作用而且会对餐厅造成很大损失。因此必须规

范对金、银餐具的保养规范，使这些餐具能很好地发挥它们的作用。

（一）清洁规范

（1）金、银制餐具在清洗时要特别注意不能和其他餐具一样放入消毒液中浸泡，应放入专门的"浸银粉"水中浸泡10~20分钟，减少消毒液对金银器的腐蚀。

（2）当银器发生锈蚀或表面有难去的污渍时，可用软布蘸一点白垩粉加水调成糊，或用含有几滴氨水的酒精擦拭，擦拭时要注意朝一个方向擦，避免出现擦痕。还可用电化学还原法，把器物和铅放在一起，浸泡在5%碳酸钠溶液或氢氧化钠溶液中，污迹消失后，立即用蒸馏水清洗干净，再用软布或棉花团擦光。也可用稀硫酸代硫酸钠溶液消除硫化物的晦暗色，但一定要注意浸泡时间不宜太长，否则会将银器腐蚀坏。

（3）含铜的银器，加热时表面层若出现一层黑色，可用5%硫酸溶液去除。

（二）保养规范

（1）保持保管金银器的房屋的清洁，远离污染源，特别是硫化氢、亚硫酸气体和氢氧化锶等物质，以免金银器变得晦暗。

（2）金银器最好能密封保存，防止长时间存放于空气中发生化学反应而氧化。

（3）除尘和清洗可用软布揩擦，布上可蘸一点银粉加水调成的糊，或用含有几滴氨水的酒精擦拭。

教学实践

走访本地一至两家酒店餐饮部，认识餐饮部各部门的生产和服务用具，并了解它们的用途。

经典案例

餐具卫生不容乐观

以下为2003年1月至2006年6月某地区餐饮单位餐具卫生监测报单：

1. 监测方法

将餐具分为盘、筷、汤碗、勺、碗5类，相似的餐具纳入相应类别，其他的类别不计入内。采用发酵法监测细菌指标。大公司餐具每月抽检1~2次，小公司与个体经营店每月抽检2~4次。每次对所有餐具进行抽检，每类餐具随机抽取10件。餐具消毒2小时后按GB 14934—1994《食（饮）具消毒卫生标准》中采样方法进行无菌采样，采样后及时按GB 14934—1994《食（饮）具消毒卫生标准》要求进行检验与评价。

2. 结果

（1）不同年份监测结果如下：

2003—2006年间共监测各类餐具674批次，合格600批次，总合格率89.02%。各年份间合格率基本稳定，2003年合格率最低，2004年合格率最高，2004年与2003年之间的差异有统计学意义（$P<0.05$）。

（2）不同餐具监测结果如下：

汤碗的合格率最高（96.72%），勺子的合格率最低（77.44%）。各类餐具之间合格率差异有统计学意义（$P<0.01$）。

（资料来源：包书华，李溪源. 2009年餐饮业餐具监测消毒结果分析[J]. 中国卫生统计，2011（1）.）

案例分析：

据本案例中某地餐饮企业2003～2006年之间餐具监测资料显示，各类餐具年均合格率为89.02%，餐具消毒保洁状况不容乐观。因此严格按照GB 14934—1994《食（饮）具消毒卫生标准》和《食（饮）具消毒卫生管理规范》加强餐具的消毒保洁工作，对防止餐具对食品的污染、保证饮食安全有重要意义。

为此，各类餐厅应该要加强餐具消毒的技术学习与指导，要对从业人员的卫生知识进行专门培训，使员工树立良好的消毒保洁意识；要加强餐具消毒的监督检测力度，使饮食行业对餐具消毒工作不流于形式，充分保证餐厅餐具卫生。

资料链接

【资料链接4-1】

餐厅布草、地毯的正确使用和保养

1. 布草

主要是台布、餐巾、毛巾、台裙、窗帘等，对这些布草一定要及时清洗，勤于清点，妥善保管，切忌以台布当包裹在地板上拖。

2. 地毯

地毯是饭店比较高档的设施之一，使用保养的要求很高，在羊毛制品和化纤制品中，饭店一般使用羊毛地毯，这类地毯的除尘洗涤比化纤地毯复杂费劲，因此要精心保养。如果发现毯上有痕迹墨迹，应及时用少许的肥皂水把地毯揩净，晾干。有油迹的地方可用汽油揩擦，如果有水洒在地毯上，须把潮湿的地方掀起晾干，地毯一般是半个月洗一次，收藏保管地毯时，必须首先吸掉灰尘，洗刷干净，并放些樟脑丸，卷成圆形，两端用纸包好，储藏在干燥通风的地方，防止虫蛀，霉烂。

（资料来源：http://www.fsgld.cn/newsinfo/20111009085719345.html）

【资料链接4-2】

餐厅服务车及保温锅的正确使用与保养

1. 服务车种类

（1）工作车：主要用途是在餐前摆台时盛放餐具，在开餐时摆放从宾客餐桌上撤下的各种餐具。工作车的形状较多，其主要规格是高80~85厘米，宽45厘米左右，长80厘米左右。工作车一般有两层，也有分三层的。工作车一般为铝制或不锈钢制的。

（2）烹调车：有客前烹制服务的餐厅里一般配备餐厅用烹调车，大都是西式餐厅，这种车有专门放置小型液化气炉的位置，有放置调味品的位置，烹调车通常分为两层，规格大小与工作餐车一致。

2. 各种餐车的正确使用与保养

（1）餐车在使用时不能装过重的物品，多数餐厅内使用的餐车小巧轻便，应认真履行专车用的原则，不能作其他用途。

（2）餐车车轮较小，在使用时推的速度不能过快，如遇地面不平或厅内地面有异物容易翻倒。

（3）餐车擦净：每次使用后一定要用带洗涤剂的布认真擦洗，镀银的车辆应定期用专用银粉擦净。

3. 保温锅种类

餐厅里一般配有各式不锈钢保温锅，其主要规格有80×45厘米长方形保温锅，也有45×45厘米的正方形保温锅，还有直径40厘米的圆形保温锅。保温锅是由酒精或固体燃料为加热源，一般为三层，下面一层放水，中间一层放各式需要保温的菜肴，下面一层放燃料。保温锅可保持菜肴原有的热度，从而保持菜肴的质量。保温锅使用最多的是在自助餐的场合，它可以在宾客进餐时间分散不集中的情况下，保证菜肴的温度。

4. 保温锅的正确使用与保养

保温锅的保温热源有两种：一种是固体燃料，另一种为酒精燃料，所以在操作时应慎重。在操作时先给保温锅添上足够的开水，然后将装有菜肴的盘放上，盖好锅盖，然后才可以点燃固体燃料或酒精，随时掌握燃料的燃烧情况。待要熄火时，固体燃料一般用盖子盖好即可。酒精燃料要用浸湿了的布巾盖在燃料碗上，动作要准确无误，酒精燃料被布巾盖住失去了空气后就会自动熄灭。保温锅用后要认真擦洗，特别是在盛放开水的一层会结出水垢，要及时清除。

（资料来源：http://www.fsgld.cn/newsinfo/20111009085719345.html）

【资料链接4-3】

餐厅空调器及其他电器设备的使用与保养

1. 空调的使用与保养

现代化的餐厅,一般都设有空调设施,使用时应将冷暖档控制在人体感到舒适的位置,即保持室内恒温21~24℃。由于饭店规格档次不同,空调设施也不尽相同,在许多大饭店内各个餐厅采用的都是中央空调系统,在有的小型饭店内则采用各自独立的空调器来调节温度。空调器正确使用方法如下:

(1)保持舒适的室温。过冷或过热都不利于健康。使用冷气时最好控制在比室外温度低4~5℃为佳。使用暖气时控制在22~24℃的范围内。另外暖气下降1℃或冷气高1℃都可节约10%的电力。

(2)舒适而经济地使用空调器。为了保证室内均匀的温度,要调整好风向。使用暖风时使风向向下,调节到暖风直吹地面。夏天为防止日光直射,冬天为保暖起见,拉上窗帘效果更加明显。

(3)不要使风长时间直吹皮肤。长时间使风直吹皮肤,对健康十分不利。

(4)使用时注意通风换气。在使用空调器时也要注意通风换气。

(5)电源插头要插牢,电源插头如果松弛,会引起漏电或过度发热。

(6)不要用电源的接通、切断控制机器,这样做会引起触电或过度发热。

(7)接触正在运转中的风扇或电气元件十分危险,要特别注意。

(8)不要堵塞吸入口和出风口。以上动作会给空调增加负担,使性能下降或引起保险装置失效,机器停止运转等现象。

(9)不要喷洒可燃性药剂。杀虫剂、油漆等易燃性物质会引起火灾,不要直接对空调器喷洒。

2. 其他电器设备

(1)冰块机(制冰机):现代化的餐厅,特别是酒吧间对冰块的需用量较大,通过制冰机,可以保证冰块的供应。

(2)电开水器:不论何种餐厅,开水的需要量都是很大的,电开水器使用方便,并且可以使水的温度稳定,洁净卫生。

(3)电饭煲:电饭煲是近年来中餐零点餐厅使用的食品保温设备之一。它的主要用途是保证米饭、粥等主食的温度。因为餐厅要保证优良的服务质量,就不能让宾客吃不够热的米饭,所以电饭煲非常必要。

(4)毛巾保温箱:餐前、餐后为宾客送上毛巾是服务程序的组成部分,但毛巾必须保持一定的温度,这就要借助于保温箱。

(5)洗杯器:洗杯器是专门洗刷各种玻璃杯具的专用工具。清洗杯具时先把杯具放在洗杯器圆柱内,用清洗剂与毛刷把杯清洗干净后拿出,用扣放的长柱压住杯具,清水就会自动把杯里杯外冲洗干净,然后取出,再用专用巾擦净。洗杯器可以放在洗涤池内使用。它特别适合各种杯身较长的高脚杯具的洗涤。

(6)吸尘器:吸尘器用于餐厅各个部位的吸尘,有地毯的餐厅与日俱增,更应备有吸尘器。吸尘器在使用中要注意不要吸入以下物品:带火的烟头、挥发油、溶化剂、酒精等易燃物,针、刮胡刀等锋利物以及含有水分的垃圾、蟑螂或其他昆虫。吸尘器机身上部不要放置重物,不要将软管硬性扭曲、押拉、踩踏等。使用时要注意不离火或热源过近,不要强行押拉电源线等。清扫过滤器要注意安装是否正确,如安装不妥灰尘会进入电动机内引起故障。每次使用后,应按以下几个步骤进行清理:①用过吸尘器后要马上断开电源,然后将集尘袋里面的灰尘清扫干净。集尘袋要定期清洗。②吸尘器的附件要保持清洁,如有灰尘污垢,要用抹布擦拭干净。③注意检查机体和附件上的螺钉是否有松动现象,如有应立即紧固。④定期更换轴承和润滑油。可根据吸尘器使用量的大小,半年或一年更换一次。

(7)地板磨光机:目前许多涉外饭店餐厅地面是铺地板的。地板必须定期除尘上蜡,地板磨光机的作用是在地板打蜡后磨光。磨光机主要由马达、电容、齿轮、链条、磨盘和棕刷等部件组成。使用时只要接上电源,马达即能启动链条带动棕刷进行磨光。如闻马达声不对,或马达发动不起来,就须切断电源,检查原因、排除故障。机器用后除去残蜡,保持清洁,以免残留蜡结块,损坏棕刷。

(资料来源:http://www.fsgld.cn/newsinfo/20111009085719345.html)

 参考文献

1. 包书华,李溪源.2009年餐饮业餐具监测消毒结果分析[J].中国卫生统计,2011(1).
2. 谢明成.最新餐饮经营管理实务.沈阳:辽宁科学技术出版社,2000.
3. 詹益政.酒店餐饮经营实务.广州:广州南方日报出版社,2002.
4. 李勇平.餐饮服务与管理.大连:东北财经大学出版社,2006.
5. 劳动和社会保障部,中国就业培训技术指导中心.餐厅服务员.北京:中国劳动社会保障出版社,2001.
6. 相关网站资料:

    百度百科:http://baike.baidu.com/view/2670.htm

    中国烹饪协会网 http://www.ccas.com.cn/

    中国职业餐饮网 http://www.canyin168.com/

    中国吃网 http://www.6eat.com/

第五章 酒吧服务

第一节 酒吧简介

一、酒吧概况

酒吧(Bar, Pub, Tavern)是指提供啤酒、葡萄酒、洋酒、鸡尾酒等酒精类饮料的消费场所。酒吧最初源于美国西部大开发时期的欧洲大陆,酒吧有很多类型和风格,既有低档的"潜水吧",也有为社会精英人士提供娱乐的优雅场所。20世纪90年代酒吧经营在我国兴起。

二、酒吧种类

(一)酒廊(Lounge)

这种酒吧形式在饭店大堂和歌舞厅最为多见,装饰上一般没有什么突出的特点,以经营饮料为主,另外还提供一些甜点小吃。

(二)服务酒吧(Service Bar)

服务酒吧是一种设置在餐厅中的酒吧,服务对象也以用餐客人为主。中餐厅服务酒吧较为简单,酒水种类也以国产为多。西餐厅服务酒吧较为复杂,除要具备种类齐全的洋酒之外,调酒师还要具有全面的酒水保管和服务知识。

(三)宴会酒吧(Banquet Bar)

这一类酒吧是根据宴会标准、形式、人数、厅堂布局及客人要求而摆设的酒吧,临时性、机动性较强。

(四)外卖酒吧(Catering Bar)

是根据客人要求在某一地点,例如大使馆、公寓、风景区等临时设置的酒吧,外卖酒吧隶属于宴会酒吧范畴。

(五)主题酒吧(Saloon)

如"氧吧"(Oxygen Bar)、"网吧"(Internet Bar)等均称为主题酒吧。这类酒吧的明显特点即突出主题,来此消费的客人大部分也是来享受酒吧提供的特色服务,而酒水往往排在次要的位置。

第二节 酒水基本知识

一、酒水知识

(一)酒

1. 何为酒

酒是一种用粮食、水果等含淀粉或糖分的原料经发酵制成的含乙醇(酒精)的带刺激性的饮料,可以说,含有酒精可以饮用的饮品就叫做酒。

通常在室温20℃时,酒中含乙醇的体积百分比就是酒的度数,如50度的酒,表示在100毫升的酒中,含有乙醇50毫升(20℃)。西方国家常用proof表示酒精含量,规定200proof为酒精含量为100%的酒。如100proof的酒则是含酒精50%。啤酒的度数则不表示乙醇的含量,而是表示啤酒生产原料,也就是麦芽汁的浓度,以12度的啤酒为例,是麦芽汁发酵前浸出物的浓度为12%(重量比)。麦芽汁中的浸出物是多种成分的混合物,以麦芽糖为主。啤酒的酒精是由麦芽糖转化而来的,由此可知,酒精度低于12度。如常见的浅色啤酒,酒精含量为3.3%~3.8%;浓色啤酒酒精含量为4%~5%。

2. 酒的功用

酒是世界四大饮料之一。酒之所以为古今中外人民普遍喜爱,与酒的许多功用是分不开的。酒中含有各种醇类物质,对人体的精神有刺激作用,适量饮用有兴奋神经、舒筋活络、祛寒发热、消除疲劳的作用;酒中含有人体所需的糖分、蛋白质、盐类和丰富的维生素等物质;酒的发热量也很高,对身体有很好的滋补作用,是一种营养价值很高的饮料;酒是中药的重要辅助原料,中药常用酒,特别是黄酒作"药引",经过浸泡、炒煮、蒸炙的各种药材能增加其疗效,外科中用白酒推拿按摩也能提高疗效;饮酒的主要作用还在于助兴,促进和谐、融洽、热烈、盛情的气氛,俗话说"无酒不成席",所以在邀酌、宴聚、庆贺、婚嫁、节日、餐食中,酒成为不可缺少的一种饮料食品;白酒,特别是黄酒,不仅可以避腥去腻,还可以增加菜肴的风味,是烹调中的上好作料。此外,酒在人际交往中也起着重要的角色。

3. 酒的分类

(1)按酒精的含量可分为:

①高度酒(40%以上酒精含量);

②中度酒(酒精度在40%以下,20%以上);

③低度酒(酒精度在20%以下)。

(2)按生产方法分为:

①酿造酒:又称原汁酒。主要酿造原料是谷物和水果,其特点是酒精含量低,属于低度酒,酒精度在20度以下。如水果酿造酒葡萄酒、苹果酒、梅酒;粮食酿造酒啤酒、黄酒、日本清酒等。

②蒸馏酒:将原料发酵后,经一次或多次的蒸馏后得到的高酒精度的酒液。一般酒精度不低于24度。蒸馏酒有谷物蒸馏酒(如威士忌、伏特加、金酒、白酒)、水果蒸馏酒(如白兰地)、果杂蒸馏酒(如朗姆酒、特基拉)三种。

③配制酒:在发酵酒、蒸馏酒或食用酒精中加入药材、香料或特定的植物等浸泡、配制而成的。主要有开胃酒类的味美思(Vermouth)、苦味酒(Bitters)、茴香酒(Anise);佐甜食酒类的雪莉酒(Sherry)、波特酒(Porto)、马德拉酒(Madeira)、马萨拉酒(Masala);利口酒类的果料类利口酒(Fruit Liqueur)、草料类利口酒(Plant Liqueur)、种料类利口酒(Seed Liqueur)。还有中国知名的杨梅烧酒、竹叶青、三蛇酒、人参酒等。

(3)按商业经营分类主要有开胃酒(Aperitifs)、雪莉酒和波特酒(Sherry and Porto)、烈酒(Sprits)、利口酒(Liqueur)、葡萄酒(Wine)、啤酒(Beer)、鸡尾酒(Cocktail)等。

在餐厅酒吧和销售部门,通常习惯把烈酒分为六大类:金酒(Gin)、威士忌(Whisky)、白兰地(Brandy)、伏特加(Vodka)、朗姆酒(Rum)和特吉拉酒(Tequila)。

4. 中外名酒

中国白酒与法国的白兰地、俄罗斯的伏特加、英格兰的威士忌以及起源于西印度地区的朗姆酒、荷兰的金酒并称为世界六大蒸馏酒。中国的酿酒和中国的白酒历史最久远,在世界蒸馏酒史上有不可动摇的鼻祖地位。

(1)中国名酒(蒸馏酒)

我国共进行过5次对白酒的国际级评比,茅台酒、汾酒、泸州老窖、五粮液、沱牌曲酒等酒在历次国家评酒会上都被评为名酒。在"国家名酒"之外还有"国家级优质酒"的级别。

茅台酒:产于中国西南贵州省仁怀县茅台镇,同英国苏格兰威士忌和法国柯涅克白兰地并称为"世界三大名酒"。茅台酒素以色清透明、醇香馥郁、入口柔绵、清洌甘爽、回香持久等特点而名闻天下,被称为中国的"国酒"。它以优质高粱为料,上等小麦制曲,每年重阳之际投料,利用茅台镇特有的气候、优良的水质和适宜的土壤,采用与众不同的高温制曲、堆积、蒸酒、轻水分入池等工艺,再经过两次投料、九次蒸馏、八次发酵、七次取酒、长期陈酿而成。酒精度多在52~54度之间,是中国酱香型白酒的典范。

汾酒：有4000年左右的悠久历史,1500年前的南北朝时期,汾酒作为宫廷御酒受到北齐武成帝的极力推崇,被载入二十四史,使汾酒一举成名。汾酒制作工艺精湛,源远流长,素以入口绵、落口甜、饮后余香、回味悠长的特色而著称,是清香型白酒的典型代表,在国内外消费者中享有较高的知名度、美誉度和忠诚度。

泸州老窖：其施曲蒸酿、储存醇化的工艺,开中国浓香型白酒之先河,是中国酿酒历史文化的丰碑。

五粮液：产于四川宜宾市,用小麦、大米、玉米、高粱、糯米5种粮食发酵酿制而成,又称"杂粮酒"。为大曲浓香型白酒,香气悠久,滋味醇厚,进口甘美,入喉净爽,各味协调,恰到好处,在中国浓香型酒中独树一帜。

沱牌曲酒：产于四川省射洪县沱牌曲酒厂,以"沱泉酿美酒,牌名誉千秋"之意取名沱牌曲酒,其酒味浓厚,甘爽醇美,深得饮者喜爱。

(2) 外国名酒

白兰地（Brandy）：是指葡萄发酵后经蒸馏而得到的高度酒精再经橡木桶储存而成的酒。白兰地是一种蒸馏酒,以水果为原料,经过发酵、蒸馏、储藏后酿造而成。以葡萄为原料的蒸馏酒叫葡萄白兰地,常讲的白兰地,都是指葡萄白兰地。以其他水果原料酿成的白兰地,应加上水果的名称,如苹果白兰地、樱桃白兰地等。

在白兰地国家标准GB 11856 - 1997中将白兰地分为四个等级,特级（X.O）、优级（V.S.O.P）、一级（V.O）和二级（三星和V.S）。其中,X.O酒龄为20~50年,V.S.O.P最低酒龄为6~20年,V.O最低酒龄为3年,二级最低酒龄为2年。

威士忌（Whisk(e)y）：是用大麦、黑麦、玉米等谷物为原料,经发酵、蒸馏后放入旧的木桶中进行醇化而酿成的。按原料和酿造方法不同有：Pure Malt（纯麦威士忌）、Grain Scotch Whisky or Patent Still Whisky（谷物威士忌）、Blended Scotch Whisky（混合威士忌）；按产地分共有苏格兰、爱尔兰、美国、加拿大四大类最为著名。

苏格兰威士忌（Scotch Whisky）：起码要储存8年以上,15~20年为最优质的成品酒,超过20年的质量会下降。色泽棕黄带红,清澈透明,气味焦香,带有一定的烟熏味,具有浓厚的苏格兰乡土气息。酒精纯度一般为80~86proof。（proof：英、美制酒度用酒精纯度Proof表示,一个酒精纯度相当于0.5%的酒精含量）

爱尔兰威士忌（Irish Whisky）：原产爱尔兰,用小麦、大麦、黑麦等的麦芽做原料酿造而成。经三次蒸馏,然后入桶陈酿,一般需8~15年。装瓶时还要掺水稀释。因原料不用泥炭熏焙,所以没有焦香味,口味比较绵柔长润,适用于制作混合酒与其他饮料共饮。酒精纯度一般为86proof左右。

美国威士忌(American Whisky)：以玉米和其他谷物为原料，原产美国南部，用加入了麦类的玉米作酿造原料，经发酵、蒸馏后放入内侧熏焦的橡木酒桶中酿制4~8年。装瓶时加入一定数量蒸馏水稀释，美国威士忌没有苏格兰威士忌那样浓烈的烟熏味，但具有独特的橡树芳香。

加拿大威士忌(Canadian Whisky)：主要由黑麦、玉米和大麦混合酿制，采用二次蒸馏，在木桶中储存4年、6年、7年、10年不等。出售前要进行勾兑掺和。加拿大威士忌气味清爽，口感轻快、爽适，不少北美人士都喜爱这种酒。

金酒(Gin)：又称琴酒或杜松子酒。主要是以谷物为原料，经过糖化、发酵、蒸馏成高度酒精后，加入杜松子、柠檬皮、肉桂等原料，再进行第二次蒸馏而成。金酒起源于荷兰，最初制作金酒的目的是为了预防感染热带性疾病，是作为利尿、清热的药剂使用。后来，由于它香气和谐、口味协调、醇和温雅、酒体洁净，具有净、爽的自然风格，很快就被人们作为正式的酒精饮料饮用。

比较著名的有荷式金酒、英式金酒和美国金酒。

荷式金酒：荷式金酒产于荷兰，是荷兰人的国酒。荷式金酒色泽透明清亮，酒香味突出，香料味浓重，辣中带甜，风格独特。无论是纯饮或加冰都很爽口，酒度为52度左右。因香味过重，荷式金酒只适于纯饮，不宜作混合酒的基酒及鸡尾酒，否则会破坏配料的平衡香味。荷式金酒在装瓶前不可储存过久，否则杜松子氧化会使味道变苦。装瓶后可以长时间保存而不降低质量。荷式金酒常装在长形陶瓷瓶中出售。新酒叫Jonge，陈酒叫Oulde，老陈酒叫Zeet。Oulde比较著名的酒牌有：亨克斯(Henkes)、波尔斯(Bols)、波克马(Bokma)、邦斯马(Bomsma)、哈瑟坎坡(Hasekamp)。

英式金酒：大约在17世纪，威廉三世统治英国时，发动了一场大规模的宗教战争，参战的士兵将金酒由欧洲大陆带回英国。英式金酒的生产过程较荷式金酒简单，它用食用酒糟和杜松子及其他香料共同蒸馏而得干金酒。由于干金酒酒液无色透明，气味奇异清香，口感醇美爽适，既可单饮，又可与其他酒混合配制或作为鸡尾酒的基酒，所以深受世人的喜爱。英式金酒又称伦敦干金酒，属淡体金酒，意思是指不甜，不带原体味，口味与其他酒相比，比较淡雅。

英式干金酒的商标有：Dry Gin、Extra Dry Gin、Very Dry Gin、London Dry Gin和English Dry Gin，这些都是英国上议院给金酒一定地位的记号。著名的酒牌有：英国卫兵(Beefeater)、歌顿金(Gordon's)、吉利蓓(Gilbey's)、仙蕾(Schenley)、坦求来(Tangueray)、伊丽莎白女王(Queen Elizabeth)、老女士(Old Lady's)、老汤姆(Old Tom)、上议院(House of Lords)、格利挪尔斯(Greenall's)、博德尔斯(Boodles)、博士(Booth's)、伯内茨(Burnett's)、普利莫斯(Plymouth)、沃克斯(Walker's)、怀瑟斯(Wiser's)、西格兰姆斯(Seagram's)，等等。

美国金酒(American Gin):美国金酒为淡金黄色,因为与其他金酒相比,它要在橡木桶中陈酿一段时间。美国金酒主要有蒸馏金酒(Distiled gin)和混合金酒(Mixed gin)两大类。通常情况下,美国的蒸馏金酒在瓶底部有"D"字,这是美国蒸馏金酒的特殊标志。混合金酒是用食用酒精和杜松子简单混合而成的,很少用于单饮,多用于调制鸡尾酒。

金酒的主要产地除荷兰、英国、美国以外还有德国、法国、比利时等国家。比较常见和有名的金酒有:辛肯哈根·德国(Schinkenhager)、布鲁克人·比利时(Bruggman)、西利西特·德国(Schlichte)、菲利埃斯·比利时(Filliers)、多享卡特·德国(Doornkaat)、弗兰斯·比利时(Fryns)、克丽森·法国(Claessens)、海特·比利时(Herte)、罗斯·法国(Loos)、康坡·比利时(Kampe)、拉弗斯卡德·法国(Lafoscade)、万达姆·比利时(Vanpamme)、布苓吉维克·南斯拉夫(Brinevec)。

伏特加(Vodka):以谷物或马铃薯为原料,经过蒸馏制成高达95度的酒精,再用蒸馏水淡化至40~60度,并经过活性炭过滤,使酒质更加晶莹澄澈,无色且清淡爽口,使人感到不甜、不苦、不涩,只有烈焰般的刺激,形成伏特加酒独具一格的特色。因此,在各种调制鸡尾酒的基酒之中,伏特加酒是最具有灵活性、适应性和变通性的一种酒。

朗姆酒(Rum):源于加勒比海,是用蔗糖酿造的蒸馏酒。最初的朗姆酒利用廉价的原料,酿出即卖,没有储存期,因此辛辣刺喉,很受生活在艰苦环境的水手和海盗的青睐,16世纪时,朗姆酒迅速在大西洋水手和加勒比海海盗中风行开来。

目前,朗姆酒已经为了符合现代人的口味,增加了储存醇化期,因此比较绵软适口,有焦糖香味,是配制鸡尾酒必不可少的原料。朗姆可以以颜色分类,以风味分类,也可以以原材料分类。

以颜色分类有:白朗姆(White Rum,无色)、金朗姆(Gold Rum,淡褐色)、黑朗姆(Dark Rum,深褐色);

以风味分类有:Light Rum(淡香)、Medium Rum(介乎中间的浓度)、Heavy Rum(浓香);

以原材料分类有:工业朗姆酒(Industrial Rum——以废蔗糖为原材料)、农业朗姆酒(Agricole Rum——以蔗糖汁直接制造)。

世界著名朗姆酒有:古巴的哈瓦那俱乐部(Havana Club)、百加得(Bacardi);马提尼克岛的 HSE Habitation Saint–Etienne;英国的摩根船长(Captain Morgan)、马里布(Malibu);奥地利的 Stroh;菲律宾的安兰(Anejo);牙买加的 Coruba;巴巴多斯的 Mount Gay;多米尼加的 Ron Barcelo;危地马拉的 Zacapa;特立尼达和多巴哥的安格仕(Angostura)。

特吉拉酒(Tequlia):是一种以龙舌兰(Agare)为原料的蒸馏酒。它必须经过两次蒸馏,并且陈酿储存。由于储存的工具不同,酒的颜色也不同。特吉拉有两种颜色,一种呈无色透明,一种呈橡木色。它香气奇异,口味凶烈,酒精含量为40%~50%,是墨西哥人喜爱的酒品。每当饮酒时,墨西哥人总先在手背上倒些细盐末吸食,有时也用柠檬角和辣椒佐酒,以具有咸、酸、辣等强烈味感的东西下酒,恰似火上浇油,极尽强刺激之功能。据说,这种十分独特的饮酒方式以畅快淋漓之感而美不胜言。

(二)饮料

(1)饮料(饮品)定义:指经过定量包装的,供直接饮用或用水冲调饮用的,乙醇含量不超过质量分数0.5%的制品,不包括饮用药品。

(2)饮料的分类:根据"GB 10789—2007饮料通则"中规定,饮料分为11大类:

碳酸饮料:果汁型、果味型、可乐型、其他型碳酸饮料。

果蔬汁类:果汁和果蔬汁(100%)、浓缩果汁和浓缩蔬菜汁(除去一定比例的水分)、果汁饮料和蔬菜汁饮料(10%~25%)、果汁饮料浓浆和蔬菜汁饮料浓浆(稀释后饮用)、复合果蔬汁及饮料(2种以上调制)、果肉饮料(25%~99%)、发酵型果蔬汁饮料(发酵后调制)、水果饮料(5%~10%)、其他果蔬汁饮料。

蛋白饮料类:含乳饮料、植物蛋白饮料、复合蛋白饮料。

包装饮用水类:饮用天然矿泉水、饮用天然泉水、饮用纯净水等6类。

茶饮料类:茶饮料、茶浓缩液、调味茶饮料(果味茶饮料、奶味茶饮料、碳酸茶饮料等)、复合茶饮料。

植物饮料类:用有一定蛋白质含量的植物果实、种子或果仁等为原料经加工制作而成。

此外,还有咖啡饮料类、风味饮料类、特殊用途饮料类、固体饮料类、其他饮料类等。

二、酒吧内基本的器具及酒水配置

(一)器具

(1)用具类:摇酒壶、调酒杯、电动搅拌机、各种不同类型的酒杯、冰桶和冰酒杯、螺丝刀开瓶器、吧匙和量酒杯、砧板、托盘、杯垫、调酒棒和吸管、餐巾布和烟牙签、笔、纸巾吸管架、鸡尾酒盐边架、格装饰物盒、美式调酒壶、带刻度专用杯、练习瓶(练习用)、夜光表演瓶(表演用)、英式调酒壶(550ml~350ml)、酒头(金属或塑料)、威士忌酒头、滤冰隔、果汁壶、长吧台垫、方吧台服务垫、网式隔水杯垫、多功能红酒刀、冰桶、香槟桶、冰夹、大小冰铲、柠檬夹、开罐器、水果刀、砧板钢底咖啡壶、蜡烛台、各式搅拌棒、黑吸管/艺术吸管、烟灰缸、6头子弹杯架(长方式/转盘式/长方磨砂)、12头子弹杯架(长方式/转盘式/长方磨砂)、18头试管架(配粗试管)、36头试管架(配长试管)、特色试管架(钢琴/小提琴/三角形)、粗试管、长试管等。

(2)各类杯具:大鸡尾酒杯9盎司、小鸡尾酒杯5盎司、高身八角杯14盎司、高身八角杯12盎司、矮身八角咯杯5盎司、矮身八角咯杯8盎司、矮身八角咯杯12盎司、小白兰地杯8盎司、中白兰地杯12盎司、大白兰地杯17盎司、玛格丽特杯9盎司、笛形香槟杯6盎司、大红酒杯14盎司、小红酒杯7盎司、威士忌杯1.5盎司、古典杯11盎司、直身水杯11盎司、龙卷风杯15盎司、修腰形啤酒杯11盎司、果汁杯10盎司、子弹杯1盎司、子弹杯2盎司、条纹扎壶1升/1.3升。

(3)机器类:酒吧专用搅拌机、奶昔快速搅拌机、新奇士榨汁机、碎冰机、电动磨豆机、刨冰机、制冰机150/200/300磅(看酒吧的大小和用冰量决定)、蒸馏咖啡机连暖咖啡炉、冰柜。

(二)酒水配置

(1)烈酒:干邑白兰地酒(Cognac)、威士忌(Whiskies)、金酒(Gin)、朗姆酒(Rum)、伏特加(Vodka)、特其拉酒(Tequila)。

(2)利口酒:咖啡利口酒(Kahlua)、百利甜酒(Bailey's)、君度甜酒(Cointreau)、白、绿两色薄荷甜酒(Peppermint)、白、棕两色可可甜酒(Creme de Cacao)、加利安奴香草甜酒(Galliano)、圣勃卡利口酒(Sambuca)。

(3)开胃酒和葡萄酒:味美思或称苦艾酒(Vermouth)、苦味酒(Bitter)、大茴香酒(Aniseed)、雪利葡萄酒(Sherry)、香槟酒(Champagne)、含汽葡萄酒(Sparkling Wine)、干白葡萄酒(White Wine)、干红葡萄酒(Red Wine)。

(4)果汁:菠萝汁(Pineapple)、椰浆(Coconut)、红石榴糖浆(Grenadine)、绿薄荷糖(Mint)、草莓糖浆(Strawberry)。

(5)调味料:包括盐、胡椒粉、肉豆蔻粉、辣椒汁、糖、矿泉水。

(6)其他:啤酒(Beer)、碳酸饮料(Carbonated)、咖啡(Coffee)、茶(Tea)、牛奶(Milk)、混合果汁(Mixed Fruits)。

三、酒吧服务流程、规范及服务技巧

(一)酒吧服务管理一般程序

酒吧在经营的过程中必须要有严格的服务与管理程序,一般酒吧的服务管理程序主要有三个环节:

第一是酒水供应环节。此环节主要服务内容包括:迎宾→客人点酒水→调酒员或服务员开单→收款员立账→调酒员配制酒水→供应酒品。在这一过程中需要服务员注意,要把最好的服务展现给客人。

第二是结账环节。正规的酒吧结账是要严格按照一定的程序来进行的。结账环节的一般服务程序是:客人要求结账→调酒员或服务员检查账单→收现金、信用卡或签账→收款员结账。

第三是酒水调拨环节。酒水调拨需要写一式三份的酒水调拨单,上面写明调拨酒水的数量、品种、从什么酒吧拨到什么酒吧,经手人与领取人签名后交酒吧经理签名。第一联送成本会计处,第二联由发酒水的酒吧保存备查,第三联由接受酒水酒吧留底。

(二)酒吧服务规范及服务技巧

1. 迎宾

使用"您好""晚上好"等礼貌性问候语主动热情地问候客人。迎宾人员不在,保安应当主动做迎宾工作。

2. 领坐

引领客人到其喜爱的座位入座。单个客人喜欢到吧台前的吧椅就座,对两位以上的客人,服务员可领其到小圆桌就座并协助拉椅并遵照女士优先的原则。

3. 为客人点酒

在服务的过程中,服务员不仅是一名接待者,同时也是一名兼职的推销员。向顾客推销酒要有建议性地推销,因为合理的推销和盲目的推销之间会有很大的差别,后者会使客人生厌,有被愚弄的感觉,或者认为是急于脱手某些不实际的或非名副其实的东西,盲目推销也会与顾客的"物有所值"的消费心理背道而驰。另外,服务人员不可凭借自己的喜好和偏见去影响客人的消费情绪,你不喜欢的或许正是客人所乐意接受的,不可对任何客人所点的食品、饮品表示不满。因此,酒吧服务人员应掌握一定销售酒水的技巧。

(1)推介技巧

一般来说,酒水推销时先推介高价位酒水后再推介中低价酒水(可根据房型、客人类型);男士推介洋酒、红酒或啤酒,女士推介饮料、雪糕等。

(2)语言技巧

不同语言的使用对酒水推销的效果会不一样,一般在初次落单前推销时,使用选择性询问语言的推销效果会更好。如"先生/小姐或老板:晚上好!请问你们需喝点什么?是喝洋酒?还是红酒?"(假设客人选择洋酒,那么……)"您是喜欢喝白兰地?还是威士忌?"此时,要注意观察客人的反应,若客人反应明确,就征询点单数量,若客人犹豫不定时,则要帮客人拿主意,主动引导客人;客人确定点单后,需要重复客人所点的出品,以免出错,如:"先生/小姐,您点的有×××,对吗?请稍等,我很快送到……"酒水确定后,需进一步推销,介绍一些小食,语气采用征询的语气,如:"先生/小姐,来点什么送酒小食呢?我们这有……""××味道不错的,是我们酒吧的特色小食,想不想试试?"

(3) 中途推销

及时搞好台面卫生,收走空酒樽、扎壶,在酒水剩余不多时(不要等到喝完),再一次询问客人:"先生/小姐,需不需要再来支××酒或拿多半打(一打)××啤酒?"留意客人的饮料是否喝完,若差不多喝完,同样实行第二次推销;对于特殊客人进行特殊介绍,例如可以向女性朋友推荐椰子汁、鲜奶、雪糕等;向醉酒或饮酒过量的客人推荐参茶、柠檬蜜、热鲜奶或者酸奶;向患感冒的客人推荐可乐煲姜。

(4) 身体语言的配合

与客人讲话时,目光注视对方,以示尊重,半跪式上身微倾,尽量靠近客人讲话,不要距离太远,客人讲话时,随时点头附和,以示听清,若没有听清,说声:"对不起,麻烦您再说一遍。"

(5) 利用推销手段达到高额经营利润

①熟记客人姓名和他的爱好,以便日后再光临时介绍方便,增加你的信心。

②熟悉饮料、酒水,明白所推销的食品、饮品的品质和口味。

③客人不能决定要什么时,为客人提供建议,介绍高价、中价、低价多款式,由客人去选择,按客人不同身份推销不同饮品。

④收空杯、空盘时,应礼貌地询问客人还需要加点什么。

⑤男士多的,应推销各种酒类,女士则推销饮料,小孩应推销适合他们的各种食品、饮料。

⑥根据客人喜好进行推销。

⑦根据不同类型的客人进行各种方式的推销,大致分为:A. 家庭型;B. 朋友聚会;C. 庆贺生日;D. 业务招待,请客;E. 公司聚会;F. 情人约会。

⑧根据客人所用的各种酒水加以推销各种小食;

⑨根据客人来自不同地方不同民族的饮食特点加以推销。

4. 为客人调酒

调酒师接到点酒单后要及时调酒,并应注意以下事项:

(1) 调酒时要注意姿势正确,动作潇洒,自然大方。

(2) 调酒师调酒时,应始终面对客人,去陈列柜取酒时应侧身而不要转身,否则被视为不礼貌。

(3) 严格按配方要求调制,如客人所点的酒水单上没有的,应征询客人的意见而决定是否需要。

(4) 调酒师调酒时要按规范操作。

(5) 调制好的酒应尽快倒入杯中,对吧台前的客人应倒满一杯,其他客人斟倒八成满即可。

(6)随时保持吧台及操作台的卫生,用过的酒瓶应及时放回原处,调酒工具应及时清洗。

(7)当吧台前的客人杯中的酒水不足1/3时,调酒师可建议客人再来一杯,起到推销的作用。

(8)掌握好调制各类饮品的时间,不要让客人久等。

5. 为客人送酒服务

(1)服务员应将调制好的饮品用托盘从客人的右侧送上。

(2)送就是应先放好杯垫和提供的酒水和咖啡,递上餐巾后再上酒,报出饮品的名称并说:"这是您(或你们)的,请慢用。"

(3)服务员要巡视自己负责的服务区域,及时撤走桌上的空杯、空瓶,并按规定要求撤换烟灰缸。

(4)适时向客人推销酒水,以提高酒吧的营业收入。

(5)在送酒服务过程中,服务员应注意轻拿轻放,手指不要触及杯口,处处显示礼貌卫生习惯。

(6)如果客人点了整瓶酒,服务员要按示酒、开酒、试酒、斟酒的服务程序为客人服务。

6. 为客人验酒

给客人验酒,是相当重要且不可忽略的过程。验酒的目的,其一是得到客人认可,假如拿错了酒,验酒时经客人发现,可立即更换,否则未经同意而擅自开酒,也许会遭到退回的损失;其二是便于客人品酒的味道和温度,不管客人对酒是否有认识,均应确实做到验酒,这种做法也体现了对客人的尊敬。其三是显示服务的规范。

供应红葡萄酒的温度应与室温相同,淡红酒可稍加冷却,可利用美观别致的酒篮盛放。红酒因陈年常会有沉淀,要小心端到餐桌,不要上下摇动。先行给客人验酒认可,然后将酒篮平放到客人的右侧,供其饮用。酒从酒库取出后,在拿给客人验酒之前,均需将每只酒瓶上的灰尘擦拭干净,仔细检查缺点并进行弥补后,再拿至餐桌上给客人验酒。

(1)验酒的正确方法:

①半跪式服务,面带微笑。

②右手大拇指在上,其他指头并拢在下,扶着瓶颈左手托着瓶底。

③商标对准客人,给客人展示确认。

④应用礼貌用语:您好,先生/小姐,这是您点的××酒,请您过目,请问可以帮您打开吗?(注意语气温和、面带微笑)

(2)验酒的意义:

①一般较为名贵的香槟、红酒、洋酒在客人饮用之前,首先请客人验酒,以便客人确认。

②验酒是饮酒服务中的一个重要礼节。

③验酒显示服务的周到与高贵。

④让客人品尝酒的味道和温度是否合适。

7. 开瓶与斟酒服务

在开瓶与斟酒过程中,服务员要自然、落落大方地按餐厅礼仪,姿态,语言要做到恰到好处。应经常随身携带启瓶器以及开罐器,以备开瓶(罐)使用。

8. 送客服务

要提醒顾客是否遗留随身携带的物品。"请带好您的随身物品,谢谢光临,请慢走,欢迎下次光临。"

☞ **教学实践**

1. 认识各种中外名酒,了解不同酒水的服务方法。
2. 按照酒吧酒水服务程序演练酒水服务技巧。

☞ **经典案例**

换一杯红酒

一天,大堂吧的服务员小李为了能多学点东西,也为了跟另一个班头的人交流一些工作上的事情,下班后又在大堂吧待了半个小时。他穿着便装,靠在吧台上,大堂吧里没有一档生意,相当的冷清,幸好还有音乐在弥补这种缺陷。跟同事交流5分钟不到,进来一位上了年纪的男性外国客人。同事A上前招呼客人,拿着菜单,把客人带到一个中意的位置就坐,小李则在一旁看着,没有出声。客人点的是木桐珍藏(小李只知道他来里工作时这瓶酒就是打开的,但不知道具体是什么时候开的,而且他来了这么长时间了也没有亲自卖过这个红酒,因为这是大堂吧里最贵的一款了,那天是他头一次见客人点这酒。)

上好红酒,A就候在一旁,有客人的时候小李和同事都很规矩,暂停了交流。客人尝了一小口后,就示意A过去。客人问A:"How long this wine opened? 这个酒开了多长时间?"A想了想,没回答上来,小李想可能是因为酒开得时间太长,质量上可能出现了什么问题被客人喝出来了,看客人的年纪和打扮就觉得他应该是个懂得品酒的人。看情况似乎有点不妙,小李忙示意A不要告诉客人酒开了多久了,因为他们确实也不是很清楚。可是A没有听小李的劝告,告诉客人:"Maybe several monthes(可能几个月)"，客人非常诧异，然后告诉A：这个酒有点问题，他不要喝了。A回到吧台，客人则靠在沙发上，再也没去碰那杯满满的酒。过了一分钟，A没有表现出要为这杯红酒做出一些补救，而客人也没有马上走人，局面僵在那里。小李想这对A来说是很不利的，情况会有两种：一种就是客人不埋单A赔钱，另一种就是客人还是礼貌地埋单然后去投诉。这两种情况都不是最好的结局，虽然客人确实尝过一口，但他完全没有任何理由为这有问题的酒付账。酒店那边A又如何去解释，加上酒店经理不在场，他又是否能相信这个事实而免去要A付这个损失？

于是，小李对A说："你快点打个电话给领班或者经理，就问下这个酒的事情该怎么处理。"她似乎意识到了问题的严重性，接受了建议。后来，A告诉小李说经理给这位客人的红酒免单，这对A来说是个天大的好事，而客人也可以不为此付出，应该说已经没有多大的问题。可是，A听说没事以后又是沉默地站在一旁，没有任何弥补客人的意思，小李实在是看不下去了，可是他又不在岗不能对客人进行服务，只好催A快点拿菜单去让客人换一个酒试试。A还是照做了，可是客人点的已经是最上等的了，要换实在是有点勉强。小李突然想起来前几天好像有客人点过木桐，但是由于当时没开过，就推荐客人喝了一个开过的其他品牌。"快点把那瓶没开过的木桐拿出来，给客人看看是不是可以换这个酒，因为两者是同一个牌子，价格也只低了木桐珍藏十元，客人应该还可以接受的。"小李急忙对服务员A说。A拿着没开过的整瓶木桐给客人过目，客人表示可以接受。然后当着客人的面开了这瓶红酒，倒了一杯上给客人。大约半个小时，客人喝完埋单，并没有非常的不开心。

（资料来源：依据餐饮职业网提供案例整理而成.）

案例评析：

案例中客人虽然没有非常的不开心，但客人对酒店服务的酒水满意度肯定不会高，如果新的红酒依然不合他口味，极有可能会引发强烈的投诉。案例中小李的做法是值得肯定的，虽然红酒开启后很长时间没有销售出去不是服务员的错，但如果服务员没有对这一过失做任何的努力去弥补，那就是服务员的错了。此外，在服务高档酒水时，服务员在给客人上酒前一定要先让客人品尝一小口再倒满一杯，以避免不必要的麻烦。

服务中我们会碰到各种各样的问题，不管什么时候，我们都应该尽我们最大的努力，满足客人的要求，让客人满意，同时也要让客人看到我们的真诚，我们努力为客人也要让客人能够理解我们，看到我们的努力。

碰到这样的问题，如果处理得好，或许客人还会赞扬你机智，处理不好或许就会招来客人的投诉，所以，灵活处理好出现的问题很重要！

📌 资料链接

【资料链接 5-1】

酒吧常用酒水英汉对照

1. 饮料类

汤力水(Tonic)、新奇士(Sunkisot)、椰子汁(Coconut)、西柚汁(Grapoefruit)、橙汁(Orange)、苹果汁(Apple)、西红柿汁(Tomato)、柠檬和青柠汁(Lemon/Lime)、热柠檬茶(Hltea)、苏打水(Soda)、雪碧(Sprite)、热红茶(Hrte)、百事(Pepsi)、可口可乐(Cocacola)。

2. 洋酒及混合饮料

人头马(Remy martin)、马爹利(Martell)、芝华士12年(Chivas regal 12Y)、黑方(Black label)、红方(Red label)、顺风(Cuttycark)、波尔斯(Bol's)、龙舌兰(Tequilla)、哥顿(Gardan's)、威雀(Famous grouse)、波马(Bokma)、将军(Beefeatear)、威士忌(Whisky)、伏特加(Vodka)、金酒(Gin)、龙舌(Tequilla)、白兰地(Brandy)、干邑白兰地酒(Cognac)、朗姆酒(Rum)、老头(Old daniel)、君度(Cointreau)、皇冠(Smirnaf)、珍宝(Is'b)、德基拉安异(Tequilla anego)、马提尼(Matini)、大力(Power's)、金铃(Bell's)、红牌(Johonre walker red)、绿牌(Mosrovskaya)、欧雷(Ole)、百家的(Bacardi)、麦耶(黑)(Myers's)、尼诗(Hennessy)、加瑞安奴(Galliano)、美雅士(Myers's rum)、雪利葡萄酒(Sherry)、本酒或波堤葡萄酒(Port)、干白葡萄酒(White wine)、香槟酒(Champagne)、干红葡萄酒(Red wine)、味美思或称苦艾酒(Vermouth)、苦味酒(Bitter)、含汽葡萄酒(Sparkling wine)。

(资料来源:http://zyzg.100xuexi.com/view/examdata/20101207/9ECBEFC8-F58D-4DAA-A648-30A1F17DA509.html)

【资料链接 5-2】

怎样做到成功推销?

1. 熟悉各种食品、饮品的价格。
2. 熟悉各种饮品的制作过程、准备时间和原料。
3. 熟悉各种饮品的制作方法。
4. 知道每日特别推荐项目。
5. 掌握酒水牌中的任何变化。
6. 语言技巧及微笑、礼貌的沟通方式。

(资料来源:http://wenku.baidu.com/view/56f159d53186bceb19e8bb3d.html)

参考文献

1. 国家工商行政管理总局.商标注册用商品和服务分类表(第九版).
2. 胡柏翠,周德强.酒水服务与酒吧管理.北京:电子工业出版社,2011.
3. 詹益政.酒店餐饮经营实务.广州:广州南方日报出版社,2002.
4. 谢明成.最新餐饮经营管理实务.沈阳:辽宁科学技术出版社,2000.
5. 李勇平.餐饮服务与管理.大连:东北财经大学出版社,2006.
6. 胡爱娟.餐饮技能实训.北京:北京大学出版社,2007.
7. 相关网站资料：

   百度百科：http://baike.baidu.com/view/2670.htm

   中国烹饪协会网：http://www.ccas.com.cn/

   中国职业餐饮网：http://www.canyin168.com/

   中国吃网：http://www.6eat.com/

第三部分 餐饮服务管理篇

第六章 厨务及餐饮生产管理

厨房是生产餐饮产品的重要场所,是餐饮业的核心,它直接决定餐厅的生死存亡。厨务则是指厨房员工运用技术和艺术对各类烹饪原料按照一定规格标准、操作程序,进行有计划、有秩序、有目的的劳动与管理工作,厨务及生产管理是餐饮管理的重要内容。

第一节 厨务及餐饮生产的特点、任务

一、厨务工作的特点

由于在餐饮企业中所处的特殊位置和独特的生产运作方式,厨房具有明显有别于餐厅服务和其他工业生产的特点。

(一)产品本身具有特殊性

(1)产品质量高低的评判依据和标准具有特殊性。厨房生产出来的产品不仅是供顾客直接享用的食品,同时还要求与餐饮服务相配合、相依存,与餐饮企业规模档次相适应、相媲美,需要通过餐饮服务来体现和实现其价值。首先,作为食品的厨房产品,它应该符合《食品卫生法》规定,无毒、无害,符合应有的营养卫生要求,具有相应的色、香、味等感官性状。其次,厨房生产的食品质量优劣的评判还与餐厅服务员提供的优质服务密切相关,就餐客人对餐饮产品满意程度的高低取决于产品和服务两方面。

(2)产品规格、批量具有不确定性。厨房产品的规格和批量的大小都必须依照客人的需要来确定,根据客人所订的数量进行生产,而影响就餐客人需求、就餐人数的多少的因素非常多,使得产品规格、批量、数量等都具有很强的不确定性。一般来说,同批就餐客人数和进食数量决定厨房该时段产品的生产量。厨房产品的生产往往表现为个别的、零星的、时断时续的、规格不一的生产作业方式。

(3)产品销售具有即时性。厨房产品,无论菜肴(特殊质感要求的冷菜除外)还是点心,一经烹制完成,就必须在第一时间内用于消费,否则其质量效果会随时

间的延长而降低。质量降低的表现有菜点色、香、味、形、声、温等给消费者的视觉、嗅觉、味觉、触觉、听觉等感觉鉴赏效果变差和菜点内部营养成分的损失和破坏。因此,厨房生产应与服务密切沟通、配合,保证出品的质量。

(4)产品质量具有多元性。厨房产品的质量因为会受到生产该产品的厨师、原料本身、服务销售、就餐环境、就餐顾客等诸多因素的影响,产品质量具有不同于其他商品的多元性特点。

(二)生产具有服务性、技术性、科学性、艺术性、创造性相统一的特征

厨房生产活动的主要目的是为顾客生产出精美的菜点,销售给人们享受,具有商业服务性特征。烹饪是一门技艺,厨师劳动是以手工操作为主的技术工作,从原料的鉴别到初加工,从手工切配到掌握火候、调味,都有其特定的技术要求和操作难度。除了技术要素外,烹饪还是一门科学,一门以食物造型为主要表现形式的艺术,是烹饪艺术构思及创作劳动,它与厨师个人是联系在一起的,是任何机械替代不了的。著名社会科学家于光远先生说,"烹饪是属于物质产品生产的一种文化""烹饪的艺术首先表现在生产出味觉上精美的艺术品"。人们在对菜肴、点心进行品尝、享用的同时,也是对厨师手工创作的各类以味为主的食用艺术品的鉴赏和认可。厨师的劳动过程,实质上就是将这几个方面有机结合的过程。

(三)体力劳动与脑力劳动相统一的生产活动

厨房的生产活动是以手工操作为主的技术工作,这种劳动在具体进行时,主要是以体力劳动为表现形式,有时甚至表现为重体力劳动,如有些原料的初加工工程和炉台上翻锅等。然而,厨师劳动又不是单纯的体力劳动,而是包含着大量脑力劳动在内的一种劳动。特别是随着烹饪的科学化、规范化要求的提出,厨师劳动的脑力劳动比重越来越大。如宴会的设计、筵席的构思、菜肴营养卫生指标的确定以及菜点的造型等,无不凝聚着比较复杂的脑力劳动。

(四)生产过程中分工协作性强

小型传统的厨房,单个菜肴的原料加工、切配、烹调可以由一人不断变换岗位独立完成。而规模、业务量较大的厨房,大多分工明确,岗位固定,因此,菜肴的加工、配份、烹调就不得不由不同岗位厨师人员分工协作,协助完成。热菜如此,烧烤、卤水、冷菜以及点心的加工、制作,同样需要加工、熟制、装盘等不同岗位轮番、协同作业,才能完成。不仅如此,菜肴、点心的原料、调料等的购买和供给,还得依靠餐饮企业的采购部门、仓库协助提供;厨房生产成品,也得借助服务人员传送和销售。

(五)成本构成的复杂性

厨房生产所使用的原材料(主料、配料)、调味料是构成生产产品的主体成本。原料由毛料到净料,其出净率、涨发率的高低和生产达标情况变化多、难以控制。

具体到每个菜点,其物耗、能耗、人力消耗等难以计算和统计,并且烹饪用原料、调料的采购、验收、储存、领用及加工制作环节众多,循环往复。厨房生产成本,既受以上诸多环节的影响,同时还随原料季节性、价格变化而波动。厨房生产人员(厨师、配菜等)的技术力量、主人翁精神以及生产管理的力度、厨房生产出品的控制手段等,都可能导致厨房成本的频繁波动。

(六)工作环境条件较差

餐饮企业前台四季如春,风景如画,接触面广,服务对象和场景富于变化,而与之相对应的后台厨房,其位置、气温、接触面都与前台大相径庭。

1. 位置偏背,接触面窄

厨房的位置大多在餐饮企业主体建筑的底层、地下层或景观区的背面,远离采光好、风景美的建筑物的正面,有的厨房作业间甚至位于建筑物的"半开放"地带(半露天、半在整体建筑物内)。特殊的位置,常常使员工产生压抑、烦躁、自惭和不安的心理,对其情绪产生不利影响。厨房人员接触的面窄而固定,大多是冷冰冰的食品原料和"冷寂热极"的设备用具,这些使厨房人员丧失了很多与社会交流、与领导接触、与人打交道的机会。

厨师的社交、沟通才能,不同程度地因缺乏锻炼而影响其发挥;厨师的劳动表现、工作实绩,也常常因此被埋没或无法及时得到认可和肯定。

2. 工作条件较艰苦

厨房是环境污染严重的工作场所。在烹制美味佳肴的同时,在有限工作空间内,产生大量的油烟、废气、噪声、余热、污水、垃圾。由于生产的需要和操作的复杂性,烹饪厨房高温潮湿,厨师容易产生疲劳感,食品原料及成品难以存放和保质;加工厨房及冷库低温潮湿,不利于厨师烹饪水平的发挥,卫生工作繁杂而艰巨;噪声、气味的污染,妨碍了厨师的判断和操作效果;大多数饭店的厨房与餐厅在使用面积上不成比例,厨房显得比较拥挤狭小;厨房日常使用的电、气、火、油、刀等,在生产过程中都有可能成为事故的隐患,从而增加了生产的危险性。

(七)产品销售信息反馈困难

厨房产品比其他产品更需要具有针对性,道理很简单,即"适口者珍"。从理论上说,厨房应注意关注、搜集产品信息,信息反馈及时、准确,采取相应措施,调整产品设计,改进产品标准,则可争取更多的回头客人。但实际上,这方面的信息又很难获得。厨房无法及时获得产品销售信息,不知道客人的反映和评价,无论是大型宴会还是零点散卖,就无法采取整改、完善措施,也就有可能使菜单的制定、菜肴的生产与客人的需求越来越脱节,越来越背离,这样,餐饮企业市场萎缩就是迟早的事。

二、厨房分类

（1）按厨房规模划分：大型厨房、中型厨房、小型厨房、超小型厨房。

（2）按餐饮风味类别划分：中餐厨房、西餐厨房、其他风味菜厨房。

（3）按厨房生产功能划分：

①加工厨房：负责对各类鲜活烹饪原料进行初步加工（宰杀、去毛、洗涤）、对干货原料进行涨发，并对原料进行刀工处理和适当保存的场所。

②宴会厨房：指为宴会厅服务、主要生产烹制宴会菜肴的场所。

③零点厨房：专门用于生产烹制客人临时、零散点用菜点的场所，即该厨房对应的餐厅为零点餐厅。

④冷菜厨房：又称冷菜间，是加工制作、出品冷菜的场所。

⑤面点厨房：是加工制作面食、点心及饭粥类食品的场所，中餐又称其为点心间，西餐多叫面饼房。

⑥咖啡厅厨房：负责生产制作咖啡厅供应菜肴的场所。

⑦烧烤厨房：专门用于加工制作烧烤类菜肴的场所。

⑧快餐厨房：加工制作快餐食品的场所。

三、厨房工作任务

厨房作为餐饮企业的一个部门，而且是一个重要的食品生产和出品部门，理应承担企业规定的有关任务和指标，以保证企业或所在部门整体目标的实现。厨房是餐饮企业唯一的食品生产部门，企业为创立企业形象，维护消费者利益，扩大餐饮收益，自然要为其规定一定的任务及考核指标。

（1）完成餐饮企业规定的营业收入指标。营业收入反映餐饮企业综合收益、总体经营情况，厨房虽不直接销售产品，但其出品是构成餐饮企业收入的主要组成部分。

（2）实现餐饮企业规定的毛利及净利指标。企业为积累资金，扩大再生产，提高经济效益，必须实现规定的厨房产品的毛利及净利指标。这也是厨房管理实际控制结果的一个重要标志。

（3）达到餐饮企业规定的成本控制指标。成本控制准确，才能在保护消费者利益的前提下为企业多创效益，两者不可顾此失彼。

（4）符合餐饮企业及卫生防疫部门规定的卫生指标。这是对消费者身心健康负责、保证企业社会效益、创造企业可持续发展条件的重要考核指标。

（5）达到餐饮企业规定的菜点质量指标。质量指标包括出品给客人的感官印象和内在的营养卫生等要素。有些餐饮企业规定厨房产品的出品合格率（客人满意率）不能低于60%。

（6）完成餐饮企业规定的食品创新、促销活动指标。研究开发菜点新品、不断推出各种食品促销活动，既为餐饮业竞争所必需，又是扩大餐饮企业声誉、为企业创收赢利的重要手段。

（7）完成餐饮企业规定的人员培训及发展指标。企业要发展，餐饮要立于同行业竞争的不败之地，厨房就要有一个人员培训及发展的长远规划，并保证逐步实施。对一些有志于发展连锁、集团餐饮的餐饮企业，此项任务更是任重道远。

（8）建立高效的运转管理系统。厨房管理要为整个厨房设立一个科学的、精炼的、有成效的生产运转系统。这主要包括厨师人员的配备、组织管理层次的设置、信息的传递、质量的监控、原料货源的组织与出品销售的协调指导等方面。

（9）制定工作规范和产品标准。为了保证厨房的各项工作有章可循，统一厨房的业务处理程序，维持一致的加工、制作、出品标准，厨房管理者必须明确制定并监督执行各项工作规范和产品规格标准。

发动厨房员工讨论并制定一些为维护厨房生产秩序所必需的基本制度，既保护大部分员工的正当权益，又约束少数人员的不自觉行为，是十分必要的。这自然也是厨房管理的任务之一。厨房需要建立的基本制度有：厨房纪律、厨房出菜制度、厨房员工休假制度、值班交接班制度、卫生检查制度、设施设备使用维护制度、技术业务考核制度、厨房会议制度、厨房日常工作检查制度等。

四、厨房生产规范

生产规范即厨房选择原料、加工切割以及烹调出品的各项程序、规格标准和要求。通过各项生产规范的制定和执行，约束员工的自发行动，统一加工生产和出品的规范标准，从而克服厨房生产因人而异所产生的千差万别的弊端。

（一）规范操作程序

同一项工作、同一种出品，不同操作程序可导致不同的行为结果，产生不同的性状、质量。因此，同一厨房的工作和烹饪（厨师）生产必须制定规范的操作程序，以创造成品统一的条件。这些程序包括：①业务运作管理程序；②客情通知、接收程序；③原料申领、申购程序；④设备、器材检查、运行程序；⑤设备使用、清洁、保养程序；⑥新产品开发、试制、推广程序；⑦菜点沽清通知程序；⑧客人退换菜点处理程序；⑨安全器械保管、使用程序。

（二）厨房生产操作程序

厨房生产操作程序包括：①厨房原料加工、洗涤程序；②水产、肉类等原料切割程序;③干货原料涨发程序;④原料活养、收藏程序;⑤上浆、挂糊程序;⑥开餐前准备程序;⑦开餐出品程序;⑧餐后收尾程序。

(三)统一生产工作规格与标准

生产工作规格和标准,是对生产工作结果的控制。明确具体、切实可行的工作规格、标准不仅有利于员工执行,减少盲目生产、劳动浪费,而且更利于消费者对厨房产品进一步认同。这些生产工作规格、标准包括:①厨房生产、作业规格;②原料加工、切割规格;③原料浆腌规格;④烹调调味汁兑制规格;⑤装盘出品规格;⑥申购原料规格;⑦不同销售标准果盘制作规格等。

(四)厨房工作标准

厨房工作标准有以下几点:①厨房员工行为规范标准;②物品、原料、成品存放标准;③干货原料涨发标准;④各类出品温度标准;⑤食品、生产、人员卫生标准。

第二节 厨房组织与人员配备

现代厨房规模大,分工细致,强调工作的分工协作和协调配合,为了使厨房工作井然有序、出品符合规格标准,餐饮企业的厨房必须要设置科学的组织机构。厨房组织机构设置合理与否,关系到生产方式和完成生产任务的能力,影响到工作效率、产品的质量、信息的沟通和职责的履行。

一、厨房组织设置的基本原则

在设置厨房组织结构时,必须遵循以下原则:

(一)垂直指挥原则

垂直指挥原则要求每位员工或管理人员原则上只接受一位上级的指挥,各级、各层次的管理者也只能按级、按层次向本人所管辖的下属发号施令。企业不应要求任何人同时受命于数人。一位被管理者只能听从一位管理者的指挥,向其汇报工作,并对其负责。但垂直指挥不意味着管理者只能有一个下属,而是专指上下级之间,上报下达都要按层次去进行,不得越级,要形成一个有序的指挥链。如有的餐饮部经理、总厨师长往往喜欢下厨房亲自处理一些员工工作中的错误,而不愿通过下级管理者(部门厨师长或领班)去处理。这样做的结果是,员工们分不清谁是他们的直接领导,导致有些员工一有问题或矛盾就去找总厨师长或找部门经理,从而降低了部门厨师长或领班的威信。因此,当餐饮部经理或总厨师长听到一些有关菜肴质量的意见或看到某厨房存在一些问题时,不应该直接去找某厨师训斥,而是应该通过具体分管该厨房的厨师长去处理。

(二)权力和责任相当的原则

"权力"是指人们在承担某一责任时所拥有的相应的指挥权和决策权;"责任"是为了完成一定目标而履行的义务和承担的责任。权力和责任相当原则要求是在设置组织结构时,必须在划清责任的同时,赋予对等的权力。

权力意味着责任,如果一个人有权力去做某件事,那他就要对这件事的后果负责任。每个组织必须要有一个最高权威,同时从最高权威到组织中的每个人之间,要有一个明确的权力层次,这样可使每一位员工清楚自己应对谁负责,以及谁对自己负责。厨房的最高权威是行政总厨师长,直接下属是部门厨师长或部门总厨师长,作为行政总厨师长,如果把厨房的生产管理的责任交给了下属,那也就必须放手让下属去履行职权,而不应事事干涉,样样插手。同时也必须明白,虽然权力和责任已经委派给下属,但作为行政总厨师长最终应当对下属的行为负责。如果下属作出了错误的决定,他不能说自己对此毫无责任。职权对等就是要求在设置组织结构时,层次分明,划清责权范围,以便能有效地进行管理。

(三)用人所长、人尽其才的原则

组织结构设计好后,在配备厨房组织结构的人员时,应遵循知人善任、选贤任能、结构(年龄、知识、专业技能、职称等)合理、用人所长、人尽其才的原则。

(四)管理幅度适当的原则

在厨房组织结构设置中,应尽可能缩短指挥链,减少管理层。

上述四项原则,不是互相孤立的,而是相互联系、相互影响的。所以,在设置厨房组织结构时,应灵活运用上述原则,做到以生产为中心,以效益为目的,把餐饮产品质量放在首位。

二、各种厨房的组织结构及人员配置

(一)大型厨房的组织结构设置

现代大型厨房组织一般由主厨房和分厨房组成。主厨房是一个以生产和加工半成品或成品为主的厨房或配送中心,分厨房是把半成品加工为成品的厨房。通常,一个主厨房可以带有几个分厨房,主厨房的人员编制像传统式厨房,将厨房分为若干部门,每个部门各自负责某一菜肴的加工。在分厨房,通常不再设立部门,厨师要做几项加工和熟制工作。现代式大型厨房组织可以有效降低人力和经营成本,减少厨房占地面积和节约能源。

现代大型厨房通常还会设一名行政总厨师长负责厨房的全面管理工作,设两名或更多的副厨师长负责生产厨房和分厨房的管理工作。为了便于系统管理,大型厨房的管理系统会成立厨房中心办公室,负责指挥整个厨房系统的生产运行,隶属餐饮部。厨房中心办公室人员通常由一名总厨师长、一名成本控制员(又称成本会计)、一名总厨助理(又称秘书)、一名营养师和若干名副总厨师长组成。大型厨房组织机构如图6-1所示。

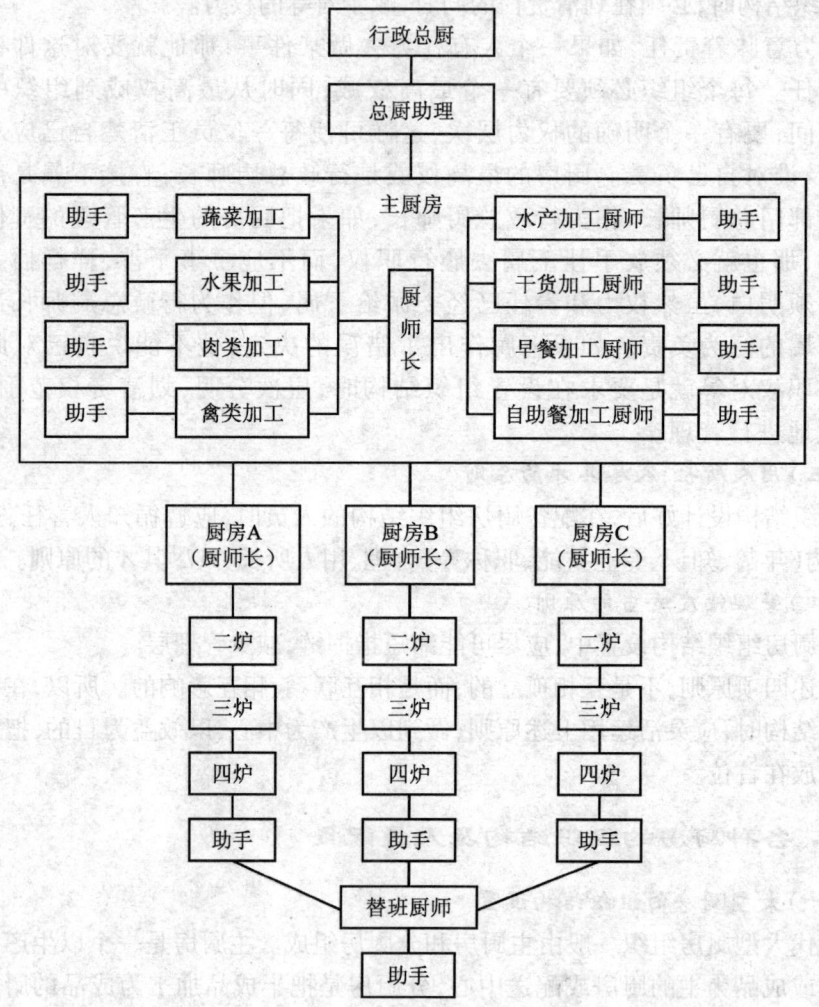

图6-1 现代大型厨房组织机构图

(二)中型厨房的组织机构设置

中型厨房规模较大型厨房小,厨房一般分为中菜厨房和西餐厨房两部分,不同类型的厨房的生产功能比较全面且相对独立,其组织机构如图6-2所示。

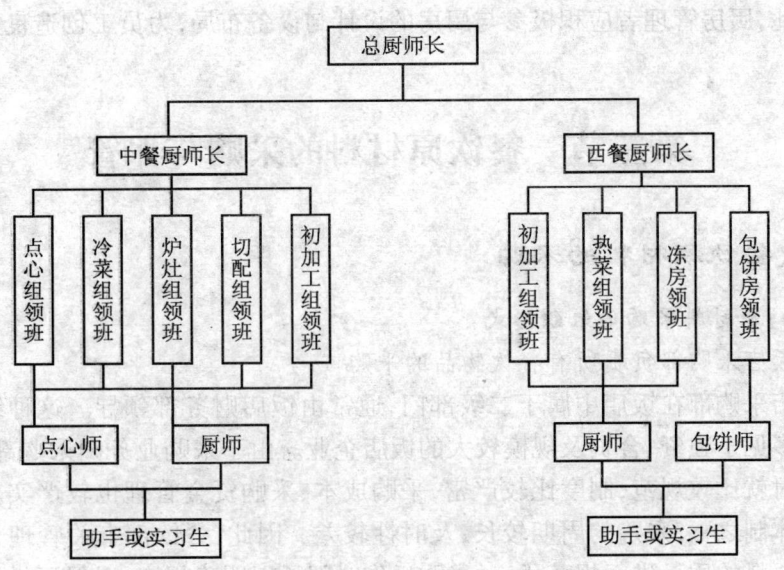

图 6-2 中型厨房组织机构图

（三）小型厨房的组织机构图

小型厨房组织由于规模小，机构设置相对就比较简单，一般只设置几个主要的职能部门。小型厨房的组织机构如图 6-3 所示。

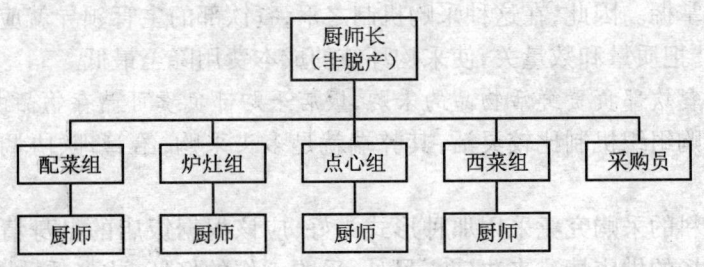

图 6-3 小型厨房组织机构图

厨房的规划设计和布局既是建筑设计部门的事，也是厨房管理人员（厨师长等管理人员）分内的工作。

厨房设计布局科学合理，则会节省人力、物力，为从事正常的厨房生产操作带来很大便利，为提高、稳定厨房出品质量也起到一定的保障作用；反之，不仅增大设备投资，浪费人力、物力，而且还为厨房的卫生、安全留下隐患，为控制厨房出品的速度和质量带来诸多不便。

因此，厨房管理者应积极参与厨房的设计与设备布局，为员工创造良好的工作环境。

第三节 餐饮原材料的采购与保管

一、餐饮原材料的采购

（一）原材料采购的组织形式

1. 饭店采购部负责所有餐饮物品的采购

饭店采购部在饭店中属于二级部门，通常由饭店财务部领导。这种组织形态在国内多见于独资、合资及规模较大的饭店企业。由于采购业务归采购部统管，采购时相对就比较规范，制度比较严密，采购成本、采购资金管理也较严实。但在这种采购体制之下，采购的周期较长，及时性较差。因此，餐饮部有关管理人员必须对食品原料的质量进行规范化，对采购运作时间予以明确规定，以保证供需的协调一致。

2. 餐饮部负责所有餐饮物品的采购

这种采购组织形态多见于那些餐饮业务摊子较大、餐饮营业收入较多、餐饮部地位较重要的中资饭店。由于食品等采购由餐饮部自己管理，所以采购的及时性、灵活性和食品原料本身质量的可靠性等就能得到保证；但采购的数量控制、资金及成本就难以掌握。因此，在这种采购机制之下，餐饮部的主管领导就应制定相应的规章制度，严把质量和数量关，使采购环节的成本费用降至最低。

3. 饭店餐饮部负责鲜活物品的采购，饭店采购部负责可储存物品的采购

这种采购组织机制比较灵活，其弊端就是多头采购，给管理、协调带来了不少麻烦。

食品原料的采购究竟采用那种形式为好，应该根据饭店的自身情况及饭店所在地原料市场的供应情况来决定。另外，采购工作的好坏，或者采购人员的诚实、踏实与否，直接影响到餐饮成本率，这同样是搞好餐饮成本控制的重要一环。一个好的、理想的采购员可为餐饮企业节约5%的餐饮成本。通常一个合格的餐饮采购员需要达到以下条件：

（1）了解餐饮经营与生产。要熟悉企业的菜单，熟悉厨房加工、切配、烹调的各个环节，明确本饭店、本餐饮企业的市场定位，懂得各种原料的损耗情况、加工的难度及烹调的特点。

（2）掌握食品饮料的产品知识。要懂得如何选择各种原料的质量、规格和产地，掌握什么季节购买什么产品，什么产品容易存放。这些知识对原料的选择、采

购数量的决策有很大用处。

（3）了解食品饮料产品市场。要熟悉蔬菜、副食品、饮料的销售渠道，熟悉各批发商和零售商，熟悉饭店周围的农贸交易市场，了解产品的市场行情。

（4）熟悉财务制度和财务知识。熟悉各种结算方法、程序，绝不能违反企业的财务政策和规定。

（5）诚实可靠，具有进取精神。发现有舞弊行为的采购员应立即调离岗位，视情节轻重进行批评教育或处理。

为对采购进行控制，主管采购的有关人员也要熟悉市场行情、销售渠道，掌握产品知识，并进行严格的验收和财务控制。

（二）原材料的采购程序

餐饮原料的采购程序可分为：递交申购单、处理申购单、选择供货商、与供货商洽谈、实施采购、送货验收、付款。

无论是厨房还是仓库，凡需要购买的物品均需填写申购单，然后将申购单交给采购部进行采购。采购部接受到各厨房、仓库送来的申购单以后，组织人力将申购单进行归类、分工，然后制定订购单。订购单制定好后，马上征集价目表，确定供货商。采购部在采购物品之前，应把本企业的采购规格标准发放给供货商，再从不同的供货商手中获取原料的报价单，选定最佳供货商。当采购部门决定向哪一家供货商或供货单位定购原料时，采购部要制定正式的订购单或订货记录向供货商定货，同时将交一份订货单给验收处，以备收货时核对。当供货单位或供货商将货物送上门后，则交于验收部门进行验收，当验收完毕后，凡厨房订的鲜活原料，直接交予厨房，由厨房开出领料单。仓库订的货则交与仓库进行贮藏。当验收完毕，验收人员必须做到以下几点：一要开具验收单；二要在供货发票上签字；三要将供货发票、原料订购单、验收单一起交予采购部，再由采购部转到财务部审核，经审核无误后，支付货款。

（三）采购质量的控制

要保证餐饮产品的质量，饭店使用的食品原料的质量应该首先要有保证。食品原料的质量是指食品是否适用，越适于使用，质量就越高。

为确保餐饮企业的目标和编制有关计划规定食品原料的质量标准，采购部经理或成本控制会计应在其他经管人员的协助下，列出本企业常用的需采购的食品原料的目录，并用采购规格书的形式，规定对各种食品原料的质量要求。

1. 采购规格书的概念

采购规格书是以书面的形式对餐饮部要采购的食品原料等规格详尽的质量、规格等要求的企业采购书面标准。

2. 采购规格书的作用

一份实用的采购规格书，可以成为订货的依据、购货的指南、供货的准则、验收的标准。一份合格的采购规格书有以下作用：①促使企业管理人员事先确定每一种食品原料的质量要求；②有助于为食品生产提供适合的原料；③可防止采购人员与供应单位之间的误解；④向各供应单位分发采购规格书，可便于供应单位投标；⑤每次订货时，采购不必口头说明对食品原料的质量要求；⑥有助于搞好食品原料验收工作；⑦有助于搞好领料工作；⑧可防止采购部门与食品原料使用部门之间产生矛盾；⑨有助于成本控制员履行职责；⑩有助于保证购入的各种食品原料质量都符合企业的要求。

3. 采购规格书的样本格式

一份采购规格书一般应包括以下内容：①产品通用的名称或常用商业名称；②法律、法规确定的等级，公认的商业等级或当地通用的等级；③商品报价单位或容器；④基本容器的名称和大小；⑤容器中的单位数或单位大小；⑥重量范围；⑦最小或最大切除量；⑧加工类型和包装；⑨成熟程度；⑩防止误解所需的其他信息。食品原材料采购规格书如图6-4和图6-5所示。

原料名称	原料用途	感官描述	技术指标	检验程序	彩色照片

图6-4 食品原材料采购规格书(1)

```
              ××饭店采购规格书
                                    2008年9月25日
1. 原料名称：牛腰肉
2. 原料用途：烤煎牛排、牛肉汉堡等用
3. 原料的一般概述：节骨切块25厘米宽，油层1~1.5厘米，中度脂肪条纹，肉色微深红
4. 详细说明：澳洲、符合质监部门牛肉一级标准，每块重量5~6千克
     产地        品种         规格         比重
     类型        式样         等级         份额大小
     容器        商标名称     稠密度       净料率       包装物……
5. 原材料检验程序：无不良气味、无变质或溶冻现象
   (看、听、嗅、尝、触摸)
6. 特别要求：冷冻运输交货
   (列出明确表明质量要求所需的其他信息。)
```

图6-5 食品原材料采购规格书(2)

(三)采购数量的控制

编订采购规格书之后,质量标准可使用相当长的一段时间,而采购数量标准却需要经常修改。一般说来,企业每天都会修改数量标准。由于所有食品原料都会变质,因此,采购部应该只采购马上或即将使用的食品原料。

1. 采购数量要适量

采购数量过多,会产生以下几个问题:①容易产生存货,占用过多资金,影响资金周转;②食品原存放时间过长,会引起质量下降或变质;③增加存储成本和存储场地;④增加被偷盗的可能等。

采购数量过少,也会产生诸多问题:①易产生库存中断,无法生产某些食品,引起顾客不满;②紧急采购既费时,又费钱;③失去大批量采购所能获得的折扣等。

2. 影响采购数量的因素

(1)食品原料类划;储藏室设备;运输成本;采购折扣;存货流转率指标;饭店区位;供货商的发货约束。

(2)订货的方便程度及订货成本;就餐人数预测;产品供应期;每客菜肴的分量;切配和烹调过程中的损失;生产程序和厨师的技能。

(3)不同采购对象采购数量的确定

①易变质食品原料采购数量的确定

应采购数量 = 需使用量 - 现有数量

②不易变质食品原料采购数量的确定

A. 最低储存量计算方法:

原料最低储存量 = 日需要量 × 发货天数 + 保险储存量

B. 采购数量计算方法:

原料采购量 = 标准储存量 - 最低储存量 + 日需要量 × 发货天数

C. 标准储存量计算方法:

食品原料标准储存量 = 日需要量 × 采购间隔天数 + 保险储存量

③鲜活食品原料采购的数量控制

鲜活食品原料不可久存的特点决定了饭店必须遵循先行消耗库存原料,然后才能进货的原则。因此,采购的第一步工作便是掌握食品原料的现有库存量,并根据营业量预报,决定下一期营业所需的原料数量,然后算出采购数量。

采购鲜活原料通常有两种方法:A. 日常即时采购法;B. 长期订货法。

采购鲜活原材料有两种形式:其一是饭店与某一供货单位商定,由供货单位以固定的价格每天或隔数天向饭店供应规定数量的某种或某几种食品原料。其二是要求供货单位每天或每隔数天把饭店的某种或某几种原料补充到一定的数量。

④干货类食品原料采购数量控制

A.定期订货法

订货数量＝下期需用量－实际库存量＋期末需存量

期末需存量＝（日平均消耗量×订购期天数）×150%

B.永续盘存卡订货法

订货数量＝最高储备量－（订货点量－日平均消耗量×订货期天数）

二、餐饮原材料的储存与保管

餐饮原材料的储存与保管是餐饮企业经营管理的一个重要环节。餐饮企业的原材料若管理混乱,则容易引起食品饮料变质腐烂、丢失以及被挪用,这会使企业的餐饮成本和经营费用提高,而客人却得不到高质量的饮食。

为提高经营管理效率和餐饮产品质量,餐饮企业必须要重视餐饮原材料的储存与保管工作,改善储存设施和储存条件,合理搞好库存物资的安排,加强仓库的保安和清洁卫生工作,注意温度、湿度及通风等问题,以提高储存的有效管理。

（一）食品原材料储存与保管的必要性

（1）保证菜单上所有菜品和酒水能得到充足的供应且不断档的需要。为避免餐厅在经营过程中出现客人按菜单点菜时不能供应的现象,餐厅必须要按菜单上的菜品储存足够的原料以保证供应。

（2）弥补生产的季节性和即时消费的时间差问题的需要。由于餐饮企业所需的原材料供应与季节的变化和不同时间的消费存在差异,餐饮企业为了保证供应和降低成本,在保证不变质的前提下,在淡季时要多储存一些季节性的食品原料,以弥补生产季节和即时消费的时间差。

（3）弥补采购和生产之间时空差的需要。餐饮企业从订购、购买到交货这一采购过程不是即时完成的,它需要一个时间过程。因此,储藏必须能够保证在这几天中的原料供应,不能脱销、断档。

（4）防止细菌的传播与生长的需要。餐饮企业生产所需的大部分原材料都属于鲜活、易腐、易碎、易损、易变质产品,为延长原料的保存时间,防止细菌传播以及食品内部细菌的繁殖与生长,必须要进行必要的冷藏储存和保管。

（二）餐饮原材料的储藏分类

根据餐饮原材料质地、性能、对储存条件的要求、原材料使用的频率、数量及存放的地点、位置、时间要求不同,餐饮企业应将原料分门别类地进行储存。

根据原料性质的不同,可分为食品类、酒水类和非食用物资类储存;按存放地点不同,可分为中心库房、各餐饮经营点的分库房;按原料对储存条件的要求,又可分为干藏库、冷藏库、冷冻库储藏等。

（三）餐饮原材料储存保管的一般程序

食品原材料储存与保管的基本程序可分为三个阶段：入库验收、储存保管、离库处理。

1. 入库验收

入库验收的工作通常由采购部门和库存部门联合进行，采购部门的验收侧重于对货品的数量进行点验，库存部门侧重于对物品本身质量的检查和分类工作。

2. 储存保管

餐饮原材料经入库验收之后，就进入储存保管阶段。储存保管工作是库存管理工作的中心环节。储存保管的基本要求是：合理存放，精心养护，认真检查，保证物品在保管期内的质量、数量等的完好无缺。

3. 离库处理

离库处理是餐饮原材料储存与保管的最后一个环节。实际上，离库处理工作是储存保管和部门申领双方面的工作，其工作时针对申领部门的申报、待批、领料、核查、提货、运送等环节的要求来进行备货、审核手续及凭证、编配、分发、送发、核定成本、复核等环节的工作。离库处理的基本要求是：做好准备工作，严格离库审核手续，按库存物品周转规律准确无误地发送物品，并科学、合理地做好相应的原料成本登记工作。

（四）各类食品原材料的储存与保管

1. 干货原料的储藏管理

干货原料主要包括面粉、糖、盐、谷物类、干豆类、饼干类、食用油类、罐装和瓶装食品等。干货食品宜储藏在阴凉、干燥、通风处，离开地面和墙壁，此外，干货原材料在储藏管理时还要注意以下几点：

(1) 合理分类、合理堆放。按各种干货原料的不同属性对原料进行分类并存放在固定位置，然后再将属于同一类的各种原料按名称的部首笔画或字母顺序进行排列。也可以根据各种原料的使用频繁程度存放，如使用频繁的物品存放在库房门口易取的地方，反之则放在距门口较远的地方。

(2) 合理使用货架。干货仓库一般多使用货架储藏食品原料。货架最低层应距地面至少10厘米，以便空气流通，避免箱装、袋装原料受地面湿气的影响，同时也便于清扫。

(3) 满足干货对温度、湿度及光线的要求。干货仓库的最佳温度应控制在15~21℃之间。温度低一些，食品保存期可长一些，温度越高，保存期越短，所以干货库应远离发热设备。湿度应控制在50%~60%之间，如果储存米面等食品的仓库，其相对湿度要更低一些。仓库应避免阳光直射，在选用人工照明时，应挑选冷光灯,以免由于电灯光热,使仓库的室内温度升高。

(4)对虫害和鼠害的防范。所有干货食品都应包装严密,已启封的食品要储藏在密封容器里,要定期清扫地面、货架,保持干净卫生,不留卫生死角,防止虫鼠滋生。

(5)所有干货食品要注明日期,按先存先取原则盘存。食品都有保质期,因此要注明日期、先存先取、后进后出,可以避免因原料过期而造成浪费。

2. 新鲜原料的冷藏管理

新鲜原料包括新鲜食品原料和已加工过的食品原料。新鲜食品原料指蔬菜、水果、鸡蛋、奶制品及新鲜的肉、鱼、禽类等。加工过的食品原料指切配好的肉、鱼、禽类原料,冷荤菜品,蔬菜与水果色拉,各种易发酵的调味汁以及剩余食品。

新鲜原料一般需使用冷藏设备。冷藏的目的是以低温抑制细菌繁殖,维持原料质量,延长其保存期。对冷藏原料有以下要求:

(1)所有易腐败变质食品的冷藏温度要保持在4~5℃以下,水果和蔬菜冷藏库的湿度应控制在85%~95%之间,肉类和乳制品及混合冷藏库的湿度应控制在75%~85%之间。

(2)冷藏室内的食物不能装得太挤,各种食物之间要留有空隙,以利于空气流通。

(3)尽量减少冷藏室门的开启次数。

(4)保持冷藏室内部的清洁,要定期做好冷藏室的卫生工作。

(5)将生、熟食品分开储藏,最好每种食品都有单独的包装。

(6)如果只有一个冷藏室,要将熟食放在生食的上方,以防生食带菌的汁液滴到熟食上。

(7)需冷藏的食品应先使用干净卫生的容器包装好才能放进冰箱,避免互相串味。

(8)需要冷藏的热食品,要迅速降温变凉,然后再放入冷藏室。

(9)需要经常检查冷藏室的温度,避免由于疏忽或机器故障而使温度升高,导致食品在冷藏室内变质。

(10)保证食品原料在冷藏保质期内使用。

冷藏食品原料保存中的其他注意事项:

(1)入库前需仔细检查食品原料,避免把已经变质、污染过的食品送入冷藏室。

(2)已加工的食品和剩余食品应密封冷藏,以免受冷干缩或串味,并防止滴水或异物混入。

(3)带有强烈气味的食品应密封冷藏,以免影响其他食品。

(4)冷藏设备的底部、靠近制冷设备处及货架底层是温度最低的地方,这些位置适于存放奶制品、肉类、禽类、水产类食品原料。

第四节 餐饮生产特点及任务

一、餐饮生产特点

(一)产品规格多,生产批量小

只有客人进入餐厅点菜后,餐饮企业才能组织菜肴的生产与销售。这就意味着餐饮产品的生产与销售基本同步,而不能先生产后销售。因此,菜肴与其他工业产品大批量、统一规格的生产是明显不同的。这给餐饮产品的统一标准与质量管理带来了许多问题。

(二)生产过程时间短

餐饮产品的生产、销售与客人的消费几乎同时进行,因此,客人从点菜到消费的时间相当短暂。这对厨师的经验与技术是一个很大的考验,对服务员的直接推销和对客服务也是一大挑战。

(三)生产量难以预测

就餐客人何时来、来多少、消费什么餐饮产品等一直是困扰餐饮管理者的问题。大多数客人不通过预订而是直接上门来消费的,因此,客人的消费需求很难准确预估,产量的随机性强,且难以预测。

(四)餐饮原料及产品容易变质

相当一部分餐饮产品是用鲜活的餐饮原料制作的,具有很强的时间性和季节性,若处理不当极易腐烂变质,因此,必须加强原料管理才能保证产品质量并控制餐饮成本。

(五)餐饮产品生产过程环节多、管理难度大

餐饮产品的生产从餐饮原料的采购、验收、储存、加工、烹制、餐厅服务到收款,整个生产过程的业务环节较多,任一环节的差错都会影响餐饮产品的质量及企业的效益,因此,餐饮产品生产过程的管理难度较大。

二、餐饮生产任务与标准化管理

(一)理顺生产线流程

厨房的生产线流程主要包括加工、配制、烹饪三个方面:
(1)原材料加工可分为:粗加工(动物宰杀等)、精加工、干货涨发等。
(2)用料配制可分为:热菜配制、冷菜配制。
(3)菜肴烹调可分为:热菜制作、冷菜制作、打荷制作、面点制作。

（二）建立生产标准

建立标准就是对生产质量、产品成本、制作规格进行数量化，并用于检查指导生产的全过程，随时消除一切生产性误差，确保食品质量的优质形象，达到控制管理的效能。

（1）加工标准，制定对原料用料的数量、质量标准、涨透的程度等。可以制定"原料净标准""刀工处理标准""干货涨发标准"等。

（2）配制标准，制定菜肴制作用料品种、数量标准及按人所需营养成分进行原料配制的标准。

（3）烹调标准，对加工、配制好的半成品、加热成菜规定调味品的比例，使菜肴达到色、香、味、形俱全。

（4）标准菜肴，制定统一标准，统一制作程序，统一器材规格和装盘形式，并标明质量要求、用餐人数、成本、利率和售价。

（三）制定控制过程

在标准制定后，要达到各项标准，必须要有训练有素、掌握标准的生产人员和管理人员，来保证制作过程中菜肴优质达标。

（1）加工过程的控制。①对加工数量进行控制。凭厨房的净料计划单组织采购、实施加工，达到控制数量的目的。②对加工出净率进行控制。由加工人员按不同品种的原料，加工出不同档次的净料交给发货员验收，提出净料与边角料的比例，登记入账后发放到各位使用者。③对加工质量进行控制，加工的质量直接关系到菜肴的色、香、味、形。因此，采购、验收要严格按质量标准，控制原料质量。加工员控制原料的加工形成、卫生、安全程度，凡不符合要求的原料均由工序终点者控制，不得进入下一道工序，处理后另作别用。

（2）配制过程的控制。配制过程控制，是食品成本控制的核心，杜绝失误、重复、遗漏、错配、多配，是保证质量的重要环节，应做到凭订单和账务员的签章认可，厨师方可配制，并由服务员将所点的菜肴与订单进行核对，从而加以相互制约。称量控制，按标准菜谱、用餐人数、进行称量，既避免原料的浪费又确保了菜肴的质量。

（3）烹调过程的控制。烹调过程的控制是确保菜肴质量的关键，因此要从厨师烹调的操作规范、出菜速度、成菜温度、销售数量等方面加强监控。严格督导厨师按标准规范操作，实行日抽查考核。用定厨、定炉、定时的办法来控制、统计出菜速度、数量和质量。

（四）制定控制办法

为了保证控制的有效性、除了理顺程序制定标准及现场管理外，还需制定有效可行的控制方法。

（1）程序控制法：按厨房生产流程，从加工、配制到烹调三个程序中，每道工序的最终点为程序控制点，每道工序的终点的生产者为质量控制者，配制厨师对不合格的加工、烹调厨师对不合格的配制有责任也有权提出改正，这样可以使每个人的生产过程都受到监控。

（2）责任控制法：按每个岗位的职责实行监督，层层控制。利用厨师长总把关、部门经理总监督的办法，使责任落实到岗，奖罚落实到人。

（3）重点控制法：对某些经常容易出现生产问题的环节要重点管理、重点抓、重点检查。及时总结经验教训，找到解决的办法，以达到防患未然，杜绝生产质量问题。

三、餐饮生产成本控制

（一）成本构成

餐饮成本分为直接成本和间接成本两大类。所谓直接成本，是指餐饮成品中具体的材料费，包括食物成本和饮料成本，也是餐饮业务中最主要的支出。所谓间接成本，是指操作过程中所引发的其他费用，如人事费用和一些固定的开销（又称经常费）。人事费用包括了员工的薪资、奖金、食宿、培训和福利等；经常费则是所谓的租金、水电费、设备装潢的折旧、利息、税金、保险和其他杂费。

（二）餐饮成本控制

餐饮成本控制包括直接成本与间接成本的控制。凡是菜单的设计、原料的采购、制作的过程和服务的方法，每一阶段都与直接成本息息相关，应严加督导。而人事的管理与其他物品的使用与维护，应全面纳入间接成本控制系统，以达到预定的控制目标。

1. 直接成本的控制

有效的餐饮成本控制，是指以科学的方法来分析支出费用的合理性，在所有动作展开之前，规划以年或月为单位的开销预算，然后监督整个过程的花费是否合乎既定的预算，最后以评估和检讨的方式来修正预算，改善控制系统，节省支出费用。

（1）直接成本控制的步骤如下：

①建立成本标准

建立成本标准，就是决定各项支出的比例。若以食物成本为例，食物成本也指食物的原料或半成品购入时的价格，但不包括处理时的人工和其他费用。食物成本比例取决于3个因素：采购时的价格；每一道菜的分量；菜单售价。

②记录实际的操作成本

餐饮业在操作上常会碰到一些意料之外的障碍，有时是人为导致浪费，有时是天灾影响原料成本,这些因素都会直接反映到操作成本上。所以真实地记录操作过程的花费,并对照着预估的支出标准,可以立即发现管理的缺失,及时改善控制系统。影响操作成本的10大因素可归纳如下:运送错误;储藏不当;制作消耗;烹调缩水;食物分量控制不均;服务不当;有意或无心的现金短收;未能充分利用剩余食物;员工偷窃;供应员工餐饮之用。

③对照与评估

一般而言,实际成本经常会高于或低于标准成本,但是管理阶层该于何时采取行动来调查或修正营运状况,则取决于两者差距的大小。当管理者在设定差距的标准时,应先评估时间的多少与先后顺序,以免本末倒置,而达不到控制的真正目的。

(2)直接成本控制的方法:

餐饮产品由采购原料至销售为止,每一过程都与成本有关系,其细节则为:

①菜单的设计

每道菜制作所需的人力、时间、原料、数量及其供应情形,会反映在标准单价上,所以设计菜单时要注意上述因素,慎选菜色的种类和数量。标准单价是指按照食谱中制作一道一人一份的菜所需要的食物成本。计算方法是将食谱中所有成分的价格总和除以全部的分量。

②原料的采购

采购过量,可能会造成储存的困难,使食物耗损的机会增加(尤其是生鲜产品),但数量太少,又可能造成供不应求、缺货,而且单价也随之提高。所以准确地预测销售、定时盘点,机动性改变部分菜单,保存使用的安全量,都是采购与库存管理人员需注意的要点。

③餐饮的制作

制作人员一时疏忽,或温度、时间控制不当,或分量计算错误,或处理方式失当,往往会造成食物的浪费,而增加成本。因此,除了鼓励使用标准食谱和标准分量外,也可以用切割试验来严密地控制食物的充分利用。

④服务的方法

没有标准器具提供使用,对于剩余的食物没有适当加以处理,对于食物卖出量与厨房出货量没有详细记录,以及延迟送食物给客人,都会造成食物的浪费和损害,影响成本,所以预先规划妥善的服务流程,将有助于控制成本。

2.间接成本的控制

(1)人事成本控制

①人事成本的构成

人事成本包括薪资、加班费、员工食宿费、保险金及其他福利,其中薪资成本的开销最大,约占营业总收入的两成至三成,依其经营风格的差异及服务品质的高低会略有浮动。

②人事成本控制的方法

有效分配工作时间与工作量,并施以适当、适时的培训,是控制人事成本最佳法宝。一般而言,管理者会先设定服务质量的标准,仔细考量员工的能力、态度及专业知识,然后预定出期望的生产率。如果实际的生产率无法达到预估的水准,那就是管理者要彻底分析采取行动的时候了。

决定标准生产率:标准生产率可由两种方法来决定,一是依据每小时服务客人的数量,另一个是依据每小时服务的食物份数(此适用于套餐服务方式)。这两种方法都可以清楚算出服务人员的平均生产率,可作为排班的根据。

人员分配:根据标准的生产率,配合来客数量的不同来分配。分配时需注意每位员工的工作量及时数是否合适,以免影响工作质量。

由标准工时计算出标准工资:大概地预估出标准的薪资费用,然后与实际状况比较、分析,作为管理者监控整个作业及控制成本的参考。

③薪资成本控制

餐饮业种类的不同,对员工水准的需求也不同,薪资成本的结构自然也不一致。如果管理者评估发现薪资成本过高,不符合营运效益时,除了要重新探讨服务标准的定位外,也可采取下列步骤:

——用机器代替人力。例如以自动洗碗机代替人工洗碗。

——重新安排餐厅内外场的设施和流程,以减少时间的浪费。

——工作简单化。

——改进分配的结构,使其更符合实际需要。

——加强团队合作精神培训,以提高工作效率。

④经常费用的控制

员工若没有节约能源的习惯,则会造成许多物品与能源的浪费,如水、电、纸巾、事务用品。不熟悉机器设备的使用方式,则会增加修理的次数,增加公司的负担。养成员工良好的工作习惯,确实执行各部门物品的控制及严格的仓储管理,便能聚水成河,积少成多。

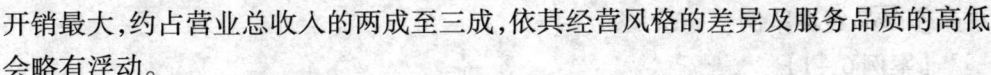
教学实践

考察当地酒店餐饮部的厨房组织,了解厨务工作环境及特点,加深对厨务工作的认识。

☞ 经典案例

【案例6-1】

三法彻底解决"人荒"
——一位厨师长的管理之道

做厨师长最困扰的就是人员问题。几经思考，一位厨师长决定自己来培养和储备人才，以防出现人不凑手的局面。这位厨师长的团队慢慢形成了现有的组织模式：每个档口都培养一个主管，给这位主管高薪，下面由他去培养纯粹的操作人员，这些人只负责一种技术，如炸鱼、炒菜等，由于技术单一，培养起来可以"速成"，一般3个月就能完全胜任了。具体操作起来，有以下3个要点：

(1) 复制：这位厨师所在的厨房现在有8个主管，每人下面又有副主管，如果外面有厨房要做，就从这16个人中提4个正主管、4个副主管出去，这样原店和新店都能保持平衡，他们过去后，将整套管理方式"复制"过去，达到短、平、快的效果。

(2) 轮换制：培训时要侧重各岗位间的轮换，例如水台和砧板穿插、二灶和三灶穿插，如果岗位分ABCDE，在A岗位的人要精通本岗位的工作还要旁通B的，B岗位要旁通C的，给他们条件和机会，比如水台主管可以去做一段时间的尾砧，但仍旧拿水台主管的工资，或者砧板主管拿原来的工资去做灶台的小弟，他当然愿意，而且，在新岗位做过一段时间后，他们就不愿意再调回原岗位了，利于提拔新人。

(3) 终身制：这位厨师长所在的厨房里的小工永远不会下课。他们每个月会拿出上千块钱来培养这些人。小厨工在这里做，可能就拿几百块钱，一有机会就会把他派出去，可能他马上就拿到一千二，如果外面那个厨房做不成了，那他也不会失业，还可以回来在厨师长这儿做打荷，等待出去的机会，厨房就类似一个"中转站"。这种方式对厨师长也有好处，这些出去的人会把外面的新菜带回来，菜品更新就会快一点。

(资料来源：http://www.canyin168.com/glyy/jywt/200904/15276_3.html)

【案例6-2】

厨师对厨房的管理

李先生毕业于烹饪技术学校，长期在华东某市一家饭店从事厨房管理工作，历任主厨、厨师长、行政总厨等职，具有丰富的实践经验，对厨房管理有着自己独到的见解。

他认为,当今的餐饮市场,竞争异常激烈,一个餐饮企业能否在竞争中站稳脚跟、扩大经营、形成风格,厨房的管理者——厨师长或行政总厨肩负重任,责无旁贷。餐饮质量的管理,从某种意义上说决定着酒店的声誉和效益。厨房是餐饮的核心,厨房的管理是餐饮管理的重要组成部分。厨房的管理水平和出品质量,直接影响餐饮的特色、经营及效益。他认为,厨房的管理者应从以下几方面入手,才能使厨房管理有条不紊。

1. 岗位分工合理明确

合理分工是保证厨房生产的前提,厨房应根据生产情况、设施、设备布局和就餐人数来确定岗位,然后再根据各岗位的职责及要求作明确规定,形成文字人手一册,让每一位员工都清楚自己的职责,该完成什么工作,向谁负责,都要明白无误。

2. 制度的完善和督促

制度建立以后,应根据运作情况来逐步完善,员工的奖罚等较为敏感的规定,应加以明确、界定清楚。为了避免制度流于形式,应加强督查力度,可设置督查管理人员,协助厨师长落实、执行各项制度,改正大多数厨房有安排、无落实的管理通病,确保日常工作严格按规定执行,使厨房工作重安排、严落实。

3. 人本管理

合理的岗位分工、健全的制度,须配有高素质的人员,才能保证厨房工作正常运作。现代厨房管理应改变传统观念中只重技艺不重其文化素养的弊病。技艺只能代表过去,缺乏理论的工匠很难适应当前餐饮业的发展需要。因此,厨房在聘用员工时既不能忽视其技能,更应该考虑到该员工的综合素质。并通过灌输经营者的理念和结合有效的理论指导,使其技艺有所突破,形成自己的风格,更好地为企业服务。

4. 成本管理

(1) 直接原料成本

除了做好质量的检验,价格的监督外,利用边角废料也是降低成本的途径。具体可采取边角废料开发利用和边角废料外售的方式来降低直接原料成本。此外,厨师长还应制定一套收支平衡表进行财务分析、测算对大宗、固定的原料开支,定期与营业额做比较,严格控制原制成本。

(2) 间接原料成本

间接原料成本包括燃料、水、电、洗涤剂、维修、物品消耗和办公费用等。厨师长应根据营业实际情况,及时精确地制定出各项间接原料成本的支出,如开支报表超出计划指标,要及时查找原因,进行整改,使间接原料成本控制在最低的范围之内(燃料占菜金营业的1.6%~1.9%;电占菜金营业的1.2%~1.5%)。

5. 部门协调

现代厨房除了保证出品供应外,还应与各相关部门协调好关系,以求得各部门大力支持。如：前厅部、公关销售部、工程部等。其次，厨师长作为餐饮部的主要管理人员，应熟悉前厅的各个工作环节，经常征询服务人员和宾客对菜点的反馈意见，组织厨房工作人员及时进行调整，保质保量为消费者服务。

最后，作为一名厨师长，还应经常与员工进行沟通，了解员工的思想动态，帮助他们建立起良好的人际关系。跨世纪的厨房经营哲学应是：勤俭、创新、优质服务，而作为一名成功的厨房管理者，必须具备丰富的工作经验、人事管理经验、公关技巧、市场学知识、财务知识及非凡的创造力。只有做到这些，厨房的管理才能有条不紊，使企业经营蒸蒸日上，创造出良好的社会效益和经济效益。

（资料来源：圣才学习网，http://guanli.100xuexi.com/view/specdata/20100712/09087BD4-59FD-47FD-B614-0C35829E6280.html）

案例评析：

厨房的管理水平、菜点质量和菜点价格等都将直接影响到企业的声誉和经济效益。作为当代的厨房管理者，仅有高超的技艺是不能担当起这个重任的，他必须有丰富的管理经验，有良好的人际关系，并有较高的文化知识和专业知识。成本管理中直接原料成本和间接原料成本的控制，不仅使直接原料成本中的边角废料发挥最大的作用（创造新菜品或作为烹饪原料处理给需求者），创造最大的经济效益，并使烹饪原料最大限度地发挥其作用，不仅减少了原料的浪费现象，而且还减少了不必要的环境污染。如果能更好地发挥员工的积极性，发挥每个人的特长，企业就能获得更大的效益。

☞ 资料链接

【资料链接6-1】

某酒店厨房工作流程

每一个厨房都有一个工作流程，所有成员必须遵守，以下是某餐厅厨房的工作流程：

8:30-9:00：由当日值班主管验货，核对数量质量，对不符合要求的原料要求退换，对符合要求的原材料按部门分类，需要加工的及时送抵初加工，需要保鲜的及时回笼，并做当日记录。

9:30：各部门开始上班，各部门主管各自安排加工。

9:45：行政总厨、厨师长参加酒店主管会议。

11:00：厨房召开部门会议，传达前一天工作总结。

11:25：由行政总厨、厨师长、值班主管进行餐前检查。

11:30：各部门员工各就各位，由各部门主管召开餐前会。
13:30：午市打扫卫生。
14:05：由当日值班长检查并做记录，对不符合要求的值班长有权作出处理。
17:00：各岗位上岗，由各部门主管召开餐前会。
17:30：由行政总厨、厨师长、值班主管进行餐前检查。
20:30：由行政总厨或厨师长召开各部门主管会议，总结一天工作。
21:00：由厨师长总值班总检查。
每星期举行一次大扫除。
每月举行一次消防培训。
每两月举行一次技术比武。
(资料来源：中国吃网，http://www.6eat.com/DataStore/CardExpensePage/270765_0)

【资料链接6-2】

各类食品或原料检验时的感官表现

1. 粮食

各种细菌霉菌污染食品后，在高温高湿的条件下，能迅速生长繁殖，主要表现有霉臭味，失去原有的色泽，甚至变色，并可见各种霉菌色素。

(1) 大米的质量标准
① 粒形整齐、均匀。
② 质地硬度大，米粒无爆腰。
③ 呈乳白色，有光泽，有正常香味。
④ 无发霉、粘连、结块。
⑤ 无米糠、无杂物、无虫害。

(2) 面类的质量标准
① 含水量为13%以下，用手捏之有滑爽感，且有形易散。
② 颜色精白、光亮，增白剂不超过万分之三。
③ 气味正常，无腐败味、霉味，无结块。

2. 肉类食品

变质肉外表极度干燥发黏；用刀切割时，切面黏性大，肉质无光泽、色暗，脂肪成灰绿或绿色；用手指压肉后凹陷不能恢复；肌肉深部有明显腐臭味，煮肉时肉汤混浊，有黄色或白色絮状物，脂肪极少浮于表面，有腐臭味。

(1) 猪肉质量标准
① 外形：皮薄，表面有一层微干硬皮，不粘手，肌肉有光泽。

②色泽:微干硬皮呈粉红色或淡红色,肉质透明,新切开的表面上呈湿润状,但不发黏。
③韧度:肉的切开处紧密有弹性,用手指按压的凹处立即全部复原。
④气味:具有猪肉特有气味,外表和肉层深处无腐败气味。
⑤脂肪:脂肪呈白色或呈淡粉红色,柔软,有弹性。按压时不泥烂,不粘手指。
⑥含骨量为5%~9%;含水量不超过9%。

(2)分割鸡质量标准
①眼球:眼球饱满,不干缩凹隐,晶体不混浊。
②色泽:皮肤有光泽,因品种不同而呈淡黄、淡红、灰白等色,肌肉切面发光。
③黏度:外表微干或微湿润,不粘手。
④弹性:用手指按压后,凹陷立即全部复原,不留有痕迹。
⑤气味:具有鲜鸡肉正常的气味,腹腔肉无异味。

(3)动物内脏的质量标准
①腰子:呈暗红或紫红色,表面有一层薄膜,有光泽,组织坚实且有弹性。无异味。
②肠:色泽发白,黏液较多,有弹性。
③肚:色泽浅黄,有光泽,黏液多,有弹性和韧性,质地坚实。

3. 蛋类食品
外界微生物通过蛋壳微孔进入蛋内可以引起腐败,首先是蛋黄浮动,其次是蛋黄散碎,呈现混汤,然后蛋内容物变色,产生恶臭,霉菌侵入蛋壳,常使蛋壳内壁出现黑斑。

蛋类质量标准:
(1)蛋壳表面比较粗糙,上面附有一层雾状粉末,没有裂纹,没有粪迹。
(2)色泽鲜明,在日光和灯光照射下,蛋内红白相映,蛋黄居中,呈球形。
(3)无贴皮蛋、腐败蛋、白蛋。

4. 鱼类食品
变质鱼体表面色泽灰暗;鳞片多脱落;鳃成灰褐色;有污浊黏液及臭味;鱼眼球塌陷;鱼肉无弹性,腹膨大松软,肛门突出;放在水中鱼体上漂;脊柱旁的大血管分解破裂,周围肉质呈红色,严重时可出现鱼刺剥脱的现象。

鱼类质量标准
(1)鱼鳃的状态:鳃部色泽鲜红或粉红,鳃盖紧闭,黏液较少呈透明状,没有臭味。
(2)鱼眼的状态:鱼眼澄清而透明,并且完整,向外稍稍凸出,周围没有充血发红的现象。
(3)鱼体表皮的状态:表皮上黏液较少,有弹性,用手按压的凹陷随即平复。

鱼鳞紧密完整且具有光亮,肛门周围呈圆坑形,硬实发白,肚腹不膨胀。

(4)鱼肉组织的状态:组织紧密而有弹性,无霉酸味,肋骨与脊骨处的鱼肉组织结实。

5. 罐头类食品

罐头腐败变质的状态:罐头出现胖听(两端向外凸起)现象,敲其外凸部位可发出空洞音,打开盖后可发现食品有腐臭味或霉斑等现象。

6. 奶类食品

奶类食品腐败变质的状态:蛋白质开始凝固,出现"奶豆腐"样变化,并有明显酸味。

7. 干货制品的质量标准

干货制品的质量标准:干爽、不霉变;整齐、均匀、完整;无虫蛀、无杂质。

(1)黑木耳:色半透明,收缩成角质,干爽、硬而脆,不霉变;体大而肥厚,质嫩;耳根、棒、皮不超过2%。

(2)香菇:表面呈褐黄色或暗褐色,有浅鳞片;菌朵呈伞形,并且光滑;菌肉肥厚,色白;菌柄短、色发白、内实。

(3)黄花菜:颜色金黄有光泽;味香;线条长短肥壮均匀;身干,自然含水量不超过17%。

8. 食用油脂的质量标准

(1)透明度:清澈见底,水分和杂质均不超过0.2%。

(2)气味:不酸败,不含有哈喇气味或其他异味。

(3)色泽:花生油为淡黄色,色拉油为稍带黄色。

9. 蔬菜的质量标准

(1)含水量:保持原有的正常水分,其表面润泽光亮,刀断面有丰富的汁水流出。

(2)形态:形态饱满、光滑,形状不干缩变小,表面不粗糙发蔫,无伤痕、无病虫害、无泥沙、无杂物。

(3)质地:质地柔嫩、脆嫩、鲜嫩;叶片肥厚,柄部无老筋。

(4)色泽:保持其固有的颜色,颜色鲜艳且有光泽。

10. 调味品的质量标准

(1)食盐

①晶粒均匀,整齐而有规则。

②色泽精白,不呈红色、黄色、黑色。

③具有正常的咸味,无苦涩味,不含泥沙杂质。

(2)食糖

①色泽洁白明亮,不含杂质。

②晶粒大小均匀一致,不干缩结块。晶面整齐而明显,并富有光泽。

③具有纯正的甜味,无焦苦或其他异味。

(3)花椒

干燥,色泽深红油润,气味香浓,开口子少,无枝杆。

(4)大料

个大肥壮,色泽红褐鲜明,无枝梗,形状完整无缺损。呈6~8角,身干,香味浓烈。

(资料来源:http://blog.sina.com.cn/s/blog_5061d5dc010086e8.html)

 参考文献

1. 傅水根. 旅游饭店厨房管理. 北京:海洋出版社,1993.

2. 谢明成. 最新餐饮经营管理实务. 沈阳:辽宁科学技术出版社,2000.

3. 詹益政. 酒店餐饮经营实务. 广州:广州南方日报出版社,2002.

4. 李勇平. 餐饮服务与管理. 大连:东北财经大学出版社,2006.

5. 劳动和社会保障部,中国就业培训技术指导中心. 餐厅服务员. 北京:中国劳动社会保障出版社,2001.

6. 相关网站资料:

  百度百科:http://baike.baidu.com/view/2670.htm

  中国烹饪协会网 http://www.ccas.com.cn/

  中国职业餐饮网 http://www.canyin168.com/

  中国吃网 http://www.6eat.com/

第七章 餐饮销售管理

第一节 餐饮销售概述

一、餐饮销售的含义、特点和任务

餐饮销售与其他行业的销售比较起来,显得更为重要,因为一个餐厅的菜肴如果没有被及时销售出去,这种商品就会失去它的价值。

(一)餐饮销售的含义

餐饮销售是餐厅对产品和服务的构思、预测、开发、定价、促销以及售后服务的计划和执行过程。它以消费者为中心,适应餐饮市场变化,实现餐饮产品价值的交换。

(二)餐饮销售的特点

餐饮销售具有以下几个特点:

(1)餐饮提供的产品主要是服务。服务本身具有感知性,所以消费者的消费过程和购买的产品在一定程度上是一种体验和切身感受。

(2)在餐饮产品的生产过程中,消费者扮演了举足轻重的角色。因为对餐厅的每个成员来说,顾客也是需要"管理"的。

(3)餐饮产品质量难以控制。由于每个消费者的感受不同,对产品评价的标准就会千差万别。在个性化服务彰显的年代,服务不可能被标准化和程序化。

(4)时间因素成为产品销售的重要环节。一次成功的餐饮销售,不仅需要优质的产品,还要注重效率。

(5)餐饮销售是全方位的销售。一个五星级饭店的餐厅是饭店最好的销售窗口。

(三)餐饮销售任务

(1)对市场进行较为详细的调研,了解顾客的各种需求。

(2)设计适销对路的餐饮产品。

(3)采取相应的营销措施将餐饮产品恰当地销售给顾客,从而实现餐饮部门的经营目标。

(4)树立正确观念。观念决定行为,有什么样的观念就有什么样的行动。目前还有相当一部分酒店营销管理还停留在简单的推销或以降价为竞争手段的层面上,酒店缺乏正确的营销观念,就很难在竞争激烈的市场中取得胜利。要做好酒店营销工作,就要从以下4个方面把握餐饮销售的观念:一是将营销作为饭店的经营哲学和观念,而非仅将它视作一个部门的工作;二是树立"服务即推销,推销即服务"的思想,将饭店前台人员的为客人服务纳入到饭店整个销售环节中;三是全员营销,强调推销是持续和日常性的工作,而不是某个部门或某些人在淡季和经营不景气时临时或突击的任务;四是注重饭店营销工作的统一性。

(5)选择正确的目标市场。一个餐饮企业不可能占领和满足每一个客源市场。例如,我们简单将客源市场分成A、B、C,分别代表高、中、低三个档次的客源,假设本酒店具有接待B档客源的能力,这表示酒店的硬件和服务都是满足中档客源需求的。如果我们接待A档客源,情况会怎样呢?由于A档客源熟知高档次酒店的情况,他们对服务的预期较高,因此,酒店就较难满足他们的需求,就需要付出额外的精力去迎合他们,而酒店的接待能力、硬件标准、服务内容与A档客源的要求是不相吻合的,出于种种原因,A档客源还会出现不满意的情况。酒店若接待C档客源又会出现怎样的情况呢?因为C档客源对价格敏感,他们同样难以被满足,而且还会破坏B档客源的满意感,破坏酒店的气氛。

所以,酒店管理者必须明确酒店的市场定位,尽量避免接待与自身定位不相称的客源,倘若需要同时接待不同类型或档次的客源,就应预先设计好不同客源的行进路线,通过开设专梯、专人引导、区分楼层等方法,尽量避免造成两类客源的冲突。酒店只有根据自身条件,明确市场定位,才能更好地为每一个目标市场的客源制订适当的营销方案,提供规范的服务标准,提高顾客的满意度。

(6)不断了解顾客需要,提供令顾客满意的产品和服务。顾客的需要是多样化的,是较难全面理解的,因为顾客有时不会将他的需要明确告诉酒店。例如,顾客向旅行社表明需要预订一家五星级酒店,这是他用语言表明的需要。顾客往往还有未表明的需要,顾客选择五星级酒店可能认为在五星级酒店用餐必然可以得到优质的服务,这可以减少他的时间花费、精力消耗和购买风险,同时顾客还希望得到令人愉悦的感官享受;顾客可能认为酒店里有室内游泳池可供休闲娱乐,晚上可以在酒吧和善解人意的服务员聊天等。有时顾客还可能有一些不愿言明的需要,如入住酒店可以获取积分奖励等。所以酒店营销应当着力于不断研究顾客的需求,开发能够满足顾客需求的产品和服务,创造特色,要设法做得比同档次竞争对手更加出色,这样才能长久吸引顾客。

二、餐饮销售的历史演变

餐饮产品的销售与其他产品的销售一样,同样经历了以下五个阶段:

第一阶段:以生产观念为主导。在商品短缺的时代,顾客只关心是否可以得到产品,生产者只需注重产品的生产率,其核心是以"量"取胜。

第二阶段:以产品观念为主导。生产者虽然注重产品的质量,但只认为是产品本身的问题,缺少顾客参与,其核心是以"质"取胜。

第三阶段:以推销观念为主导。在产品过剩时代,生产者开始注意产品的推广,让顾客了解产品,其目的在于促销。

第四阶段:以市场营销观念为主导。在买方市场的前提条件下,生产者开始进一步注重顾客的需求,并"以销定产",其核心在于"以顾客为导向"。而在这之前的时代都属于卖方市场,推销方向是从里向外,而买方市场推销方向则是从外向里。

第五阶段:以绿色观念为主导。在现代营销理念中,一个非常重要的理念就是绿色营销理念。绿色营销观念主要倡导企业销售的产品要以环境效益、社会效益为导向,在餐饮产品的设计与开发、原材料的选择、餐饮产品的生产等各个环节,都坚持环保的原则,把企业利益与消费者利益、社会利益结合起来进行市场运作,考虑到可持续发展的要求。

三、餐饮销售人员的素质要求

(一)具有全员销售意识

被誉为美国现代饭店之父的斯塔特勒曾说:"谁是饭店的销售人员?是全体员工。"树立餐厅中每一个与顾客面对面接触的员工都属于销售人员的观念,这样后台的人员也会通过自己的间接劳动起到推销的效能。

(二)树立"服务即销售"的思维观念

树立"服务即推销,推销即服务"的观念,将餐厅的迎宾员、服务员、订餐员、酒水员、领班、主管等都融入餐厅整个销售环节中。销售和服务一样,是饭店的常规工作,而不是在餐厅不景气和淡季时的临时任务。

(三)了解顾客心理

随着经济的发展,餐饮业也随着社会需求而迅速发展,同时发生了由卖方市场到买方市场的转变。买方市场的出现,让人们可以根据自己的喜好、口味和经济条件去选择能满足自己需要的酒店、酒楼、餐厅进餐。因此,餐饮经营者要想吸引消费者,就必须根据消费者的需求去确定自己的经营项目和经营方式。如果认识不到这一点,就无法在激烈的市场中取胜。

众所周知,餐饮业是一种十分特殊的行业,这种特殊性主要表现在它提供给顾客的产品具有双重性,即有形性和无形性。作为经营者,必须从这两个方面满足顾客的需求,即不仅菜肴的色、香、味、形、器都要好,使客人感到物有所值,而且与之相配套的服务也要好,服务要富有人情味,让客人有美好的感受。任何一个经营者,如不善于体察和满足消费者,不能提供上乘的产品和服务,就无法适应消费市场的需求,就不可能取得良好的经济效益。

餐饮销售人员应根据不同的消费层次、消费对象,给予正确恰当的引导。服务员在工作中,要灵活掌握各种技能,善于观察客人的情况,对来就餐的客人自然地分类。在导购和推销菜品时要考虑到客人的实际情况,切不可单纯为了经济效益而强行推销,这样不但不会提高经济效益,反而会引起客人的反感,而且这样做本身就是违背职业道德的。销售人员要从服务的角度考虑如何更好地做好服务工作,使顾客满意。餐饮企业可以对服务员进行正确引导客人消费的培训,首先要对服务员进行服务意识、职业道德的教育;其次是进行技能的培训,让服务经验丰富的人扮演各种类型的顾客,进行模拟培训。

(四)了解专业知识

餐饮销售人员应了解更多的专业知识。这里的专业知识既包括服务方面的专业知识,还包括与菜肴、烹饪相关的知识。只有了解了这些专业知识,餐饮销售人员才能更好地针对不同客人推销不同产品和服务,并且在推销过程中也能为客人提供更多的参考信息,有利于客人做出决定。

四、餐饮营销策略

餐饮营销策略就是运用市场经济的理论,结合餐饮行业的实际,为餐饮企业在激烈的市场竞争中获得成功而设计、规划的一些思路和技巧。营销是现代餐饮管理的重中之重,餐饮营销要以市场为起点,以顾客需求为焦点。顾客永远是餐饮营销管理的核心。那么,如何做好餐饮营销呢?主要的策略有下述几个方面:

(一)定位策略

定位是任何一个营销行为或活动的前提,不然,营销就像无头苍蝇,没有方向和目标。一个餐馆(饭店)要想适应市场需求,吸引顾客就餐,必须对市场进行充分调研,分析竞争对手的一些优势和劣势,慎重确定本餐馆(饭店)的顾客群,进行目标定位,然后就要瞄准目标市场,同时形成自己独特的风味特色,塑造良好的品牌形象。

例如,以家庭消费为主的餐馆(饭店),一般应该以家常菜为主,满足家庭聚餐的需求。以追求地位感的消费者为主的餐馆(饭店),一般只接待有一定层次的顾客,在服务上要注重满足消费者的地位感和成就感、荣誉感。以休闲消费群体为主的餐馆(饭店),需要营造一个愉快、轻松、雅静、休闲的环境和氛围,要特别讲究文化底蕴。

(二)产品策略

餐厅为顾客提供的产品应该是令人非常愉快的、难忘的,而合适的氛围、亲切的语言、流畅的程序、高效的工作、与顾客的沟通交流等,则形成一个餐厅区别于其他餐厅的总体的价值。

在餐饮产品策略中,产品创新活动一直伴随着不断变化的市场。比如,产品结构的创新,有的星级饭店在餐厅等级的设计上很灵活,既有低档次的风味餐厅,又有中档的川菜餐厅,还有以粤菜为主的高级餐厅。这样一种产品结构的设计既满足了不同客人的需求,还为饭店餐厅与社会餐厅的竞争提供了有利条件。至于在产品种类上的创新更是多种多样,有的饭店还把产品延伸到店外,如到餐厅用餐可享受到某个景点的免费门票等。

餐饮经营者要充分挖掘并保持自身的产品特色和服务个性,才能吸引顾客,留住顾客。比如,北京的全聚德,顾客就是奔着全聚德的烤鸭而去,这就是品牌优势的不可抗拒性。但是,在设计产品种类时,不要东施效颦,在品牌战略上要突出个性和差异化。

(三)促销策略

餐饮企业的促销要受到消费观念、人文环境、社区环境、公益事业、经济环境等方面的约束。因此必须树立持久促销的宗旨。

对老顾客要实现持久促销,就要熟悉老顾客的需求,尽可能掌握老顾客的信息,通过交流沟通了解顾客的家庭、婚姻、籍贯及生日等情况;了解顾客爱好的菜肴、文化及习惯;听取顾客对餐厅的意见。在老顾客就餐时,送上一些免费的水果或其他饮品。这些付出虽然有一定的成本,但是比寻找新顾客的成本要小得多。餐厅管理人员要主动地与老顾客保持联系,经常问候。

(四)定价策略

如果竞争对手发起了"价格战",餐厅如何定价呢?传统的定价方式是以成本定价,但是这种定价方式在激烈竞争的形势下会因为缺乏灵活性而处于劣势。这就要求餐厅在进行定价之前,必须对竞争对手的价格体系和策略进行充分研究,做到知己知彼,然后再决定自身产品及服务的价格策略。

当然,餐厅要想实现稳定营销,还有很多技巧和策略。需要企业在经营过程进行充分规划和整合,实现自身餐厅(饭店)经营工作的稳固发展和提升。

第二节 餐饮产品及其策略

一、餐饮产品构成

(一)餐饮"服务包"

1. 餐饮"服务包"的含义

"服务包"的概念是由西方学者提出的。由于服务产品是由诸多要素共同组成的,既有无形的"服务",又有有形的物质产品,服务组织即餐厅将这些要素组合在一起就形成了能满足顾客某种需要的服务产品,如同服务组织将所有服务相关要素捆绑在一起,形成一个服务要素的"包裹"提供给顾客,这就是"服务包"。

2. 餐饮"服务包"的构成

(1) 有形物质

① 辅助性设施(服务环境)。这是餐饮服务的物质环境,是有形产品的一种,包括各种提供服务所需要的硬件设施、设备和物质空间。

② 辅助性产品。这是指服务场所提供的供消费者购买或消费的有形的物品。如菜肴食品、酒水饮料,还有各种消耗品如牙签、调味品、餐巾纸等。在餐饮产品中这一部分占有很重要的地位。

(2) 无形服务

① 显性服务。是指消费者通过体验服务过程能明显感受到的该服务所带来的利益。如顾客通过消费餐饮产品中的食物和饮料而得到了消除饥渴的感受。

② 支持性服务。是指为提供显性服务所必需的支持性服务。如后台工作,具体来讲有厨师的烹调工作、洗碗工的清洁工作等。

③ 隐性服务。是指消费者在体验服务的过程中所能得到的隐含于服务当中的心理满足和利益。如顾客在豪华餐厅就餐时得到的身份及地位的体现和满足。

(二)餐饮产品的构成标准

1. 辅助性设施

(1) 坐落地点是否便于目标顾客群前来消费。

(2) 内部装修,如装修风格、装修质量、装修材料的选择等是否恰当。

(3) 设备设施的智能化程度,运转的可靠性,如电子点菜器的使用。

(4) 建筑风格是否具备一定的吸引力,并且与外部环境是否协调。

(5) 设备设施布局是否合理。如空调的位置、服务等候区设置的安排、服务线路的设计、服务人员的站位等。

2. 辅助性产品

（1）标准化和一致性，如菜肴口味、菜肴配方的一致性。

（2）质量，如菜肴的美观度。

（3）花色品种。

3. 显性服务

（1）灵活性。员工是否有足够的能力应对各种服务场景。

（2）一贯性。服务是否标准，服务质量是否下降。

（3）方便性。顾客是否可以得到全天候的服务，是否可以通过最简单的方式与服务组织取得联系。

（4）综合性。是否具备完善的服务项目，能否为顾客提供多种服务产品。

4. 支持性服务

（1）效率。后台工作效率是否适应前台服务速度要求。

（2）及时性。后台工作是否能及时为前台服务提供支持。如客人点了一道菜单上没有的菜肴，后厨是否只是简单地回答"不能做"。

（3）可靠性。后台工作的差错率较低。

5. 隐性服务

（1）服务态度。

（2）餐厅气氛。

（3）等候时间。

（4）能否满足客人的自我感。

（5）能否满足客人的私密性与安全性的要求。

二、餐饮产品策略

由于餐饮产品与其他产品有很多不同之处，因而在决定产品策略时，应该注意选择适合本行业特点的产品策略。餐饮产品策略的类型较多，但总体有三大基本类型，即标准化策略、差异化策略、专业化策略。

（一）标准化策略

标准化策略也可称为总成本领先策略。采用这种策略的餐饮企业的主要目标是使本企业成为在本行业成本最低的产品提供者。在人力成本最小化、餐饮企业激烈竞争的前提下，为了在餐饮市场这块蛋糕中能分得更大的一块，这种方法成为大多数餐饮企业采用的一种策略，同时也是其他餐饮策略实施的基础。

实施标准化策略需要餐饮企业具有相当的规模、严格控制成本、不断革新技术。低成本的运作为服务提供了一道保护屏障，使效率相对较低的竞争对手承受较大的竞争压力。餐饮企业实施标准化策略，首先要在主要设备上大量投资，其次要采用极具竞争力的低价格,此外还要承受在进入市场之初所遭受的经济损失,以赢得市场份额。

标准化策略具有以下几个特征:

(1)生产服务标准化。标准化能促进规模经营,不仅能降低成本,而且还能吸引大量顾客,并能保证服务质量。

(2)产品简单化。餐饮企业只提供品种简单的产品,制作简单的菜肴饮品,这也有利于实现标准化生产及质量控制。

(二)差异化策略

差异化策略就是创造风格独特的服务产品,也就是我们经常说的"特色经营"。差异化策略形成的可能途径是:独特的商标形象,如饭店的独特标志;高超的烹饪技术;完善的销售网络;新奇的服务内容等。

差异化策略实施的前提是:差异化所付出的成本应该是客人愿意支付和接受的,也就是说,实施差异化策略要比竞争对手的投入更大。

很多餐厅在形成自己风格上动足了脑筋,在餐厅的装潢、服务人员的服装上都下了很大的气力。那么,究竟从哪些方面入手,才能创造本餐厅的特色呢?其实,从我们上面提到的"服务包"中的任何一个要素或几个要素中加以突破,都可以形成自己的特色,从而区别于竞争对手。

差异化策略实施的途径主要有:

(1)辅助性产品特色化。这种方式是目前餐厅采用较多的一种形成特色的方式,主要是针对菜肴食品、酒水饮料进行创新,既有在传统的色、香、味、形、器等方面的突破,又有在销售形式上的突破。

(2)辅助性设施特色化。目前餐饮市场上出现了主题餐厅,如茶餐厅、休闲餐厅等。其主要手段都是利用独具特色的内部装修和奇特的建筑外观来吸引客人。

(3)显性服务和隐性服务特色化。从服务方式的转变、服务氛围的营造、餐饮文化的塑造以及服务人员的变化等多方面赋予隐性与显性服务特色。如泰国曼谷东方饭店,客人在饭店的公共场所并不能看见很多的服务人员在为客人服务,而当客人需要服务时,服务人员就会及时出现在客人的面前。这种服务方式顺应了客人度假的需要,为客人营造了一个休闲、放松的用餐环境。

(4)支持性服务特色化。如今很多餐厅将后台服务前台化。如有的餐厅仿效西餐厅将厨师的工作置于客人可以观赏的角度;有的餐厅则采用开放式厨房,客人可以随时了解厨师的工作状况;有的餐厅将菜肴制作成电子点菜单,客人点菜时可以通过点菜屏幕欣赏到厨师制作的菜肴样品的图片,从而促使客人购买产品。

除了从"服务包"中的各个要素进行差异化策略外,还可以通过经营模式的变化、营业时间的调整、改进产品等方法来实现差异化策略。

(三)专业化策略

专业化策略是指集中力量满足特定顾客群体的需要。专业化策略实施的前提是:目标市场必须是需求特点十分突出的特殊群体,"大众性"产品或服务不能满足他们的需求。这样就给那些能提供专业化服务的服务组织提供了生存和发展的空间,这些服务组织提供的产品和服务更具有针对性、成本更低、质量更好。如目前专门为会议和会展提供的会展餐厅,专门为商务客人提供的商务宴席,以及主题餐厅的兴起都与此相关。随着社会的发展,专业化策略必将成为餐饮产品发展的一个主要趋势。

三、餐饮产品定价策略

价格是餐饮经营的一个最敏感的问题之一,价格的变化对消费者有着决定性的影响,也对餐饮企业的经营利润有着决定性的影响。因而它成了餐饮销售环节中的一个重要环节。

(一)餐饮产品价格

餐饮产品的价格由以下4个方面组成:

(1)成本,主要包括原料费(如菜肴的主料、辅料)、燃料费、人工成本等。

(2)费用,主要包括营业费用、管理费用、财务费用等。

(3)税金,主要包括营业税、城建税、教育附加税。

(4)利润。

餐饮产品的价格是以菜单的形式表现出来的,这要求餐饮产品的价格在菜单中呈现一个合理的结构,以方便客人选择。

(二)餐饮产品定价的因素

影响餐饮产品定价的因素有很多,主要的因素有以下几个方面:

1. 需求

在其他因素不变的情况下,市场对某一种餐饮产品的需求量增加时,该产品的价格就会增高,反之,市场对某一种餐饮产品的需求量减少时,其价格就会降低。但如果其他因素发生变化,如竞争对手增加、餐饮产品的其他替代品增加、客人的经济状况等发生变化,则此种规律将随着诸多因素的变化而发生变化。

2. 供给

市场上餐饮产品的供给量对价格也会产生影响,供给量与价格成正比例的关系。在其他因素不变的情况下,当供给量增加时,价格会降低;当供给量减少时,价格会上升。影响餐饮供给量的主要因素有以下几种:供给方对未来市场需求的预测、产品成本的变化、经济状况的起伏、国家政治形势、国家的政策法规等。

3. 价值与消费者的观念

由于餐饮产品与其他物质产品的不同,使得餐饮产品的价值与价格的关系体现得更为密切。价值高的产品在市场中的价格会居高不下,如某些"私房菜",由于其独特的配方,在市场中独领风骚,其价格就会以其独特的价值而偏高。另外,餐饮产品的价格与消费者的观念有密切关系,当某种餐饮产品迎合了消费者的口味,受到消费者欢迎时,此种产品的价格就会上升,反之亦然。

(三) 餐饮产品定价的具体策略

餐饮产品定价策略的选择不仅与企业产品价值、产品种类、产品质量相关,更与顾客心理、顾客承受能力和市场变化有着密切联系。

1. 以成本为中心的价格策略

以成本为中心的价格策略,就是餐饮企业在决定菜单定价时,以产品成本为基础,再加上一定百分比的利润。以成本为中心的价格策略是大多数企业采用的一种定价方法,因为成本是所有企业要考虑的第一因素。但这种方法只考虑了企业的目标利润,而没有考虑到需求的变化、客人的偏好等诸多要素。在定价时只考虑成本这一单方面的因素,不能作为餐饮企业定价的决定性方法。所以它只是一种基本的定价策略,也是餐厅产品销售的最低价格。

以成本为中心的定价法具体有两类:一是成本加成法,即各餐饮企业或部门依据不同情况分别设定不同的百分比,即按成本再加上一定的百分比定价。二是目标收益率法,即事先确定一个目标收益率作为核定价格的标准,然后根据目标收益率计算出目标利润率,最后计算出目标利润额度。餐厅在达到预计的销售量时即能实现预定的利润目标。这两种方法具有简单易行的特点,但实际使用起来并不能真实地反映出企业的价格策略。

2. 以需求为中心的价格策略

以需求为中心的价格策略,是指根据客人对产品的认识、感受和需求来决定价格的策略。相对于以成本为中心的定价法来说,以需求为中心定价的策略,主要根据产品本身的价值确定价格。

如果一个餐厅具备高水平的管理层、有能积极应变的督导层、有提供优质产品的服务层,餐厅的装潢考究、布局巧妙,是商务客人和高消费群体主要的活动场所,那么在定价时就要对应于高端的客户群体,采用高价策略,以期获得丰厚的回报。而对于一般的大众化餐厅来说,其客户群主要为上班族,因而餐厅的定价策略就要采用低价策略,扩大市场需求,以薄利多销的方式来赢得市场份额。

以需求为中心的定价方法具体有两类:一是理解价值定价法,即餐饮企业以其产品和服务所形成的一种"消费概念",或顾客对该餐饮产品和服务的一种理解为依据来确定价格。主题餐厅、高档餐厅往往采用这种方法。二是区分需求定价法,即按照顾客的消费时段，或者按照顾客的消费方式，或者按照客人的类型来进行区别定价。

3. 以竞争为中心的价格策略

以竞争为中心的价格策略是指以竞争对手的售价为定价依据。这种方法的特点是节省市场调研的环节，在一定程度上可以避免风险。另外，此种方法还可以随时进行调整，从而不断增强自身价格的竞争力。

第三节　餐饮促销策略

促销策略也称促销决策，它是指旅游目的地或旅游企业对促销对象、促销投入、促销方法、促销效果等进行科学的选择、配置、控制和评价。所谓促销组合，就是指企业为了达到促销目标，对人员推销、广告、营业推广和公共关系这四大促销手段的综合运用，以形成一个促销策略，是信息沟通手段和过程的系统化、规范化。常见的餐饮促销策略有广告、人员推销等。

一、人员推销策略

餐饮服务人员是酒店与顾客之间的桥梁和纽带，对企业和顾客均负有责任。因此，餐厅服务人员的职责并非仅限于把酒店的餐饮产品销售出去，而是承担着多方面的工作。作为餐厅服务员，实际上是餐饮的推销员，他们应具备良好的语言表达能力和敏锐的观察能力，应深入了解顾客消费心理，具有较强的自我控制能力和灵活的应变能力，具备良好的敬业精神和职业道德，勤奋学习，熟练掌握餐饮专业知识和推销技巧。

二、餐饮广告策略

餐厅招牌、菜肴照片、电子菜单、信函广告、菜肴和酒水宣传单等在餐厅广告中发挥着重要的作用，许多餐饮管理人员创造餐厅形象使顾客明确餐厅的风味和特色以增加顾客购买信心。餐厅招牌的设置必须讲究其位置、高度、字体、照明和可视性，并应设立在餐厅门口处，正反2面或4面应写有餐厅名称。霓虹灯招牌应增加晚间可视度，使餐厅灯火辉煌，呈现朝气蓬勃和欣欣向荣的气氛。信函广告是营销餐饮有效的方法，这种广告最大的优点是阅读率高，可集中目标顾客。运用信函广告应掌握适当的时机，如餐厅新开业及重新装修后的开业、餐厅举办的美食节和周年活动、餐厅推出新产品及新季节到来等。交通广告是吸引流动顾客的好方法，其最大优点是宣传时间长，目标顾客明确。但是使用交通广告要适合餐厅的经营特点，酒店为吸引住店顾客就餐，可以在大厅和电梯内用告示牌形式宣传当天特色菜肴和著名厨师等。

三、餐厅外观策略

外观是非常重要的营销媒介，餐厅外观必须突出特色，使顾客识别和判断销售的产品。餐厅外观营销决策包括餐厅的建筑风格、外观色调、门前绿化和装饰品、门前停车场及清洁卫生等。餐厅应当讲究建筑风格，体现经营特点，区别咖啡厅、中餐厅和西餐厅等。餐厅色调直接或间接地起着营销作用。例如，传统的西餐厅的外观常是暖色调，冷色调或浅色调的外观常为咖啡厅或各式快餐厅所采用。餐厅门前的绿化、园林设施和装饰物可给顾客带来祥和安宁的感受。许多咖啡厅门口摆着新鲜面包，它明确地告诉顾客该餐厅是咖啡厅，并且该餐厅的经营宗旨是讲究食品的新鲜度。一些传统的西餐厅门前以古典酒和意大利面条等为装饰，它显示该餐厅是传统意大利餐厅。中餐厅门前常见的装饰品是中国灯笼和对联。许多餐厅橱窗设计非常美观，橱窗内种植或摆放着各种花木和盆景，人们透过橱窗可以看到餐厅的风格和顾客用餐情景。停车场是餐厅经营的基本设施，如今，个人汽车拥有率越来越高，因此，酒店门前必须有停车场并由专人看管，这样既方便了顾客，也加强了酒店餐饮营销效果。

四、餐厅名称策略

一个优秀而有特色的餐厅，它的名称只有符合目标顾客，符合餐厅的经营宗旨，符合餐厅的消费水平，符合菜单才能有营销力。成功的经验证明，餐厅的名称必须易读、易写、易听、易记，简单清晰，易于分辨；字数要少而精，以 2～5 个字为宜；文字排列顺序应考虑周到，避免将容易误会的字体和发音排列在一起；字体设计应美观，容易辨认，易于引起顾客注意及加深印象和记忆。餐厅是人们聚会的地方，人们常通过电话进行约会，因此，餐厅名称必须方便联络，容易听懂，避免使用容易混淆的文字、有谐音或可联想的文字。例如，Mcdonald's 的中文名称是"麦当劳"，而不是"麦克唐那得斯"，该名称充分体现了大众化的餐厅，体现了工薪阶层的消费水平，体现了西餐的特色，体现了以面包为基础的菜肴或产品。因此，它是个很有营销力的餐厅名称。

五、赠送礼品策略

酒店常采用赠送礼品策略以达到餐饮促销目的。然而餐饮礼品应使餐厅和顾客同时受益才能达到营销效果，酒店赠送的礼品应包括本餐厅特色菜、刚开发的新菜、新研制的酒水、生日蛋糕、水果盘、生日贺卡、精致的菜单等。菜肴、蛋糕、果盘和酒水属于奖励性赠品，这种赠品应根据顾客用餐目的、用餐时间和不同节假日，有选择地赠送以便满足不同顾客的需求,使顾客真正得到实惠并提高餐厅知名度,提高顾客用餐次数和消费额;包装要精致,讲究赠送气氛,赠送礼品的种类、内容和颜色等方面与赠送对象的年龄、职业、餐饮习俗及用餐目的相协调,使酒店的赠品达到理想的效果。显然,一些餐厅不论顾客是否喜爱啤酒,对每个顾客都采用赠送啤酒的策略是不适宜的。贺卡和菜单属于广告赠品,贺卡上应当有酒店和餐厅的名称、餐厅宣传内容及电话号码。菜单除了应有餐厅名称、地址和联系电话外,还应有特色菜肴介绍。赠送贺卡和菜单主要起到宣传酒店餐饮特色和风味,使更多的顾客了解企业,提高酒店知名度。

六、食品展示策略

食品展示是有效的营销方法。这种方法通过在餐厅门口或内部陈列产品,包括新鲜的食品原料、半成品菜肴或成熟的菜肴、点心、水果及酒水等以增加产品的视觉效应,使顾客更加了解餐饮特色和质量并对酒店产生信任感。一些中餐厅在餐厅内摆放陈列柜,陈列柜中摆放切配好的菜肴。一些咖啡厅将本餐厅制作的新鲜面包摆在餐厅门口以显示经营特色和产品新鲜度。一些西餐厅和咖啡厅摆放沙拉吧(沙拉自助销售台),将新鲜的、五颜六色的蔬菜和沙拉酱摆在餐台上以吸引顾客购买。有些咖啡厅将制作的各种蛋糕放在旋转的展示柜中,一些餐厅在吧台后面的展示柜上陈列着各种名酒及在酒架上摆放著名红葡萄酒,在酒柜内陈列白葡萄酒。有些咖啡厅在每张餐台上摆放一瓶红葡萄酒。一些扒房在靠近门口处安装带有温度控制的葡萄酒柜,柜中有菱形的木方格,葡萄酒横放在方格中,瓶口朝外,酒的标签朝上以显示该餐厅的酒水文化。这些方法都是有效的营销策略。

七、绿色营销

绿色营销指酒店以健康、无污染食品为原料,通过销售健康工艺制成的菜肴,保护原料自身营养成分,杜绝对身体的伤害。绿色营销从原料采购开始。作为食品采购人员,首先要控制食品原料来源、采购无污染的原料、尽可能不购买罐装、听装及半成品原料。酒店应从无污染和无公害原料种植地和饲养场所采购食品原料。菜肴生产是产品质量的又一关键环节,原料应认真清洗和摘拣,应合理搭配食品原料,均衡营养,合理运用烹调技艺,减少对原料营养的破坏,不使用任何化学添加剂,致力于原料自身的味道,尽量简化生产环节,减少污染机会。精简服务程序,减少被餐巾、杯具等用具的污染,使菜肴和服务更加清新和自然。

八、网上营销

网上营销可视为一种新兴的餐饮营销策略,它并非一定要取代传统的销售方式,而是利用信息技术重组营销渠道。网上营销策略与传统媒体相比较,信息传播速度快,容量大,具备文字、声音和影像等多媒体功能,可充分发挥营销人员的创意。在面对日益激烈的餐饮市场,酒店要在竞争中生存,必须了解和满足目标顾客的需要,以市场为中心、以顾客为导向。传统的营销方法难以做到,而网络营销可与顾客充分沟通,从而实施个性化的产品和服务。目前我国一些酒店已建立了自己的网站,进行产品介绍。

第四节 餐饮营业场所的销售决策

餐厅在做销售和经营决策时,要以企业能获得尽可能大的经济效益为前提。这里主要介绍餐厅营业时间决策、清淡时间价格折扣决策及亏损先导推销决策的方法。

一、餐厅营业时间决策

(一)确定最佳营业时段所需要的数据

餐厅在早上什么时候开业,晚上什么时候停业,要以餐厅获利最大作为决策准则。确定最佳营业时间,必须以经营数据作为决策依据。餐厅在试营业时要统计下述数据:

1. 各时段销售额

一个进行科学化管理的餐厅需要统计各时段的销售额作为经营决策的依据之一。各时段的销售额数据可用于营业时间决策、清淡时段推销活动决策和人工安排决策。该数据既可由餐厅收银员来收集,也可由电脑软件统计。

2. 食品、饮料成本率

从餐厅的餐饮成本月经营情况表中汇总可得出食品、饮料平均成本率。

3. 营业需增加的固定开支

这部分固定开支不包括餐厅固定资产的折旧等,餐厅即使不开业,这种费用也已经存在,这种资本是固定资本。这里仅计算若在清淡时间营业需要增加的(不随销售数量变化而变化的)固定开支。例如,增加的劳动人工费用(营业需要员工数和每小时的工资),增加的电灯、空调、煤气等能源的费用及其他费用等。

4. 其他变动费用率

除食品、饮料成本外,还有些费用会随销售量的增加而增加,如桌布的洗涤费、餐巾纸成本等,可通过实际费用的统计,计算其变动费用率。

5. 营业税税率

根据上述数据能够算出餐厅营业要求达到的最低销售额。

（二）营业要求的最低销售额求解公式

如果餐厅在早上较早、晚上较晚时间内达到该销售额，则餐厅在这些时段营业比不营业更为合算。计算营业要求达到的最低销售额的公式为：

$$营业要求的最低销售额 = \frac{营业需增加的固定费用}{1 - 食品、饮料成本率 - 其他变动费用率 - 营业税率}$$

例如，某餐厅在晚上 9:00~10:00 时间段内营业需要增加人工成本费 100 元，增加其他固定费用 80 元，食品、饮料成本率为 35%，其他变动费用率为 10%，营业税率 5%，那么在这个时段餐厅营业要达到的最低销售额为：

$$最低销售额 = \frac{100 + 80}{1 - 35\% - 10\% - 5\%} = 360（元）$$

如果餐厅在这个时段内达到该销售额，那么在这个时段餐厅营业比不营业更为合算。

（三）延长营业时间的一些其他原因

有些餐厅在早、晚清淡时间内虽然客源少，从经济角度考虑，营业可能不合算，但考虑到下列因素，就应当延长营业时间：

（1）延长营业时间是餐厅或饭店招徕客源的一种推销手段，为饭店及其附属餐厅树立一种经营时间长、能方便顾客的良好形象，使顾客愿意到餐厅来就餐。

（2）为正式营业做准备工作。在清早和晚上客源很少时可以做一些营业准备工作。例如，叠餐巾、摆台、整理账务，晚上凌晨一点停业，可以做一些清扫工作。有些餐厅既要节约费用，又要为顾客留下关门晚的好印象，因而选择在正式停业前做停业准备和打扫工作，但是这些工作又不能让顾客看到，应选择在后台准备停业，因为在餐厅前台打扫等于催促客人，会引起客人的反感，并且如果餐厅晚上 10:00 关门，9:45 在餐厅里打扫卫生，顾客会很快得出结论：该餐厅 9:45 关门，这样会造成 9:30 就开始无客光顾了。

（3）延长营业时间是应付竞争的一种措施。有许多餐厅为战胜竞争者，即使赔钱，营业时间也要比竞争者更长一些或与它们一样长，以此来争夺客源。

（4）新餐厅早营业、晚停业可增强它的可见度、提高其知名度。

（5）有的咖啡厅或快餐厅在下午 2:00~6:00 之间生意清淡，也许达不到最低营业销售额，但关门很不方便，在这段清淡时间，搞一些推销活动会增加客源，餐厅可能会达到最低营业销售额，但是这种促销活动一定要有时间限制，促销时间过早或过晚都会影响赢利。

二、清淡时间价格折扣决策

根据价格的需求弹性理论,通常降低价格会提高销售数量,因此,许多餐厅试图利用价格折扣来提高利润。例如,有许多餐厅为了提高座位周转率,在生意清淡的时段内推出价格折扣。在做价格折扣决策时,必须研究价格折扣对赢利的影响。

(一)短期价格折扣法

有的餐饮场所在生意清淡的时段中会推出"快乐时光"(Happy Hour)的推销活动,如推销鸡尾酒时采取"买一送一"的优惠政策,或者以发展就餐俱乐部的形式对会员采取"一份价格买二份"的政策。这种折扣政策是否有效,必须通过对降价前后的毛利进行比较,算出降价后的销售量是折扣前的多少倍,以此评判这项折扣决策是否合理。

$$折价后销售量需达到折价前的倍数 = \frac{折价前每份菜品(饮料)的毛利额}{折价后每份菜品(饮料)的毛利额}$$

例如,某饭店的酒吧考虑在生意清淡的时段利用"快乐时光"举行"买一送一"的鸡尾酒推销活动。鸡尾酒每杯原价为 18 元,饮料成本率是 25%,问折价后销售量应该是降价前的多少倍?

折价后销售量需达到折价前的倍数 = $(18 - 18 \times 25\%) \div (18 \times 50\% - 18 \times 25\%) = 3$

如果折价后的销售量是折价前的 3 倍,也就是增加 200% 的话,这项推销政策是有效的。

(二)长期价格折扣法

在有限的经营时间内搞推销活动,对增加销售量的计算只要考虑毛利额即可,但在较长的经营时间内搞推销活动,还要考虑偿付固定成本、企业获得的利润以及平均降价率。

例如,某餐厅在每周一到周五下午的 3:00~6:00 的"快乐时光"中都会推出"买一送一"的折价活动,这项推销活动虽然在该段时间内折价 50%,但对于整个经营时间来说,平均折扣率不是 50%,而是 20%。这项推销政策是否有效取决于折价后的销售额能否达到下述水平:

折扣后需达到的销售额 = (企业要求获得的利润额 + 拟定的固定成本) ÷ {1 - [折扣前变动成本率 ÷ (1 - 折扣率)]}

例如,某餐厅准备在每周一到周五下午的 3:00~6:00 推出"买一送一"的推销活动。餐厅每月的固定成本额是 20 万元,餐厅要求获得月利润为 10 万元,折价前的变动成本率是60%,由于每周只有5天、每天只有3小时折价,所以平均折扣率只有20%左右。在折价前企业要获得10万元的利润,需达到的月销售额为:

折价前要求达到的销售额 = (100 000 + 200 000) ÷ (1 - 60%) = 750 000(元)

若要获得同样的利润,折价后需达到的月销售额为:

折价后需达到的销售额 = (100 000 + 200 000) ÷ {1 - [60% ÷ (1 - 20%)]} = 1 200 000(元)

顾客外出就餐往往是一种享受性的消费,而不是必需消费,故价格下降通常会引起销售量的增加,但并不是每项折价政策都能获得经济效果。管理人员必须详细记录折价前后的就餐人数和销售额等数据,比较实际销售额能否达到目标水平。如果不能达到,就应立即采取措施改进或取消这项推销活动。

三、亏损先导推销决策

亏损先导(Loss Leader)产品,是指企业经过选择的那些价格定得很低的、用来作诱饵吸引客人光顾餐厅的产品。

(一)次级推销效应

分析亏损先导产品折价推销的效果,不能只分析这类产品折价前后的盈利性,还必须分析它们的"次级推销效应"(Secondary Sales Effect)。

次级推销效应就是某产品的推销给其他产品的销售带来的影响。顾客利用诱饵产品折价的机会进入餐厅时,通常还会购买其他产品,特别是餐饮产品之间具有互补性,一种产品的销售往往会刺激另一种产品的销售。例如,西餐主菜菜品的折价,会增加葡萄酒、开胃品、甜品的销售量。前面提到的"快乐时光"或就餐俱乐部的饮料折价政策,就会使餐厅的顾客增加并使其他产品的销售量增加。

假如某餐厅为增加客源向前来就餐的客人免费提供一杯葡萄酒。这项推销活动会使餐厅的食品收入提高,预计它对餐厅会产生下述影响:①由于免费推销葡萄酒,这部分葡萄酒的销售不产生收入。②预计客人会增加一倍,从原先的200位客人增至400位。每位客人的平均消费额为55元,则销售额将从11 000元增加到22 000元。③由于客人增加一倍,所以饮料的成本总额也增加一倍,即从800元增至1600元;食品成本总额也增加一倍,即从4070元增至8140元。④服务人数需增加,人工费增加400元。

这项推销活动对餐厅的收入和利润产生的总体影响见表7-1。

表7-1 某餐厅葡萄酒的次级推销效应

	食 品		饮 料		总 计	
	推销前	推销后	推销前	推销后	推销前	推销后
销售额	200位客人，平均消费额55元，共得销售额11 000元	400位客人，平均消费额55元，共得销售额22 000元	2000元	0元	13 000元	22 000元
变动成本(指食品饮料成本)	成本率37%，成本额4070元	成本率37%，成本额8140元	成本率40%，成本额800元	成本额：1600元	4870元	9740元
毛利	6930元	13 860元	1200元	-1600元	8130元	12 260元
工资费用					2500元	2900元
净收益					5630元	9360元

综上所述，一种产品的推销对其他产品销售所产生的影响(收益)，必须减去本产品损失的利益，它的纯利润可用下面的公式来表示：

纯利润 = 其他产品增加的客人数 × 客人平均消费额 × (1 - 其他产品变动成本率) - 增加的人工费及其他费用 - 亏损先导损失的收入 - 亏损先导增加的成本

以上表的数据计算，葡萄酒推销所增加的净收益如下：

增加的净收益 = (400 - 200) × 55 × (1 - 37%) - (2900 - 2500) - 2000 - (2000 × 40%) = 3730(元)

从上例可见，亏损先导推销虽然减少了饮料收入，但使餐饮纯收益增加了3730元，不过，进行亏损先导推销必须做好销售预测和可行性研究，有可能的话先做试推销。

(二)做"亏损先导推销"活动时需收集的数据

在推销过程中要注意收集信息，否则等事过境迁，则无法弥补。在做亏损先导推销时要收集下列数据：

(1)亏损先导推销给其他产品增加的顾客数和销售额。

(2)亏损先导推销所增加的成本(包括亏损先导产品增加的成本及其他产品所增加的成本)。

(3)亏损先导推销所损失的收入。

(4) 亏损先导推销所增加的其他费用(如人工费、燃料费等)。
(5) 亏损先导推销所获得的净收益。

教学实践

1. 设计几种菜品和酒水,让学生分角色扮演客人和服务员来进行营销活动。

2. 选出你所在地具有代表性的餐饮企业,对该餐饮企业进行实地调查,提出切实可行并具有新意的营销方案。

经典案例

【案例7-1】

善解人意的推销

林小姐是一家高档餐厅的资深服务员。星期天,一对中年夫妇携一少年到餐厅用餐。点菜时,那位先生点了四菜一汤,价格三百多元,可是那位女士一听林小姐报的菜价,脸上顿显惊讶。少顷,林小姐马上微笑着主动介绍说:"再加一个君子菜炒肉丝好吗?才10元钱,噢,君子菜就是苦瓜,是新鲜的苦瓜,营养丰富,开胃爽口,是清心明目的。"那位女士微笑着点头同意。

事后的一次服务培训中,林小姐对这次推销进行了解释:"一般男士带家人来酒店用餐,大多愿点好菜,而女士和家人一起来酒店用餐多是高、中、低档菜搭配着上,这和大多数女士在家里主管经济开销有很大关系。所以,当那位女士听到我报的那位男士点的四菜一汤价格三百多元时,不免脸上一怔。我心里马上明白,她是嫌那位男士点的菜贵了一点,可是又不好意思当着我的面明说,所以我就向她推荐了一个才10元钱的苦瓜炒肉丝,这样五菜一汤三百多元她就愉快地接受了。你们问我:你怎么知道那位女士喜欢吃苦瓜?其实这也有根据,这一家人进餐厅后一落座,我就听那位女士讲话有轻微的四川口音,而四川人对麻、辣、苦的菜是都能对付的,所以我给她报了苦瓜炒肉丝这一小炒。"

(资料来源:周志宏,陈江.餐饮服务与管理[M].长沙:中南大学出版社,2006:207~208.)

案例评析:

如果餐厅只以提高销售额、推荐高价菜品为营销目标,那就大错特错了。营销的目标是向顾客提供满意的产品和服务,评价一项服务好坏的标准,不是看其是否遵循服务标准和规范,而是看顾客是否满意。所以,餐厅服务员要善解人意,体谅并关心顾客。

推销高价菜品虽然一时提高了销售额,但却影响了二次销售。顾客可能会因为一次的"割肉"而放弃下次的光顾,这时餐厅损失的是一位可能有更多后继消费的顾客。因此,推销切勿"杀鸡取卵",应目标长远,以顾客满意为最高标准。

案例中服务员林小姐就注意到顾客细微的表情变化,准确判断了顾客的想法,推荐了价位和口味均合适的菜肴,赢得了顾客的满意。这一成功推销,不但要求服务人员具有善解人意体谅顾客的意识,而且还需对菜肴、饮食习惯及顾客心理需求都有非常深入的了解,否则不可能向顾客推荐口味与价位俱佳的菜肴。

【案例7-2】

京城餐饮如何跳出午市怪圈

一般来说,北京城有名的酒楼、饭庄,大多晚上生意火爆,在中午有不少会唱空城计。午市清淡似乎成了京城中高档餐馆走不出的怪圈。

然而前些日子,笔者走进以经营海派美味闻名的A餐厅时,看到的却是一派人气旺盛的红火景象。

忙着翻台的服务员挺得意:虽说我们的大门今年东移了50米,进出不如原来方便,中午依然是宾客盈门,三十多张餐台常常被坐满,有时连包间也不够用。究其原因,大部分顾客就是冲着美食套餐来的。

什么套餐能有这么大的魅力,居然能使酒楼走出午市冷清的怪圈?

一位在附近工作的某公司的老主顾对A餐厅的午式套餐评价很高:葱油白菜、油爆河虾、百叶结、红烧肉、老鸭汤……只要花上168元,就可以从23个菜式中任选五菜一汤,还赠送饮料、果盘、米饭、茶水,足够四五个人吃的。人少了也不要紧,少要一款可以减收20元。吃饭的人多上两三个也没关系,点个套餐再加俩儿菜也就够了,可花的钱要比吃正餐少近百元,更重要的是味道好,出菜快。每天中午,附近几座写字楼的人都来。

A餐厅的管理人员谈起自己的套餐战略很直率:我们的午市红火的秘诀就是把握市场脉搏,找到了菜品、价格和午市特点的最佳契合点。

据了解,作为京城经营上海菜及江南美味的餐厅,A餐厅以前也曾面临如何突破午市冷清的难题。在市场调查中他们发现,A餐厅地处朝阳商圈的黄金位置,周围写字楼林立,白领消费群体庞大,可真正适合白领阶层用餐特别是午餐的地方并不多。不少在此用餐的白领顾客表示:扎在又乱又热的小饭馆吃午饭实属无奈,可是到中高档餐厅吃饭也不方便。一是中午的午休时间短没工夫等菜,再者天天中午吃大菜经济上也不划算。

针对顾客的这种需求，A餐厅的管理人员琢磨开了：我们这里的幽雅环境和高品质的美食非常适合白领顾客用餐，可怎么才能做出出菜速度快、价格便宜又不降低饭菜品质的白领午餐呢？

经过仔细研究和试验，精明的经营者终于找到了两全其美的好办法——在中午推出二十几种厨师拿手、价格又不贵的美味饭菜，组合成由顾客自己挑选的美食套餐。就拿套餐中的红烧肉来说，选料极精，每天清晨，厨师从供货商送来的上好五花肉中剔选精华部分，以大小火交替烹制，工序多达26道。这道菜肉质爽嫩、香浓不腻，深得许多本来对肉菜不感兴趣的巨贾名流的青睐，赢得了美誉。但这道菜并非鱼翅海参等贵重原料制作的高价菜，而是厨师操作熟练的招牌菜，还能提前在上午备料烹制，耗时不多却完全能够保证高品质，加之午市红火无形中扩大了销售规模，大大节约了人工成本，即使按特价出售，利润也有一定的保障。

红烧肚裆、葱油芋芳煲等组成套餐的河鲜、肉类、煲类、蔬菜、汤羹都是A餐厅厨师们的拿手菜，原料也绝对都是正宗产地的。雪菜炒肉丝中的雪菜来自浙江邱隘，是畅销日本和东南亚的著名绿色环保产品；温州敲鱼汤用的海鱼产自著名的舟山渔场，全是当天空运来的鲜货；就连不起眼的葱油白菜，也是用从上海运来的小青菜精心烹制。正是因为A餐厅的午市美食套餐与一般酒楼的套餐不同，使顾客能够以套餐的价格吃到口味、质量很高的沪上名菜，既经济又够档次，一推出便大受"白领"顾客的欢迎。

（资料来源：张翠菊.餐饮服务与管理[M].北京：化学工业出版社，2007：229~230.）

案例评析：

A餐厅在市场调查中发现了餐厅中午生意清淡的原因：消费者午休时间短没时间等菜，再者天天中午吃大菜经济上也不划算。找出了问题的症结所在，就可以实施有针对性的营销策略了。

针对白领顾客的午餐需求，A餐厅推出了出菜速度快、价格便宜、饭菜品质又较高的白领午餐，满足了顾客的需要，也解决了餐厅中午生意清淡的问题。

☞ **资料链接**

【资料链接7-1】

认识餐饮营销

从改革开放到现在，餐饮行业经历了三十多年的发展历程。在这个发展过程中，很多从事餐饮的经营者、投资者越来越多地意识到，现在的餐饮经营、餐饮管理，已经和过去大不一样，除了要多关注餐饮本身外，更多的是要做餐饮的营销工作。

餐饮营销起源于顾客的需求,就餐客人之所以主动参与交易活动,是为了满足旅游及社会生活需要,所以愿意支付自己的部分消费资金。餐饮经营者则为了适应这种需要、赚取利润而提供自己的产品和劳务。两者的结合,就产生了市场营销活动,在这一过程中,双方各得其所。

餐饮营销活动是十分复杂的。从市场需求看:顾客类型多样,消费层次不同,生活习惯不同,需求复杂多变。从市场供给看:产品风味林立,花色品种众多,技术要求各不相同,各级各类餐饮企业经营方式灵活。于是,在供给、需求之间就产生了各种各样的交易行为,有直接销售、间接销售、零星销售、团体销售、宴请销售等。销售手段也从坐店经营变成了主动推销,以适应不同类型消费者的需要。因此,如何根据顾客需求等选择经营方式,提高产品质量和服务质量,将餐饮产品和劳务从经营者一方转化为就餐客人的现实消费,就成为餐饮营销的重要任务。

(资料来源:易红燕,李萍娥.餐饮服务与管理[M].天津:天津大学出版社,2011:230~231.)

【资料链接7-2】

餐饮营销的未来

1. **走优质高效的快餐化道路**

常州武进宾馆是一家二星级宾馆,瞄准一般大众在出差时追求廉价、实惠的需要,将快餐拿到集市上销售,月度快餐营业收入最高达数十万元,并首次出现月餐饮收入超百万余元的喜人景象。

2. **强调营销环境的情调、氛围**

比如以郁金香、红玫瑰等来取代几号桌的编号。"营业中"、"准备中"的门口告示牌,令人感到冰冷无情,如果改用"本店上午九点开始营业,敬请稍候""本日晚十点打烊,明日上午九点再见,敬请原谅",就令人倍感亲切。

3. **生态农业、绿色食品、保健环境更为人们所重视**

推销健康食谱、引进健康信息(如提供与健康、运动相关的杂志,或举办健康食谱讲习班等)、提供健康设施(附设健康俱乐部、瑜伽教室)。

4. **重视个性化、特色化、形象化服务**

如情人餐厅、球迷餐厅、"驴友"餐厅等主题餐厅。

5. **重视人们情感、社交等方面的需求**

餐饮企业通过设立诸如情侣包厢、情侣茶座、情侣套餐、情侣烧烤等服务项目来促销。

6. **注意新奇性和娱乐性**

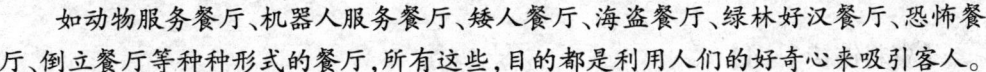

如动物服务餐厅、机器人服务餐厅、矮人餐厅、海盗餐厅、绿林好汉餐厅、恐怖餐厅、倒立餐厅等种种形式的餐厅,所有这些,目的都是利用人们的好奇心来吸引客人。

7. 重视顾客对信息的需求

如福建泉州建福大厦推出了新颖的"新闻早茶"服务,颇受广大消费者的青睐。在这里每位顾客仅需花上十几元钱,就可悠然自得地品茶、看报、吃自助餐。此外,大厅的显眼处还设有大屏幕彩电,连续播送早间新闻和股市行情等。

8. 重视人们对文化知识的追求

如餐馆还举办讲座、学习班、文化沙龙等各种活动。有的餐馆定期刊出有关营养、保健、医疗知识等方面的板报和印刷品。还有些餐馆就像个小型的展览厅,各自以不同的主题陈列着各式各样的相关物品。

9. 重视营销要素中的文化品位

台北"茶余酒餐厅"的老板陈靖自称是"金庸迷",他推出了几道金庸的武侠小说《射雕英雄传》中描述的美味佳肴,如"岁寒三友拼盘""二十四桥明月夜""玉笛谁家听落梅""君子好逑灰心羹"和"古法扣羊脯缀"。陈靖先生宣称,他推出"射雕菜"的宗旨是:利用文学的想象力,为菜肴添上更多典故的趣味,同时也为单调的吃饭营造出诗情画意的想象空间,武侠小说中天马行空的想象,可以让菜肴有更多的弹性发挥。

10. 迎合都市时尚生活方式

如电脑酒吧的餐桌上都装备有电脑,餐台也是经过特制的,一张餐台由高低两张桌面组成,一张桌面用来放食物和饮料,另一桌面用来放电脑、键盘、鼠标等。酒吧中的电脑是内部联网的,顾客们可以坐在餐桌前,通过电脑与邻座进行"无声"的交流。

(资料来源:李国茹,杨春梅. 餐饮服务与管理(第二版)[M]. 北京:中国人民大学出版社,2012:115~116.)

【资料链接7-3】

不同类型的客人要采取不同的服务方式

针对不同类型的客人,服务人员可以采取不同的服务方式。"场面型"的客人就餐目的主要是表现气派,服务员在引座时可以选择豪华包间或雅座,推荐高档名优菜品,菜品要注重"色"与"形"的搭配,上菜速度要适度,不宜太快,必要时可以推荐特制菜品,以显其豪华气派。"饱腹型"的客人重数量,服务员可在推荐菜品时以低、中档菜为主,并且上菜速度要快。另外对于不熟悉本餐厅菜肴的客人,服务员应对菜品作全面的介绍,并根据实际情况引导其点菜。

(资料来源:李国茹,杨春梅. 餐饮服务与管理(第二版)[M]. 北京:中国人民大学出版社,2012:117.)

【资料链接7-4】

拜访的八个步骤

第一步:拜访前的准备。

第二步:确定上门。

第三步:赞美、观察。

第四步:有效提问。

第五步:倾听推介。

第六步:克服异议。

第七步:确定达成。

第八步:致谢告辞。

(资料来源:李国茹,杨春梅.餐饮服务与管理(第二版)[M].北京:中国人民大学出版社,2012:126.)

【资料链接7-5】

酒店营销五忌

一忌主观判定消费单位的信誉程度

目前,在酒店所有消费群体中,特别是一些内地酒店,挂账消费占相当比重。酒店在衡量挂账单位的消费资证时,自然会根据该单位的实力、信誉程度来确定能否挂账,以免发生呆账、坏账、死账的现象。时间一长,本地区的老客户和比较知名的企业容易掌握,而对于类似新增的消费客户就不能只凭企业属性和现有实力来确定他的信誉程度了,更不能厚"公"薄"私",重"大"轻"小"。

在与客户的交往中,积极稳妥的做法是一方面笑脸相迎,一方面用坚强有力的监管措施来不让酒店利益受损。如可采取订立详细合约、缩短结账时间、安排专人监察等措施来开方便之门达到新增客源之目的,一旦发现问题再取消挂账资格也不迟。

二忌老总很少登门拜访

酒店老总适时登门拜访客户是增进了解、加强友谊、巩固客源的有效手段,这已被广大同行所认识,但在具体实施中就相去甚远了。有的要么没时间,忘了去;有的根本没打算去,让手下走走了事;有的甚至连营销总监、经理都很少下去,关起门来造车。这里面可能有几个方面的原因:与自己同级别的还好说,去拜访比自己低的客户脸面上过不去;一天到晚陷在酒店的杂务里,事必躬亲,大包大揽,结果累得无从顾及;责任心不强或工作不得要领。大凡有这些原因的经理们,只在乎自己的感受和实情,而忽略了赖以生存的客户们的想法。

三忌走马灯式拜访

销售经理在制定销售员的量化指标时,切不可用拜访次数的多少来衡量一个销售员的业绩,这种看似科学实则有悖常情的做法会产生消极影响。销售员与客户的关系只是工作关系,经常因为工作去约见、打扰,显然不受客户欢迎。次数多了,销售员也意识到客户的反感情绪,希望经常有优惠、打折、赠送、免费等好消息带给客户,活跃气氛,增添谈话内容,也加重自身的砝码,但这是很有限的。营销部除了因客而异制订拜访计划外,多渠道、多手段达到目的才是第一位要考虑的。

四忌策划只是营销部的事

某知名酒店有一个很好的传统,每逢节日来临之前,老总都要牵头组织全店领班以上的骨干召开诸葛亮会,请大家出点子想办法。这是一个值得提倡的好做法。营销部的人再专业,也是数量有限;点子再多,也是势单力薄;三个臭皮匠顶一个诸葛亮,多人的参与会对活动圆满成功提供帮助。他们还在各个部门的主管中设立兼职营销员,在对客户信息收集、关系沟通上填补销售人员的不足,基本上形成了对外营销的立体网络,很具实用性。

五忌各自为政搞促销

曾听到一个笑话,说一个老板在春节期间收到了来自同一家酒店的十多张贺年卡,有酒店的、有各个部门经理的、有主管的,甚至还有员工的。大体都是一个意思:希望来年继续给予关照。老板在收到贺卡时的反应是:有这个必要吗?这说明各自为政搞促销浪费人力物力不说,还得不到客人的首肯。眼下不少酒店对各经营部门收入进行量化管理,有效提高了他们的积极性,管理者和员工各自使出浑身解数来保额增收。出发点无可厚非,但往往会滋生一些负面影响。酒店有酒店的风范和品位,不可以被一些低级庸俗的手法破坏掉,这就要求酒店管理层采取有效措施避免这种各自为政的促销现象,以维护酒店对外营销的整体性。

(资料来源:易红燕,李萍娥.餐饮服务与管理[M].天津:天津大学出版社,2011:236~237.)

【资料链接7-6】

营销因素组合6P

按照传统的营销学理论,6P营销策略中的6P实际上就是产品和服务营销组合当中的六个核心内容。这六个核心的内容,在餐饮营销中的意义是不相同的。

1. 人(People)

在餐饮营销组合当中,强调的是客源,客源是营销目标的支撑,产品和服务的组合要围绕着客人来展开,而不是餐饮企业自己。

那么,客人有什么样的需求,特别是我们的目标市场有什么样的需求,我们要知道的非常清楚,然后根据这些需求去设计产品。

2. 产品(Product)

过去餐饮业的产品是指两大要素——菜肴和服务,现在讲餐饮业的产品,既包括菜肴和服务,还包括就餐环境。这也是产品与服务组合的基本要素。

3. 价格(Price)

价格是第三个要素,它在餐饮营销当中,有两层含义。

(1)客源市场的消费能力

现在的餐饮消费要考虑到消费者的消费能力,尤其是现在的消费者从过去的集团消费、公款消费向理性消费、个人消费、家庭消费转变,也就是说消费群体发生了变化,消费能力也发生了变化。因为消费能力发生了变化,那么我们在制定产品价格时就要重点考虑这个情况。

(2)饭店对利润的要求

当然,在价格方面,我们还要考虑到饭店对利润的要求。做餐饮经营,目的是为了追求利润,我们能不能通过价格的设计保证应有的、合理的利润,也是我们在进行产品要素组合的时候要考虑的一个问题。

4. 促销(Promotion)

实际上就是通过广告宣传,通过对外营销手段,吸引客人购买我们的产品;或者通过和客人之间的沟通,让客人了解我们的产品、认识我们的产品,引起他们对我们产品的关注。

5. 运作(Performance)

是指餐饮产品的传递,以及使宾客重复购买和大量购买餐饮产品的一种方法,有人把它解释为绩效。但确切地说,这应该是餐饮的运作或者餐饮营销的运作,即我们通过什么方式将我们的产品信息传递给客人,使消费者能够不断地购买我们的产品的手段和方式。

6. 包装(Package)

就是如何将产品、服务、环境有机地结合在一起,能够在宾客的心目中产生一个良好的印象。

这里所强调的包装,不仅仅指菜肴产品本身的包装,还包括服务、外观、外景、内部装修布置、维修保修、清洁卫生、服务人员的仪容仪表、广告和促销印刷品的设计,以及分销渠道。

(资料来源:易红燕,李萍娥. 餐饮服务与管理[M].天津:天津大学出版社,2011:238~239.)

【资料链接7-7】

常见的餐饮费用项目有哪些?

常见的餐饮费用项目有:工资、福利费、燃料费、折旧费、修理费、低值易耗品摊销、洗涤费、教育培训费、水电费、通信费、物料消耗、其他费用等。

(资料来源:李勇平.餐饮服务与管理(第四版)[M],大连:东北财经大学出版社,2010:206.)

参考文献

1. 杨爱华,苗长川.餐饮服务与管理.北京:清华大学出版社;北京交通大学出版社,2011.
2. 李勇平.餐饮服务与管理(第四版),大连:东北财经大学出版社,2010.
3. 周志宏、陈江.餐饮服务与管理.长沙:中南大学出版社,2006.
4. 李国茹、杨春梅.餐饮服务与管理(第二版).北京:中国人民大学出版社,2012.
5. 易红燕,李萍娥.餐饮服务与管理.天津:天津大学出版社,2011.

第八章 餐饮服务质量管理

服务质量是餐饮企业的生命线,也是餐饮企业的中心工作和生存与发展的基础,餐饮行业之间的竞争,从本质上讲是服务质量的竞争,因此,不断提高服务质量,以质量求效益是每个餐饮企业发展的必经之路,也是所有餐饮企业管理者共同努力的目标和日常管理的核心部分。

第一节 餐饮服务质量管理概述

随着人们生活水平的提高和餐饮行业竞争的日趋激烈,客人对餐饮服务质量的要求也越来越高。因此,餐饮企业必须不断探索提高和完善餐饮服务质量的途径和方法,以优质服务吸引客源,才能取得较好的经济效益和社会效益,而对餐饮服务质量的含义、内容、特点等的正确理解和把握,则是进行饭店餐饮服务质量管理的基本前提。

一、餐饮服务质量的含义

1960年,美国市场营销协会(AMA)最早对服务的定义为:"用于出售或者同产品连在一起进行出售的活动、利益或满足感。"这一定义一直被许多学者广泛采用。但这一定义的缺陷也是明显的,它没有将服务的无形性凸显出来,因此在一定程度上混淆了有形产品同无形产品的最本质区别。

餐饮服务是指餐饮部工作人员为就餐宾客提供食品、酒水饮料和一系列劳务服务行为的总和。只有精美的菜点、没有高质量的服务不行;只有高质量的服务、没有精美的食品也不行;只有美味佳肴,配以热情、礼貌和周到的服务,才会受到宾客的欢迎。

服务质量是指服务满足宾客服务需求的特性的总和。这里所指的"服务"包含为宾客所提供的有形产品和无形产品,而"服务需求"是指被服务者也就是宾客的需求。

餐饮服务质量是指餐饮部提供的有形产品和无形服务在使用价值上适合和满足宾客需要的程度。它的含义一般有两种:一种是狭义上的餐饮服务质量,指由服务员的服务劳动所提供的、不包括提供的实物形态的产品的使用价值；一种是广义上的饭店服务质量，包含组成饭店餐饮服务的三要素，即设施设备、实物产品和服务质量，也就是有形产品和无形服务的两个方面。适合和满足宾客需求的程度越高，服务质量越好，反之服务质量就越差。

二、餐饮服务质量内容

餐饮服务是有形产品和无形劳务的有机结合，餐饮服务质量则是有形产品质量和无形劳务质量的完美统一，有形产品质量是无形产品质量的凭借和依托，无形产品质量是有形产品质量的完善和体现，两者相辅相成，即构成完整的餐饮服务质量内容。

（一）有形产品的质量

有形产品质量是指餐饮企业提供的设施设备和实物产品以及服务环境的质量，主要满足宾客物质方面的需要。

1. 餐饮设施、设备的质量

餐饮企业是凭借其设施、设备来为客人提供服务的，所以，餐饮设施、设备是餐饮企业赖以存在的基础，是餐饮劳务服务的依托，反映出一家餐厅的接待能力。同时，餐饮设施、设备质量也是服务质量的基础和重要组成部分，是餐饮服务质量高低的决定性因素之一。餐饮设施设备包括客用设施、设备和供应用设施、设备。

（1）客用设施设备也称前台设备，是指直接提供宾客使用的那些设施设备，如餐厅、吧台的各种设施设备等，它要求做到设置科学、结构合理、配套齐全、舒适美观、操作简单、使用安全、完好无损、性能良好。

（2）供应用设施设备是指餐饮经营管理所需要的生产性设施设备，如厨房设备等，供应用设施设备也称后台设施设备，要求做到安全运行、保证供应，否则也会影响服务质量。

2. 餐饮实物产品的质量

实物产品可直接满足餐饮宾客的物质消费需要，其质量高低也是影响宾客满意程度的一个重要因素，因此实物产品质量也是餐饮服务质量的重要组成部分，包括菜点酒水的质量、客用品质量、服务用品质量。

3. 服务环境质量

服务环境质量是指餐饮设施的服务气氛给宾客带来的感观上的享受和心理上的满足。独具特色的餐厅建筑和装潢，布局合理的餐饮服务设施和服务场所，充满情趣并富有特色的装饰风格以及洁净无尘、温度适宜的餐饮环境和仪表仪容端庄大方的餐饮服务人员，所有这些均构成了餐饮所特有的环境氛围，它在满足宾客物质方面需求的同时又可满足其精神享受的需要。服务环境质量的要求是整洁、美观、有秩序和安全。由于第一印象的好坏在很大程度上是受餐饮环境气氛影响的,为了使餐厅能够产生先声夺人的效果,管理者应格外重视餐饮服务环境的管理。

(二)无形产品的质量

无形产品的质量是指餐饮提供的劳务服务的使用价值的质量,即劳务服务质量,主要满足宾客心理上、精神上的需求。主要体现在以下几个方面:

1. 礼节礼貌

礼节礼貌是以一定的形式通过信息传输向对方表示尊重、谦虚、欢迎、友好等态度的一种方式。礼节偏重于仪式,礼貌偏重于语言行动,礼节礼貌表明了餐饮的基本态度和意愿。餐饮礼节礼貌主要要求服务人员具有端庄的仪表仪容、文雅的语言谈吐、得体的行为举止等。

2. 职业道德

餐饮服务过程中,许多服务质量是否到位主要取决于员工的责任感,因此遵守职业道德也是餐饮服务质量的最基本构成之一,它不可避免地影响着餐饮的服务质量。作为餐饮员工,应该遵循"热情友好、真诚公道、信誉第一、文明礼貌、不卑不亢、一视同仁、团结协作、顾全大局、遵纪守法、廉洁奉公、钻研业务、提高技能"的职业道德规范,真正做到敬业、乐业、爱业和勤业。

3. 服务态度

服务态度是指餐饮服务人员在对客服务中所体现出来的主观意向和心理状态,其好坏是由员工的主动性、创造性、积极性、责任感和素质高低决定的,因而餐饮业要求服务人员应具有"宾客至上"的服务意识并能够主动、热情、耐心、周到地为宾客提供服务。餐饮员工服务态度的好坏是很多顾客关注的焦点,尤其当问题出现时,服务态度常常成为解决问题的关键。宾客可以原谅餐饮的许多过错,但往往不能忍受餐饮服务人员恶劣的服务态度,因此,服务态度是无形产品质量的关键所在,直接影响着餐饮的服务质量。

4. 服务技能

服务技能是餐饮部门提高服务质量的技术保证,是指在不同场合、不同时间,对不同顾客提供服务时,餐饮服务人员根据具体情况灵活、恰当地运用操作方法和作业技能以取得最佳的服务效果过程中所显现出的技巧和能力。

5. 服务效率

服务效率是指在服务过程中的时间概念和工作节奏。餐饮服务效率有三类:一是用工时定额来表示的固定服务效率;二是用时限来表示的服务效率;三是指有时间概念,但没有明确的时限规定,是用宾客的感觉来衡量的服务效率,如点菜后多长时间上菜等,这类服务效率在餐饮中大量存在,若使客人等候时间过长,很容易让客人产生烦躁心理,并会引起不安定感,进而直接影响着客人对餐饮企业的印象和对服务的评价。但服务效率并非仅指快速,而是强调适时服务,它根据宾客的实际需要灵活掌握,要求在宾客最需要某项服务的时候及时提供。

6. 安全卫生

餐饮安全一般是宾客考虑的首要问题,因此餐饮部在环境气氛上要制造出一种安全的气氛,给宾客心理上的安全感。餐饮清洁卫生主要包括餐饮部各区域的清洁卫生、食品饮料卫生、用品卫生、个人卫生等。

三、餐饮服务质量的特点

(一) 餐饮服务质量构成的综合性

餐饮服务质量构成复杂,影响因素繁多,每一个因素又都有很多具体内容,并体现在对客服务的各个方面,贯穿于始终。因此,它的实现有赖于餐饮的计划、业务控制、设备、物资、劳动组合、服务人员的综合素质、财务控制与其他部门的协同配合,以及餐饮环境、餐饮营销策略、餐饮价格策略等多方面的保障与顺利运转。

(二) 餐饮服务质量显现的短暂性

餐饮产品现生产、现销售,生产与消费几乎同步进行。短暂的时间限制对餐饮管理及其工作人员的素质是一个考验。

(三) 餐饮服务质量内容的关联性

从饮食产品生产的后台服务到为宾客提供餐饮产品的前台服务有众多环节,而每个环节的好坏都关系到服务质量的优劣。这众多的工序,只有工作人员互相合作、协调配合,发挥集体的才智与力量,才能够保证实现优质服务。

(四) 餐饮服务质量考评的一致性

这里说的一致性是指餐饮服务与餐饮产品的一致性。质量标准是通过制定服务规程这个形式来表现的,因此服务标准和服务质量是一致的,即产品质量、规格标准、产品价格与服务态度均保持一致。

(五) 餐饮服务质量评价的主观性

尽管餐饮部自身的服务质量水平基本上是一个客观的存在,但由于餐饮服务质量的评价是由顾客享受了服务后,根据其物质和心理满足程度做出的,因而带有很强的个人主观性。宾客的满足程度越高,其对服务质量的评价也就越高,反之亦然。餐饮管理者没有理由要求顾客必须对餐饮服务质量做出与客观实际相一致的评价,实际上是无法办到的,更不应指责宾客对餐饮服务质量的评价存在偏见,尽管有时的确是一种偏见。相反,这就要求餐饮管理者在服务过程中通过细心观察,了解并掌握顾客的物质需要和心理需要,不断改善对客服务,为顾客提供有针对性的个性化服务,用符合顾客需要的服务来提高顾客的满意程度,从而提高并保持良好的餐饮服务质量。

第二节 餐饮服务质量与顾客满意度

一、提高餐饮服务质量的意义

服务质量是饭店的生命。任何餐饮企业都要以服务质量求生存,以服务质量求信誉,以服务质量抢占市场,以服务质量赢得效益。

提高餐饮服务质量,把精湛的烹饪艺术与完美的服务技术有机地结合起来,是餐厅赢得信誉的根本所在。在餐饮管理工作中确保服务质量,具有十分重要的意义。

(一)服务质量是餐饮工作的生命线

国内外许多饭店的良好声誉与成功经营,无一不是饭店自身的服务质量所创造出来的。

餐饮服务涉外性较强,服务质量关系到国家和企业的声誉,关系到客源的增加,因而是企业经济效益多少和经营成败的关键。这也是当今餐饮业特别重视服务质量的重要原因之一。

(二)提高服务质量是餐饮竞争的需要

餐饮竞争包含着不同的方面和不同的内容。它可以在地理位置、外观装饰、宣传广告方面进行,也可以在服务项目、产品推销、价格优惠等方面进行。但饭店餐饮业的竞争最终以质量竞争体现出来。谁能为顾客提供全面的最佳服务,谁就能取得优势地位,谁就能招徕更多的顾客。

酒店餐饮部门除为住店宾客提供服务外,更多的服务对象是非住店宾客。这些宾客虽然消费层次不同,但他们却是餐饮经营的最大市场。他们为餐厅带来了相当数量的收入。非住店客人在年龄、职业、经济收入、教育水平、民族、宗教信仰、生活习惯等各方面都存在很大差异。分析和研究顾客的消费心理,影响他们的消费倾向和消费行为,从而有效地进行销售活动,有赖于服务质量的提高。谁能吸引非住店客人,谁就能在竞争中占领市场、取得成功。因此,不断提高服务质量不仅是竞争的需要,而且是在激烈竞争中求胜的必备条件。

(三)服务质量是评估餐厅管理水平的重要标志

饭店管理的目标是利用企业的人力资源、物资资源和信息资源为宾客提供一流的服务以获得利润,并训练和培养一批高水准的从业人员和管理人才。

餐饮经营管理是一项复杂而细致的工作。服务员的劳动对象是人不是物,实物产品仅仅是联系餐厅和顾客之间的中介物,餐饮工作是人对人的服务。有良好的服务才能招徕并留住顾客,而顾客是餐饮企业生存与发展的基础和条件。能为顾客提供优质服务的餐饮企业是成功的,反之,是失败的。因此,提高服务质量是餐饮经营管理的中心工作。要提高服务质量,必须使管理的各种职能充分发挥作用并相互配合协调。可以说,服务质量水平是饭店管理水平的综合反映。从服务质量的优劣表现,便可判断出餐饮经营者管理水平的高低。

二、顾客满意度及其衡量标准

(一)顾客满意度

顾客满意程度是指顾客享受餐饮服务后得到的感受、印象和评价。它是餐饮服务质量的最终体现,也是餐饮服务管理努力的目标。宾客满意程度主要取决于餐饮服务的内容是否适合和满足宾客的需要,能否为宾客带来享受感,餐饮管理重视宾客满意度自然也就必须重视餐饮服务质量构成的所有内容。

(二)顾客满意度的衡量标准

顾客满意度是衡量餐厅服务质量的根本,通常客人的满意度可以用以下标准来衡量。

1. 及时

在为客人提供服务的过程中的时间概念。如:顾客点菜后等待第一道菜上菜的时间、客人等待服务员办理结账的时间等。

2. 准确

无论在什么程度上,服务都要达到客人的要求和期望。如:客人要求的菜品口味。

3. 一贯性

在与客人接触中,始终保持同一水准,即使面临困难。如:始终保持微笑、对客人一视同仁。

4. 可见性

客人能见到的设备状况、个人面貌等。如:餐厅大门、就餐环境、员工制服。

5. 负责

愿意帮助客人,回应客人的特殊要求。如:客人要求改变菜品口味、配料,客人要求改变上菜顺序等。

6. 同理心

在服务过程中做到周到、尊重客人、认同客人感受。如:客人对食物有特殊要求等。

7. 有能力
按照客人的要求掌握相关的知识与技能。如：能灵活地处理客人问题、能否预计客人需求等。

8. 保证
对客人提出的服务要求给予承诺，对客人输送理解与信任的信息。如：请您放心，我们一定会按您的要求准时备好美味的菜肴。

三、提高餐饮服务质量的措施

（一）确立现代餐饮服务质量意识

任何一家成功的餐饮企业都不能只把"宾客至上，服务第一"停留在口号上，而是应将其内涵化为员工的自觉意识。现代餐饮服务质量意识应表现在以下几个方面。

1. 以质量求生存的意识

有人说客源是餐饮企业的生命线，也有人说质量是企业的生命线，两种说法都对，只不过是从不同的角度来阐述。但究其根本，质量保证了，客源才能源源不断，所以说服务质量是企业生存的根本。

2. 服务质量的成本意识

低质产品将增加不必要的成本支出，如服务质量问题造成的赔款、打折、免单等，这是显而易见的成本。由于质量差而导致宾客不满，不仅影响了企业形象和产品的销售，还浪费了企业大量的人、财、物资源，这便是隐性成本。据统计，维持一个老顾客的成本是培养一个新顾客成本的1/5，可见回头客人和忠诚客人对企业的重要性。这就要求餐饮企业制定质量管理标准必须是"零缺点"，执行标准也必须是"零缺点"，并且激励每个员工第一次且每一次都要把事情做好，减少决策失误和服务缺陷，并避免出现质量问题，从而降低服务成本。

3. 向企业内部员工提供一流服务的意识

向企业内部员工提供一流的服务是管理者的主要工作职责。"员工的心，企业的根"，餐厅唯有首先竭力求得员工的满意，员工才有可能以卓越的服务最终赢得顾客的满意和忠诚！

（二）以客人需求为核心设计服务质量标准

1. 了解顾客需求

顾客需求具有多样性特点。在服务中要注意区分合理需求与不合理需求，努力创造条件满足其合理需求。同时也要区分一般需求和特殊需求、主导需求与从属需求，便于明确提高服务质量的方向，挖掘服务潜力，努力开拓服务内容的新领域，以满足顾客不断变化的需求。

2. 服务质量的设计

服务质量设计分为规范化设计与个性化设计。规范化设计要满足的是目标市场客人的共性需求，而个性化服务是为了满足客人的特殊需求而提供的，它是员工对餐饮服务原则的灵活而艺术化的应用。在进行服务质量设计时要考虑以下几个方面问题。

（1）餐厅服务质量的"黄金标准"

凡是客人看到的必须是整洁美观的；凡是提供给客人使用的必须是有效的（是指设施设备、用品和服务规程的有效性）；凡是提供给客人使用的必须是安全的；凡是酒店员工对待客人必须是亲切礼貌的。

（2）提高服务的功能和效率

在进行服务开发时，要树立精益求精的思想，服务产品就会变得难以模仿和超越；为你的服务产品融入服务的新思想、增添真诚而有效的服务，就能使平凡的产品变得不平凡；毫不犹豫地给宾客提供一些意外而惊喜的"额外优惠"，他们就会念念不忘而且做你产品的义务宣传员。

（3）强调服务礼仪是餐厅的明显优势

服务人员要了解宾客的各种习俗、礼仪规范，再根据具体时间和空间环境灵活运用，既要尊重客人，又要表现出文明的社会风尚，使宾客得到心理上的满足。这将有利于宾客在不同文化氛围中寻求认同感和归属感。服务中要善于把握交流的时机，通过提供恰到好处的服务，达到彼此沟通、相互信任，从而建立良好的客我关系，使宾客满意。要为宾客提供具有传统特色或本店特色的服务形式、服务礼仪等，满足其求新求异的心理需求，使其对酒店产生深刻的印象。规范的接待礼仪包括服务的姿态、语言及其他行为规范等。其中语言是员工与宾客交流中使用最多、最直接、最主要的方式，因此，提高服务质量首先应从规范服务语言做起，应加强培训，提高服务语言的规范性和艺术性，使宾客从中体会到服务的热情及餐饮企业力求体现的"亲情"和"家"的内涵。

3. 引导消费

事实上，客人对如何满足自己的需求并非很清楚，因此服务人员在与客人接触过程中，要根据情况，适时创造需求，引导消费，使其物质和心理需求得到最大限度的满足。

（三）实施全面质量管理

全面质量管理（total quality control，简称 TQC），起源于美国，由质量管理专家菲根堡姆（Armand Vallin Feigenbaum）于 1961 年提出。首先应用于工业企业，后又推广到服务性企业，取得了丰硕的成果，备受世界各国瞩目。自 20 世纪 80 年代后期以来，全面质量管理得到了进一步的扩展和深化，逐渐由早期的 TQC 演化为

TQM(total quality management),成为一种综合的、全面的经营管理方式和理念,并且"质量"不再仅仅被看做是产品或服务的质量,而扩展为涵盖整个组织经营管理的质量。

1. 全面质量管理的含义

ISO 9000 族系列标准中对全面质量管理的定义为:一个组织以质量为中心,以全员参与为基础,目的在于通过让顾客满意和本组织所有成员及社会受益而达到长期成功的管理途径。

2. 全面质量管理的特点

中国在 1978 年开始推行全面质量管理,并在理论和实践上都取得了一定的成效,还实行了具有中国特色且被国外不少企业采纳的 QC(质量管理)小组制度。通过总结实践经验,提出了"三全一多"的观点,即认为推行全面质量管理,必须要实现"全员的质量管理、全企业的质量管理、全过程的质量管理和多方法的质量管理"。

总之,酒店应以宾客需求为依据,以宾客满意为标准,以科学方法为手段,以全企业管理为基础,以全过程管理为核心,以全员参与为保证,运用全面质量的思想和观念推行服务质量管理,就能达到预期的质量效果。

(四)导入 ISO 9000 族国际质量标准体系

1979 年国际化标准组织(ISO)成立质量保证技术委员会,专门从事质量保证领域的国际标准化工作,于 1987 年改名为质量管理和质量保证技术委员会。1986 年该组织正式颁布 ISO 9000 系列标准,该国际标准目前已有 1987 年、1994 年和 2000 年分别颁布的三个版本。

ISO 族系列标准是世界上许多国家质量管理经验的科学总结。目前我国已有许多餐饮企业导入 ISO 9002 标准(酒店星评标准中还引用了 ISO 9004 – 2 标准),并在质量管理中取得了显著的成效,也体现了管理者的质量意识与远见卓识。我国酒店业正与国际接轨,ISO 标准体系越发显示出它的重要性,备受餐饮业重视。

ISO 标准体系与全面质量管理是有联系的。ISO 9000 族质量标准体系是在全面质量管理的基础上发展起来的,无论在原理上还是在基本要求上与全面质量管理都是一致的。二者都强调全员的参与、全面的质量和全过程的控制,都强调预防为主、系统管理、持续改进质量及管理者特别是决策层在质量管理和质量体系建设中的主导作用。贯彻 ISO 9000 族系列标准的中心任务是建立并保持文件化的质量体系,所以该标准有助于忠实地记录并证明和改善服务质量管理工作。

餐饮企业导入 ISO 9002 标准体系对企业而言是有积极作用的。通过 ISO 9002 标准体系认证,树立了企业形象,其本身就是对企业的一种宣传;对餐饮产品和无形服务进行规范化的文件管理,使企业管理向科学化发展;使员工受到一次质量再教育,质量意识和总体素质得以提高,企业质量管理水平又前进了一步。

需强调的是 ISO 9000 族系列标准只是世界的通用标准,并不能代表质量管理的最高水平。因此,还需做大量的跟进工作。而且 ISO 9000 族标准从本质上讲根植于西方国家的文化思想,许多方面不完全适用于我国的情况。餐饮企业应尝试如何在管理上、技术上把国际惯例与等同采用的国家标准、企业的实际情况相结合,创造出具有本企业特色的新的标准。

(五)落实 5S 管理精神

源于日本的 5S 管理,是体现"预防胜于补救"理念的一种新形式质量管理方法。近年来,这种新方法逐渐被国人所了解,并被一些国内餐厅广泛应用。

5S 管理的名称源自五个不同的日文汉字词汇,因其罗马拼法的第一字母都是"S"而得名。它们的含义如下。

常清理(Seiri):把工作场所内不要的东西坚决清理掉。

常整顿(Seiton):使工作场所内所有的物品保持整齐有序的状态,并有必要的标志,要求彻底杜绝乱堆乱放、用品混淆、该找的东西找不到等无序现象的出现。

常清洁(Seiso):使工作环境及设备等始终保持清洁的状态。

常维持(Seiketsu):养成能够长期保持的好习惯,并辅以一定的监督检查措施。

常自律(Shitshke):树立讲文明、积极敬业的精神。如爱护公物、尊重他人、遵守规则、有强烈的时间观念等。

酒店推行 5S 管理,主要是从上述五个方面整顿员工思想,训练员工习惯,强化文明工作观念,从而使酒店中每个服务场所的环境、每位员工的行为都能符合 5S 精神的具体要求。

餐饮企业实施 5S 管理的主要形式,就是针对员工的日常行为方面提出要求,倡导他们从小事做起,力求使每位员工都养成事事"讲究"的习惯;号召他们从细节入手,鼓励大家齐心协力为客人、为自己创造一个温馨怡人的就餐环境和工作环境。

落实 5S 精神,使每位员工都能养成 5S 管理所要求的良好工作习惯,并最终形成严谨认真的做人、做事风格,这必将有助于促进酒店服务质量的大幅提升。

(六)正确处理顾客投诉

餐饮服务质量构成的综合性及顾客需求多样性的特点决定了无论酒店的档次多高,设施设备多么先进完善,都不可能使客人百分之百满意,即使是世界上最负盛名的酒店也会遭到投诉。因此,客人投诉是不可避免的,关键在于餐饮企业要善于把投诉的消极面转化成积极面,通过处理投诉促使企业不断提高服务质量,防止投诉的再次发生,同时将对客人的危害减少到最低限度,最终使客人满意。

1. 顾客投诉的原因

(1)对设施设备的投诉

因设施设备不配套、使用不正常、不卫生等让客人感觉不便是客人投诉的主要内容之一,如空调控制不良等。

(2) 对服务质量的投诉

在餐厅中用餐的客人往往把服务态度作为投诉的主要内容,如服务员待客不主动、不热情、缺乏修养,动作、语言粗俗无礼,挖苦、嘲笑客人等。对服务效率低下的投诉主要有上菜、结账速度太慢使客人等候时间太长。对于这方面的投诉有可能是客人急性子,有可能是客人有要事在身,有可能是客人因心境不佳而借题发挥,也有可能的确因酒店服务效率低下而使客人蒙受损失。还有因服务程序与服务方法欠妥、服务员不熟悉业务、被催迫用餐等引起的投诉,如因上菜方法不对而烫伤客人等。

(3) 对商品质量的投诉

如菜肴质量不佳、酒水饮料变质、调制比例不当而口味不佳等。

(4) 对酒店违约行为的投诉

当客人发现酒店未兑现曾经做出的承诺,或委托代办服务未能按要求完成时,会产生被愚弄、被欺骗的愤怒情绪而引起投诉。

(5) 对异常事件的投诉

如输了比赛、生意没谈成等因素使客人心情不好时,很可能迁怒于服务员,服务员稍有不慎就可引发投诉。

(6) 其他方面的原因

如服务员行为不检、索要小费、损坏客人物品、客人对价格有争议、对周围治安及环境不满意、对管理人员的投诉处理有异议等。

2. 处理投诉的原则

据调查,多数投诉的客人会再次光临餐厅,但有了不满而不投诉的客人则很少会再次光临。所以当客人投诉时,应感谢客人给餐厅提供了挽回的机会。因此,在处理客人投诉时,应注意遵循以下基本原则。

(1) 真心诚意地帮助客人

客人投诉,说明餐厅的管理及服务工作有不完善之处,客人的某些需求没有得到满足。服务人员应该理解客人的心情,同情客人的处境,努力识别并满足客人的真正需求,表现出愿意为客人排忧解难的诚意,只有这样,才能赢得客人的好感和信任,才能有助于问题的解决。

(2) 绝不与客人争辩

遇到客人投诉时,应避免在公共场合接受投诉。对客人投诉持欢迎态度,感谢客人对餐厅的关心,对客人的遭遇深表歉意。对脾气火暴者应豁达礼让,保持冷静,不与客人争辩。

(3) 兼顾客人和酒店双方的利益

管理者既是代表酒店同时也是代表客人去调查事件的真相,给客人以合理的解释,为客人追讨损失赔偿。为了鼓励"要投诉就在酒店投诉"的行为,管理者必须以不偏不倚的态度,公正地处理投诉,以回报客人对酒店的信任。

(4)分清责任

不仅要分清引起顾客投诉的责任人和责任部门,而且需要明确处理顾客投诉的各部门、各类人员的具体责任与权限及顾客投诉得不到及时圆满解决的责任。

3. 顾客投诉心理

(1)求尊重的心理

客人一般都会认为自己的投诉是正确的,希望得到同情和尊重,希望有关人员重视他的意见,向他表示歉意,并立即采取行动。

(2)求发泄的心理

客人在碰到令他们恼怒的事情,或被无礼对待之后,心中充满怒气,要利用投诉的机会发泄出来,以维持他们的心理平衡。

(3)求补偿心理

客人在蒙受了一定的损失后向有关部门投诉时,一般普遍的心理是希望能补偿他们的损失。

多数情况下,宾客投诉的心理是综合性的,既有心理上的需求,又有经济上的需求。处理投诉时,要注意区分主要投诉心理,然后根据情况对症下药。

4. 处理投诉的程序

(1)认真倾听,适当记录

倾听时应注视客人,不时点头示意,准确领会客人意图,把握问题的关键所在,确认问题的性质和程度;为使客人能逐渐消气息怒,应做适当记录,以示重视;简要地重复客人的意见以示理解。

(2)表示同情和歉意,并真诚致谢

用恰当的表情表示对客人遭遇的同情,用适当的语言给客人以安慰,并向客人表示歉意。如"对于发生这类事件,我们感到很遗憾";"我完全理解您现在的心情";"我们感到非常抱歉,先生。谢谢您让我们及时了解餐厅存在的问题,我们将对此事负责。"

(3)立即行动,及时处理

如果能马上弥补服务过失时,应该明确地告诉客人将采取什么样的措施,并尽可能让客人对决定表示同意。如"李先生,我们将这样处理,您看是否合适?"如果不能立即采取措施,则应区别不同情况,妥善安置客人(对住店客人,可安置于酒店或餐厅僻静处稍事休息;对本地客人或离店客人,可请客人先离店,明确地告诉客人给予答复的时间,并留下他们的联系电话或地址),然后着手调查(必要时向上级汇报,请示处理方式,做出处理意见),并把调查情况与客人沟通,向客人做必要解释,争取客人同意处理意见。

(4)认真落实,监督检查

向有关部门落实处理意见,监督、检查有关工作的完成情况。再次倾听客人的意见,达到客人满意,并再次感谢客人。

(5)记录存档

记录投诉和处理情况,存档备查。

5.处理顾客投诉的一般要点

(1)处理投诉时应注意倾听,千万不要打断客人或急于辩解。

(2)要以弄清情况、平息事态为目的,不要跟着客人的情绪走。

(3)语言得体、解释适当、表达准确。

(4)给予客人的承诺一定要兑现,不可言而无信。

(七)开展优质服务竞赛和质量评比活动

开展优质服务竞赛和质量评比活动,可使酒店员工树立全员质量意识,提高执行餐饮服务质量标准的主动性和积极性,并形成"比、学、赶、帮、超"的质量管理局面。

1.定期组织、形式多样

要求明确活动意义、确定参与对象及要求、制定评比标准与方法等,形式应丰富多样,以激发广大员工的参与愿望,如每月"微笑大使"或"服务明星"、各部门的"技能比赛"、"零缺点工作月、工作周"等。

2.奖优罚劣、措施分明

一般应遵循"奖优罚劣,以奖为主"的奖惩原则,制定出具体的奖惩措施,方法也要灵活多样,如授予优胜者荣誉称号、与总经理合影留念、以 VIP 身份免费入住酒店一天、去国外或外地进修、考察旅游、发奖金等。

3.总结分析、不断提高

每次活动结束后,质量管理人员及员工都应认真总结分析,总结经验与不足,从而不断改善与提高餐饮服务质量。

(八)餐饮服务质量效果评定

酒店开展了很多餐饮服务质量管理活动,采取了许多质量管理方法,但究竟效果如何呢?这就需要对服务质量管理效果进行评价。

1.评价内容

(1)服务质量管理标准的执行程度。即酒店餐饮各部门、各环节、各岗位的各位员工的工作是否符合质量管理标准要求。

(2)宾客的物质和心理满足程度。即设施的配套程度、设备的舒适程度、实物产品的适用程度、服务环境的优美程度、员工素质高低及劳务服务的艺术化程度等是否满足宾客的要求。

2. 评价方法

评价的方法主要是检查,检查的方式可以灵活多样。

(1)外部质量审核机构评价。如行政主管部门及质量认证机构所做的专业评价。

(2)内部质量审核机构评价。利用酒店服务质量管理体系中的质量管理机构,如酒店内部的质检部、质量管理小组等的检查评价。

(3)宾客评价。即进行宾客满意率调查等。

根据评价内容,对照评价结果,从而客观地评价酒店餐饮服务质量管理效果,同时要提出存在的质量问题,分析其产生的原因,找出切实可行的改进措施,不断提高餐饮服务质量。

第三节　餐饮服务质量的分析

进行餐饮服务质量分析,可以帮助餐饮管理者找出存在的质量问题及其产生的原因,从而找到针对性的解决问题的措施和方法,以保证同类的质量问题不再出现,进而提高餐饮服务质量。

一、餐饮服务质量分析的内容

餐饮服务质量的构成因素是服务质量分析的主要对象,如服务态度、礼节礼貌、语言动作、安全卫生、食品菜点质量、餐厅服务质量的稳定程度和产生的质量问题,这就构成了服务质量分析的内容。

(一)餐饮服务质量水平分析

以各种信息反馈的资料、检查和考核资料、日常统计数据为依据,正确分析本餐厅餐饮服务质量的水平,本餐厅与本市、本地区、国内餐饮服务水平相比较所处的位置,本餐厅餐饮服务质量的绝对水平所处的档次,本餐厅餐饮服务质量提高的潜力有多大,有什么不足之处等。

(二)餐饮服务质量的稳定性分析

服务质量的稳定性包括餐饮服务各环节各工序协调的稳定、相互之间质量水平的稳定、服务水平在时间上的持续性(未发生明显波动),稳定性分析一般选定一些对质量影响较大的项目,通过图表或数字进行比较,做出分析。

(三)餐饮服务质量的问题分析

主要分析的几个问题包括:服务质量上出现的问题、产生问题的原因、用什么方法去解决问题等。

二、餐饮服务质量分析的方法

餐饮管理者在对服务质量进行分析时,常采用 ABC 分析法、圆形分析图法、因果分析图以及 PDCA 管理循环的方法。

(一) ABC 分析法

ABC 分析法又称帕雷托分析法,也叫主次因素分析法,是项目管理中常用的一种方法。它是通过对影响饭店服务质量的各方面因素的分析,以质量问题的个数和发生的频率为两个相关的指标,进行定量分析。先计算出每个服务质量问题在质量问题总体中所占的比重,然后按照一定质量分成 A、B、C 三类,以便找出对饭店服务质量影响较大的 1~2 个关键性的质量问题,从而实现有效的服务质量管理,使服务质量管理工作既突出重点,又照顾一般。由于它把被分析的对象分成 A、B、C 三类,因此又称为 ABC 分析法。

在 ABC 分析法的分析图中,有两个纵坐标,一个横坐标,几个长方形,一条曲线。左边纵坐标表示频数,右边纵坐标表示频率,以百分数表示;横坐标表示影响质量的各项因素,按影响大小从左向右排列;曲线表示各种影响因素大小的累计百分数。一般是将曲线的累计频率分为三级,与之相对应的因素分为三类:

A 类因素,发生频率为 70%~80%,是主要影响因素。

B 类因素,发生频率为 10%~20%,是次要影响因素。

C 类因素,发生频率为 0~10%,是一般影响因素。

这种方法有利于人们找出主次矛盾,有针对性地采取对策。

ABC 分析法是由意大利经济学家帕雷托(Vilfredo Pareto)首创的。1879 年,帕雷托在研究个人日收入的分布状态时,发现少数人的日收入占全部人日收入的大部分,而多数人的日收入却只占一小部分,他将这一关系用图表示出来,就是著名的帕雷托图。该分析方法的核心思想是在决定一个事物的众多因素中分清主次,识别出少数的但对事物起决定作用的关键因素和多数的但对事物影响较小的次要因素。ABC 分析法主要用于找出影响餐饮服务质量的主要因素,可分四个步骤进行分析。

1. 收集服务质量问题信息

通过客人意见表、投诉处理记录、各种原始记录等方式收集有关服务质量的信息。

2. 分类、统计、制作服务质量问题统计表

将收集到的质量问题信息进行分类统计、排列,制作统计表(如表 8-1 所示),在表中计算出频率和累计频率。注意质量问题由上到下按照问题数量由多到少依次排列,最后一行为其他项。

表8-1　服务质量问题统计表

质量问题	问题数量	频率(%)	累计频率(%)
菜肴质量	17	37.78	37.78
服务态度	15	33.33	71.11
服务技能	6	13.33	84.44
安全卫生	4	8.89	93.33
其他问题	3	6.67	100.00

3. 根据质量问题分类画出排列图

根据前面统计表的数据,按一定的比例画出两个纵坐标和一个横坐标。左边纵坐标表示频数,右边纵坐标表示频率,以百分数表示;横坐标表示影响质量的各项因素,按影响大小从左向右排列,然后按累计频率的坐标点绘出一条曲线。

4. 通过各类问题所占比例找出主要问题

排列图上累计频率在 0 ~ 70% 的问题为 A 类问题,即主要问题;累计频率在 70% ~ 90% 的问题为 B 类问题,即次要问题;累计频率在 90% ~ 100% 的问题为 C 类问题,即一般问题。找出主要问题就可以抓住主要矛盾。

(二) 圆形百分比分析图法

圆形百分比分析图法是指通过计算服务质量信息中有关数据的构成比例,以图示的方法表示存在的质量问题。其具体分析步骤如下。

1. 收集质量问题信息

餐饮管理者通过各种原始记录、质量信息报表、质量检查结果、客人意见调查表、客人投诉处理记录、质量考核表等方式多方收集现存的餐饮质量问题的信息。

2. 信息的汇总、分类和计算

对收集到的质量问题信息进行汇总,并根据不同的内容将其分类,然后计算每类质量问题的构成比例。

3. 画出圆形图

画出圆形图,根据圆形图即可清晰地掌握餐饮存在的服务质量问题及其程度。

(三) 因果分析图法

因果分析图又称鱼刺图、树枝图,是分析质量问题产生原因的一种有效工具。在餐饮管理过程中,影响服务质量的因素错综复杂。因果分析图通过对存在的质量问题及其产生的原因进行系统的整理分析,并以图示的方法直观地表示两者之间的因果关系。其分析过程如下。

1. 找问题

用排列图找出现存的质量问题。

2. 找原因

讨论、分析、找出产生问题的各种原因。应从大到小,从粗到细,追根溯源,直到能采取具体措施为止。

3. 画图

罗列找到的各种原因,按其因果关系画出因果图。

(四) PDCA 循环法

1. PDCA 循环在运用中的具体步骤

(1) 计划 (plan) 阶段:提出饭店在一定时期内服务质量的主要任务和目标,并制定相应标准。

步骤一:分析服务质量现状,找出存在的主要质量问题。例如,服务人员的着装是否统一、美观、大方,服务态度是否热情、诚恳、礼貌,服务方式是否规范,服务技巧是否熟练等。在调查时,要注意掌握事实,用数据说话。

步骤二:分析产生质量问题的原因。用因果分析产生质量问题的原因,分析时要逐个问题、逐个原因地评价分析。

步骤三:找出影响质量问题的主要原因。影响质量问题的原因可能是多种多样的,但必须抓住主要问题,作为解决问题的重点。

步骤四:提出解决主要质量问题的措施和计划。即明确应达到的目标及实现目标的措施方法,所制订的措施计划要明确具体、切实可行。

(2) 实施 (do) 阶段:指管理者组织有关部门或者班组以及员工具体地实施质量管理计划所规定的目标。

步骤五:实施计划,即按照制订的措施计划严格地执行。同时,还要注意做好各种原始记录,及时反馈执行过程中出现的各种情况。

(3) 检查 (check) 阶段:指管理者对餐饮质量管理计划实施情况的检查。

步骤六:检查计划执行情况,看是否达到了预期目标。饭店管理者检查时应做到及时、认真、客观、公正,并与计划目标进行对比分析,看是否存在质量差异,是正偏差还是负偏差。

(4) 处理 (action) 阶段:指餐饮管理者对成功经验、失败教训、遗留问题的不同处理。

步骤七:总结经验和教训。把成功的经验纳入有关的质量标准、规范中去,使质量改进成果得到巩固和扩大。同时,对于质量管理中的失败之处,要注意吸取教训,以免重蹈覆辙。

步骤八:遗留问题转入下一个循环。对于在这一 PDCA 循环中没有得到解决的问题,应及时加以整理,并把它们作为制定新的服务整改方法的依据,转入下一个PDCA循环阶段中去。一个PDCA循环过程至此结束,并可继续转入下一个循环过程。

2. PDCA循环法的主要特点

(1)大环套小环,小环保大环。在质量管理工作中,存在不同的管理层次和质量内容层次。从组织机构上看,有饭店级质量管理、部门质量管理和班组质量管理;从内容上看,有产品质量、工序质量、工作质量及质量成本;同时,质量管理还涉及生产管理、设备管理、技术管理、运转操作管理、成本管理、销售管理和售后服务等方面。因此,每一工作都是相互联系和促进的,只有做好了各方面的工作,才能最终保证产品质量。

(2)每一过程都有提高,从而达到不断提高产品质量的目的。

第四节 餐饮服务质量控制

进行餐饮服务质量控制的目的是使餐厅的每一项工作都围绕着为宾客提供满意的服务。

一、餐饮服务质量控制的基础

要进行有效的餐饮服务质量控制,必须具备若干基本条件。

(一)制定服务规程

餐饮服务质量标准就是服务过程的标准。服务规程是餐饮服务应达到的规格、程序和标准。为了提高和保证服务质量,我们应该把服务规程视为工作人员应当遵守的准则和内部服务工作的法规。

旅游饭店的餐饮服务规程,必须根据发达国家旅游者生活水平较高、对服务的要求也高的特点来制定。西餐厅的服务规程更要适应欧美宾客的生活习惯。另外,还要考虑到市场需求、饭店类型、饭店等级、饭店风格、国内外先进水平等因素的影响,并结合具体服务项目的目的、内容和服务过程,来制定出适合本饭店的标准服务规程和服务程序。

餐厅中的工种很多,各岗位的服务内容和操作要求都不相同,为了检查和控制服务质量,餐厅必须分别对散餐、团体餐和宴会以及咖啡厅、酒吧等的整个服务过程制定出迎宾、引座、点菜、走菜、酒水服务等全套的服务程序。

制定服务规程时,首先要确定服务的环节和顺序,再确定每个环节服务人员的动作、语言、姿态、质量、时间以及对用具、手续、意外处理、临时措施的要求等。每套规程在开始和结尾处应有与相邻服务过程相互联系、相互衔接的规定。

在制定服务规程时,不要照搬其他饭店的服务程序,而应该在广泛吸取国内外先进管理经验、接待方式的基础上,紧密结合本饭店大多数顾客的饮食习惯和本地的风味特点,推出全新的服务规范和程序。

管理人员的任务,主要是执行和控制规程,特别要注意抓好各套规程即各服务过程之间的薄弱环节。一定要用服务规程来统一各项服务工作,从而使之达到服务质量的标准化、服务过程的程序化和服务方式的规范化。

(二)收集质量信息

餐饮管理人员应该知道服务的结果如何,即宾客是否感到满意,从而采取改进服务、提高质量的措施。应该根据餐饮服务的目标和服务规程,通过巡视、定量抽查、统计报表、听取顾客意见等方式来收集服务质量信息。

(三)抓好全员培训

企业之间质量竞争的实质是人才的竞争、员工素质的竞争,很难设想一个没有经过良好训练的服务员能提供高质量的服务。因此新员工在上岗前,必须进行严格的基本功训练和业务知识培训,不允许未经职业技术培训、没有取得上岗资格的人上岗操作,在职员工必须利用淡季和空闲时间进行培训,以提高业务技术、丰富业务知识。

二、餐饮服务质量控制的方法

根据餐饮服务的三个阶段——准备阶段、执行阶段和结束阶段,餐饮服务质量的控制可以按照时间顺序相应的分为预先控制、现场控制和反馈控制。

(一)餐饮服务质量的预先控制(第一阶段)

所谓预先控制,就是为使服务结果达到预订的目标,在开餐前所做的一切管理上的努力。预先控制的目的是防止开餐服务中所使用的各种资源在数量和质量上产生偏差。

预先控制的主要内容包括人力资源、物质资源、卫生质量与事故。

(1)人力资源的预先控制。餐厅应根据自身的特点灵活安排人员班次,保证开餐时有足够的人力资源。那种"闲时无事干,忙时疲劳战"、开餐中顾客与服务员在人数比例上大大失调等都是人力资源使用不当的不正常现象。

(2)物质资源的预先控制。开餐前,必须按规格摆好餐台、准备好餐车、托盘、菜单、点菜单、预订单、开瓶工具及工作车用的小物件等。另外,还必须备足相当数量的翻台用品,如桌布、餐巾、餐纸、刀叉、调料、火柴、牙签、烟灰缸等物品。

(3)卫生质量的预先控制。开餐前半小时,对餐厅的环境卫生从地面、墙面、柱面、天花板、灯具、通风口到餐具、餐台、台布、台料、餐椅、餐台摆设等都要做一遍仔细检查。发现不符合要求的地方,要安排迅速返工。

(4)事故的预先控制。开餐前,餐厅主管必须与厨师长联系,核对前后台所接到的客情预报或宴会通知单是否一致,以免因信息的传递失误而引起事故。另外,还要了解当日的菜肴供应情况,如个别菜肴缺货,应让全体服务员知道。这样,一旦宾客点到该菜,服务员就可及时地向宾客道歉,避免事后引起宾客不满和投诉。

(二)餐饮服务质量的现场控制(第二阶段)

所谓现场控制,是指监督现场正在进行的餐饮服务,使其程序化、规范化,并迅速妥善地处理意外事件,这是餐厅管理者的主要职责之一。餐饮部经理也应将现场控制作为管理工作的重要内容。餐饮服务质量现场控制的主要内容包括服务程序、上菜时机、意外事件及开餐期间的人力。

(1)服务程序的控制。开餐期间,餐厅主管应始终站在第一线,通过亲身观察、判断、监督、指挥服务员按标准程序服务,发现偏差,及时纠正。

(2)上菜时机的控制。掌握好上菜时机要根据宾客用餐的速度、菜肴的烹制时间等,做到恰到好处,既不要让宾客等候太久,也不能将所有菜一下全上。餐厅主管要时常注意并提醒服务员掌握上菜时间,尤其是大型宴会,每道菜的上菜时间应由餐厅主管亲自掌握。

(3)意外事件的控制。餐饮服务是与宾客面对面直接交往,极容易引起宾客的投诉。一旦引发投诉,主管一定要迅速采取弥补措施,以防止事态扩大,影响其他宾客的用餐情绪。如果是由服务员方面原因引起的投诉,主管除向宾客道歉之外,还可在菜肴饮品上给予一定的补偿。发现有醉酒或将要醉酒的宾客,应告诫服务员停止添加酒精性饮料;对已经醉酒的宾客,要设法让其早点离开,以保护餐厅的和谐氛围。

(4)开餐期间的人力控制。一般餐厅在工作时实行服务员分区看台负责制,服务员在固定区域服务(可按照每个服务员每小时能接待20名散客的工作量来安排服务区域)。但是,主管应根据客情变化,对服务员在班中进行第二次分工、第三次分工……如果某一个区域的宾客突然来得太多,应该从其他服务区域抽调人力来支援,待情况正常后再将其调回原服务区域。当用餐高潮已经过去,则应让一部分员工先休息一下,留下另一部分员工继续工作,到了一定的时间再进行交换,以提高员工的工作效率。这种方法对于营业时间长的散席餐厅、咖啡厅等特别有效。

(三)餐饮服务质量的反馈控制(第三阶段)

所谓反馈控制,就是通过质量信息的反馈,找出服务工作在准备阶段和执行阶段的不足,采取措施,加强预先控制和现场控制,提高服务质量,使宾客更加满意。

质量信息反馈由内部系统和外部系统构成,在每餐结束后,应召开简短的总结会,以利于不断改进服务水平、提高服务质量。信息反馈的外部系统,是指来自就餐宾客的信息。为了及时获取宾客的意见,餐桌上可放置宾客意见表;在宾客用餐后,也可主动征求宾客意见。宾客通过大堂、旅行社、新闻传播媒介等反馈回来的投诉,属于强反馈,应予以高度重视,切实保证以后不再发生类似的服务质量问题。建立和健全两个信息反馈系统,餐厅服务质量才能不断提高,从而更好地满足宾客的需求。

第五节 餐饮服务质量的监督检查

餐饮服务质量的监督与检查是餐饮管理的重要内容之一。在饭店服务质量系统中,部门和班组是执行系统的支柱,他们以岗位责任制和各项操作规范为保证,以提供优质服务为主要内容,从上到下逐级形成工作指令系统、信息反馈系统,并将部门所制订的具体质量目标分解到班组和个人,由质量管理办公室或部门质量管理员协助部门经理负责对餐饮服务质量实施监督检查。

一、餐饮服务质量监督的内容

(1)制订并负责执行各项管理制度和岗位规范,抓好礼貌待客、优质服务教育,实现服务质量标准化、规范化。

(2)通过反馈系统了解服务质量情况,及时总结工作中的正反典型事例的经验和教训并及时处理宾客投诉。

(3)组织调查研究,提出改进和提高服务质量的方案、措施和建议,促进餐饮服务质量和餐饮经营管理水平的提高。

(4)分析管理工作中的薄弱环节,改革规章制度,整顿工作纪律,纠正不正之风。

(5)组织定期或不定期的现场检查,开展评比和组织优质服务竞赛活动。

二、餐饮服务质量检查

根据餐饮服务质量内容中对服务员礼节礼貌、仪容仪表、服务态度、清洁卫生、服务技能和服务效率等方面的要求,将其归纳为"服务规格""就餐环境""仪容仪表""工作纪律"四个大项并按顺序列出一个详细的检查表。这种服务质量检查表既可以作为餐厅常规管理的细则,又可以将其量化,作为餐厅与餐厅之间、班组与班组之间、个人与个人之间竞赛评比或餐饮服务员考核的标准。

餐厅服务质量检查表在使用的时候可视饭店本身的等级和本餐厅的具体情况增加或减少检查细则项目,可以将四个检查项目分成四张检查表在不同场合使用(如表8-2所示);在"等级"栏目中,可将"优、良、中、差"分别改为得分标准,如将"优"改为4分,"良"3分,"中"2分,"差"1分,最后将四个项目90个细则得分统计并进行比较;也可按优、良、中、差各个等级的得分率来进行比较,得出结论。

表8-2 餐厅服务质量检查表

餐厅/班组/姓名: 　　　　时间: 　月　日　时　　　　检查者:

服务规格检查					
序号	检查细则	等级			
		优	良	中	差
1	对进入餐厅的宾客是否问候、表示欢迎?				
2	迎接宾客是否使用敬语?				
3	使用敬语时是否点头致意?				
4	在通道上行走是否妨碍宾客?				
5	是否协助宾客入座?				
6	对入席宾客是否端茶、送巾?				
7	是否让宾客等候过久?				
8	回答宾客提问是否清脆、流利、悦耳?				
9	与宾客谈话,是否先说"对不起,麻烦您了"?				
10	发生疏忽或不妥时,是否向宾客道歉?				
11	对告别结账离座的宾客,是否说"谢谢"?				
12	接受点菜时,是否仔细聆听并复述?				
13	能否正确地解释菜单?				
14	能否向宾客提建议并进行适时推销?				
15	能否根据点菜单准备好必要的餐具?				
16	斟酒是否按照操作规程进行?				
17	递送物品是否使用托盘?				
18	上菜时,是否介绍菜名?				
19	宾客招呼时,能否迅速到达桌旁?				
20	撤换餐具时,是否发出过大声响?				
21	是否及时、正确地更换烟灰缸?				
22	结账是否迅速、准确、无误?				

续表

服务规格检查					
序号	检查细则	等级			
		优	良	中	差
23	是否检查餐桌、餐椅及地面(有无宾客失落的物件)?				
24	是否在送客后马上翻台?				
25	翻台时,是否影响周围宾客?				
26	翻台时,是否按操作规程作业?				
27	与宾客谈话是否点头行礼?				
28	是否能根据菜单预先备好餐具及作料?				
29	拿送玻璃杯是否叠放?持杯时,是否只握下半部?				
30	领位,值台、上菜、斟酒时的站立、行走、操作等服务姿势是否符合规程?				

就餐环境检查					
序号	检查细则	等级			
		优	良	中	差
1	玻璃门窗及镜面是否清洁、无灰尘、无裂痕?				
2	窗框、工作台、桌椅是否无灰尘和污渍?				
3	地板有无碎屑及污痕?				
4	墙面有无污痕或破损处?				
5	盆景花卉有无枯萎、带灰尘现象?				
6	墙面装饰品有无破损、污痕?				
7	天花板是否清洁、有无污痕?				
8	天花板有无破损、漏水痕迹?				
9	通风口是否清洁,通风是否正常?				
10	灯泡、灯管、灯罩有无脱落、破损、污痕?				
11	吊灯照明是否正常?吊灯是否完整?				

续表

就餐环境检查					
序号	检查细则	等级			
		优	良	中	差
12	餐厅内温度和通风是否正常？				
13	餐厅通道有无障碍物？				
14	餐桌椅是否无破损、无灰尘、无污痕？				
15	广告宣传品有无破损、灰尘、污痕？				
16	菜单是否清洁，是否有缺页、破损？				
17	台料是否清洁卫生？				
18	背景音乐是否适合就餐气氛？				
19	背景音乐音量是否过大或过小？				
20	总的环境是否能吸引宾客？				

仪容仪表检查					
序号	检查细则	等级			
		优	良	中	差
1	服务员是否按规定着装并穿戴整齐？				
2	制服是否合体、清洁？有无破损、油污？				
3	名号牌是否端正地挂于左胸前？				
4	服务员的打扮是否过分？				
5	服务员是否留有怪异发型？				
6	男服务员是否蓄胡须、留大鬓角？				
7	女服务员的头发是否清洁、干净？				
8	外衣是否烫平、挺括、无污边、无褶皱？				
9	指甲是否修剪整齐、不露出于指头之外？				
10	牙齿是否清洁？				
11	口中是否有异味？				

续表

仪容仪表检查					
序号	检查细则	等级			
		优	良	中	差
12	衣裤口袋中是否放有杂物？				
13	女服务员是否涂有彩色指甲油？				
14	女服务员发夹式样是否过于花哨？				
15	除手表戒指外，是否还戴有其他的饰物？				
16	是否有浓妆艳抹现象？				
17	使用香水是否过多？				
18	衬衫领口是否清洁并扣好？				
19	男服务员是否穿深色鞋袜？				
20	女服务员着裙时是否穿肉色长袜？				

工作纪律检查					
序号	检查细则	等级			
		优	良	中	差
1	工作时间是否扎堆闲谈或窃窃私语？				
2	工作时间是否大声喧哗？				
3	工作时间是否有人放下手中的工作？				
4	是否有人在上班时间打私人电话？				
5	有无在柜台或值班区域内随意走动？				
6	有无交手抱臂或手插入衣袋现象？				
7	有无在前台区域吸烟、喝水、吃东西现象？				
8	上班时间有无看书、干私事行为？				
9	有无在宾客面前打哈欠、伸懒腰行为？				
10	值班时有无倚、靠、趴在柜台的现象？				
11	有无随背景音乐哼唱现象？				

续表

工作纪律检查					
序号	检查细则	等级			
		优	良	中	差
12	有无对宾客指指点点的动作？				
13	有无嘲笑宾客失慎的现象？				
14	有无在宾客投诉时作辩解的现象？				
15	有无不理会宾客询问？				
16	有无在态度上、动作上对宾客撒气的现象？				
17	有无对宾客过分亲热的现象？				
18	有无对熟客过分随便的现象？				
19	对所有宾客能否做到一视同仁，又能提供个别服务？				
20	有没有对老、幼、残宾客提供方便服务？是否对特殊情况提供了针对性服务？				

教学实践

1. 案例模拟。将全班学生分为几个小组，各小组自己拟定一个处理投诉的案例，分别饰演不同的角色，进行情景模拟，灵活处理案例中出现的问题，然后组织同学进行讨论。

2. 组织学生分组开展"提高餐饮服务质量措施"的讨论，最后整理出具体可行的措施。

3. 检查餐前准备工作。请一位"领班"在实训室里对"服务员"进行餐前准备工作的检查。

经典案例

【案例8-1】

吃的又不是环境

一日，某销售公司经理王先生到Y市出差，准备晚上邀请客户出来吃饭谈生意。由于王先生第一次来到Y市，对当地环境不是很熟悉，于是就找了一家外观看起来特别豪华的饭店订了餐。

晚上，王先生和客户来到这家饭店，服务员带领他们来到了预订的包房。一进包房,王先生就有种不舒服的感觉,这个包房装修过于陈旧,而且没有任何的装饰。这时,客户都已经进来了,王先生感觉特别尴尬,偷偷问服务员有没有档次高一点的包房,服务员回答说,这边都是统一规格。客户已经就座,王先生也不好再更换饭店,就只得坐了下来,点菜就餐。

用完餐之后,送走了客户,王先生在结账的时候把一肚子怒气都倒了出来:"你们这家饭店外表环境这么高贵,包房却如此陈旧,只做表面工夫,不是欺骗顾客吗?今天实在是让我丢尽了颜面!"

服务员说:"先生,我们这的菜很有特色,再说,您吃的又不是环境。"

本来王先生就来气,服务员的话让王先生怒火冲天,叫来了经理投诉,最后经理出面道歉,安抚了王先生的情绪,给这顿饭打了个贵宾折才算平息。

(资料来源:周志宏,陈晓磬. 酒店餐饮服务与管理[M]. 长沙:湖南大学出版社,2010:214.)

问题:

(1)案例中的王先生为什么怒火冲天?

(2)如果你是服务员,应该怎样处理?

案例评析:

(1)本案例中王先生不是当地人,对周边环境不是很熟悉,根据饭店外表选择了这家饭店,进入包房之后才知道上当,但为时过晚。结账的时候作为建议提给了饭店服务员,服务员和客人争辩,说"您吃的又不是环境",让王先生大为生气。

(2)在饭店中,顾客对饭店期待的不只是有特色的菜肴,还有就餐的环境,这关系到顾客的面子。作为服务员,顾客提出任何的建议和意见,都应该虚心接受,更不应该和客人争辩。

【案例8-2】

捕捉时机超值服务

某西餐厅晚餐时同,宾朋满座。餐厅几位琴师弹钢琴、拉小提琴,奏出美妙的乐曲,使宾客沉浸在温馨的艺术气氛中。

服务员小姚正在巡台,偶尔听到一位女士对先生说:"我现在特别想听《爱相随》,钢琴与小提琴协奏,效果棒极了。"小姚听到后,随即走到琴师面前,说明情况请他们演奏曲《爱相随》,即刻钢琴与小提琴协奏响起,一曲优美的《爱相随》飘荡在大厅里。小姚看见那两位客人惊奇地抬起头,满脸惊奇地倾听这动人的曲子。小姚微笑地走到两位客人身旁,悄声对客人说:"这首《爱相随》送给女士您,祝两位今晚好兴致。"两位客人连声道谢,高兴之余又点了许多食品饮料,多消费了几百元。

案例评析:

这是个典型的超前、超值服务的案例。

为客人点曲子本不是小姚分内的事,但当地得知了客人美好的愿望后,打破常规,给客人带来了惊喜,使客人得到了心理的满足和超值的艺术享受,同时对餐厅的服务留下极为深刻的印象。小姚这份分外的出色服务,传达了服务员对客人的真情,收到了极佳的服务效果。

服务员在做好分内工作的同时,要善于观察倾听,反应机敏,及时捕捉服务时机,在客人开口之前的关键时刻提供恰到好处的服务,客人才能满意。客人原只是个美好的愿望,却意外得以实现。这份惊喜和感动是非常意外的,随之转化为对服务员的感激,从而更加愉快地在餐厅多消费。正所谓:客人因你而消费,餐厅因你而自豪。这就是服务艺术的魅力所在,同时也是对服务定义的一个最好诠释。服务是发自内心的,服务是创造美和惊喜的过程。

(资料来源:周志宏,陈晓磬.酒店餐饮服务与管理[M].长沙:湖南大学出版社,2010:214.)

【案例 8-3】

ABC 分类法应用

我们试以辽宁某高校餐饮企业 2005 年度食品原材料采购资料来论述 ABC 分类法的具体操作步骤。高校餐饮企业采购的食品原材料按主食、油、副食品、调味品、当日菜分类,运用 ABC 分类法分析。

第一步:首先列出 2005 年度辽宁某高校餐饮企业采购食品原材料的金额统计一览表,见表 8-3。

表 8-3 采购原料金额统计表

序号	食品原材料	年度使用金额(万元)
1	主食	213
2	油	110
3	副食品	726
4	调味品	83
5	当日菜	412
小计		1544

第二步：按采购金额从大到小的顺序排列，计算出累计年使用金额与累计百分数。按照 ABC 分类标准，则 A 类食品原材料包括副食品、当日菜，主食、油为 B 类食品原材料，调味品属 C 类食品原材料。制成统计表，见表 8-4。

表 8-4　采购原料统计表

序号	食品原材料	年度累计使用金额（万元）	占年度使用金额百分比（%）	累计采购金额（万元）	累计百分比（%）	类别
1	副食品	726	47.02	726	47.02	A
2	当日菜	412	26.68	1138	73.70	A
3	主食	213	13.80	1351	87.50	B
4	油	110	7.12	1461	94.62	B
5	调味品	83	5.38	1544	100	C
小计		1544	100			

第三步：此 ABC 分析方法可将 A、B、C 类原料分别归类，见表 8-5。

表 8-5　ABC 类统计表

分类	食品原材料	每类食品原材料的使用金额（万元）	金额的百分数（%）	累计采购金额（%）	累计百分比（%）
A 类	副食品、当日菜	1138	73.70	1138	73.70
B 类	主食、油	323	20.92	1461	94.62
C 类	调味品	83	5.38	1544	100
总计		1544	100		

从表 3 我们可以看出，A 类食品原材料的采购成本占食品原材料成本的 73.70%，对这类项目控制的好坏，直接影响到餐饮总成本的高低。因此，餐饮企业对属于 A 类的食品原材料要经常查点，预测需求，并确定好订货点。C 类食品原材料采购金额只占餐饮食品原材料采购总成本的 5.38%，对于这类食品原材料，由于种类多、价格低，没有必要在这上面花费过多的时间和精力。

（资料来源：陈智鹏. 餐饮服务与管理[M]. 北京：经济科学出版社，2008：217~218.）

案例评析：

通过上述分类、分析，该高校餐饮采购部门可以将食品原材料年采购价值大、对企业利润影响程度高、供给风险大的食品原材料采购决定权交给主管采购的公司副总经理，将对企业利润影响程度低、供给风险高的食品原材料采购的决定权交给采购部经理主管处理，将对企业利润影响程度低、供给风险低的食品原材料采购的决定权交给采购人员办理。

通过运用 ABC 分析法再对每一类食品原材料按品种、采购金额所占比重分析，采购部门在每一类食品原材料采购过程中，重点关注比重大的品种，便于工作安排、管理。实践证明，对少量品种的食品原材料的采供成本控制，对企业利润能起到关键性的作用。

资料链接

【资料链接 8-1】

Service（服务）新解

从宾客角度出发（客人想追求的东西，或者想要得到的享受），Service 可以解释为 Safe（安全）、Ease（舒适）、Recreative（娱乐、休闲）、Value（价值）、Impartial（公平、平等）、Characterful（特色）、Esteem（尊重）。

从酒店角度出发（酒店为了实现综合效益的最大化，必须从客人的需求出发，完善酒店的服务功能），Service 有如下含义：Sanitary（卫生）、Economy（节约）、Rapid（快捷）、Veracity（诚实）、Impassioned（热情）、Canvass（招徕）、Excelsior（精品）。

（资料来源：张翠菊. 餐饮服务与管理[M]. 北京：化学工业出版社，2007：97.）

【资料链接 8-2】

酒店仪容仪表要求

1. 仪容仪表

餐饮服务员必须穿戴整洁、举止优雅、微笑待客。服务员仪容仪表总体要求：容貌端正，举止大方；端庄稳重，不卑不亢；态度和蔼，待人诚恳；服饰庄重，整洁挺括；打扮得体，淡妆素抹；训练有素，言行恰当。

2. 容貌

表情明朗、面带微笑、亲切和善、端庄大方。

（1）头发梳理整洁，前不遮眉，后不过领。男服务员不得留鬓角、胡须；女服务员如留长发,应用统一样式发卡把头发盘起,不擦浓味发油,发型美观大方。

(2)按酒店要求,上班不佩戴项链、手镯、戒指、耳环等贵重饰物。

(3)不留长指甲,不涂指甲油、不浓妆艳抹,要淡妆上岗。

(4)男服务员坚持每天刮胡子。

3.着装

(1)着规定工装,洗涤干净,熨烫平整,纽扣要齐全扣好,不得卷起袖子。

(2)领带、领花系戴端正;佩戴工号牌(戴在左胸前)。

(3)鞋袜整齐,穿酒店指定鞋,袜口不宜短于裤、裙脚(穿裙子时,要穿肉色丝袜)。

4.个人卫生

(1)做到"四勤",即勤洗手、洗澡;勤理发、修面;勤洗衣服;勤修剪指甲。

(2)班前不吃生葱、生蒜等有异味的食品。

5.服务员每日上班前要检查自己的仪容仪表

不要在餐厅有客人的地方照镜子、化妆和梳头,整理仪表要到指定的工作间。

6.站立服务

站立要自然大方,位置适当,姿势端正,双目平视,面带笑容,女服务员两手交叉放在脐下,右手放在左手上,以保持随时可以提供服务的姿态。男服务员站立时,双脚与肩同宽,左手握右手背在腰部以下。不准双手叉在腰间、抱在胸前,站立时不背靠旁倚或前扶他物。

7.行走自然

步子要轻而稳,步幅不能过大,要潇洒自然、舒展大方,眼睛要平视前方或宾客。不能与客人抢道穿行,因工作需要必须超越客人时,要礼貌致歉,遇到宾客要点头致意,并说"您早""您好"等礼貌用语。在酒店内行走,一般走在右侧(不走中间),行走时尽可能保持直线前进。遇有急事,可加快步伐,但不可慌张奔跑。

8.手势规范

要做到正规、得体、适度、手掌向上。使用请姿时一定要按规范要求,五指自然并拢,将手臂伸出,掌心向上。不同的请姿用不同的方式,如"请进餐厅时"用曲臂式,"指点方向时"用直臂式。在服务中表示"请"用横摆式,"请客人入座"用斜式。

9.服务员应做到"三轻"

即说话轻、走路轻、操作轻:递茶、上菜、撤菜、上饭时要轻拿轻放,动作要有条不紊;开、关门不要用力过猛,要始终保持餐厅安静。

10.服务员要举止得体

在宾客面前不可交头接耳、指手画脚,也不可有抓头、搔痒、挖耳朵等一些小动作,要举止得体。

11. 服务员为客服务时应做到"五要""五不要"

一要面带微笑,和颜悦色,给人以亲切感;不要面孔冷漠,表情呆板。二要周到体贴,给人以受尊重感;不要漫不经心,给客人以不受重视感。三要坦诚待客,不卑不亢,给人以真诚感;不要诚惶诚恐,唯唯诺诺,给人以虚伪感。四要沉着稳重,给人以镇定感;不要慌手慌脚,给客人以毛躁感。五要神色坦然,轻松自信,给人以宽慰感;不要双眉紧锁,满面愁云,给客人以负重感。

12. 递交物品有礼

应站立,双手递交,态度谦逊,不得随便将物品扔给或推给客人。

(资料来源:http://www.canyin168.com/glyy/yg/ygpx/fwly/201004/20808.html)

【资料链接 8-3】

微笑训练

对于一个酒店的员工来说,微笑是一种最美妙的语言,它好像有一种磁力,一种电波,能够加强人与人之间心灵的对话,促进人与人之间情感的交流。宾客光临,微笑是欢迎曲;初次见面,微笑是问候语;客人过节,微笑是祝贺歌;出了差错,微笑是道歉话;客人离开,微笑是告别词。

微微一笑,时间只需几秒,但给人们留下的记忆却不易逝去。有些时候和场合,不能用行动,也不能用语言,只能用微笑才能解决问题。微笑,似沙漠中的绿叶,给人们带来露珠甘泉。愿员工们都学会微笑,它是无声的祝福,是温馨的千言万语。

我们可以用微笑的训练方案来训练自己的微笑:

训练目标:习惯性地展现富有内涵的、善意的、真诚的、自信的微笑。

训练口号:笑吧,尽情地笑吧!笑对自己,笑对他人,笑对生活,笑对一切!

具体的训练方法有以下几种:

(1)他人诱导法:同桌、同学之间互相通过一些有趣的笑料、动作引发对方发笑。

(2)情绪回忆法:通过回忆自己曾经的往事,幻想自己将要经历的美事引发微笑。

(3)口型对照法:通过一些相似的发音口型,找到适合自己的最美的微笑状态。如"一"、"茄子"、"呵"、"哈"、"钱"、"肥"等。

(4)习惯性微笑:强迫自己忘却烦恼、忧虑,假装微笑。时间久了,次数多了,就会改变心灵的状态,发出自然的微笑。

(5)露齿法:笑不露齿是微笑;露上排牙齿是轻笑;露上下八颗牙齿是中笑;牙齿张开看到舌头是大笑。

职业的微笑是露出 6~8 颗牙齿,礼仪接待要求工作人员持有职业的微笑。

训练忌讳:不要笑过了头,过头嘴会咧得太大,给人一种傻乎乎的感觉;不要出现皮笑肉不笑的现象,克服这种现象的最有效办法就是态度要真诚。

(资料来源:易红燕,李萍娥.餐饮服务与管理[M].天津:天津大学出版社,2011:211~212.)

【资料链接 8-4】

从顾客心理谈处理投诉的艺术

当顾客期望和餐厅实际提供的产品、服务出现偏差时,如果顾客不能理解并接受这种偏差,顾客就会不满意而进行投诉。投诉的种类很多,涉及面也很广。从顾客心理来看投诉,可以将投诉分为三类,一是挑剔型顾客的意见投诉,二是谈判型顾客的索赔投诉,三是宣泄型顾客的抱怨投诉。如果我们能够了解顾客的心理,能够关注顾客的心理需求,投诉的处理就会变得容易一些,轻松一些。

挑剔型的顾客经常到餐厅消费,他们会比较各个餐厅,也会比较同一家餐厅的现状和过去,所以他们很容易以挑剔的眼光看待餐厅的现状。这类顾客事实上非常关心餐厅,希望餐厅能够认识到存在的问题并予以改进。这类顾客在投诉后还会再来餐厅,来看看餐厅是否有了改进。如果餐厅能够重视挑剔型投诉并积极改进存在的问题,这类顾客将会成为餐厅的忠实顾客和朋友,会为餐厅带来稳定的客源和收入。

谈判型的顾客非常理智,会列举种种事实和理由证明自己的合法权益受到了损害,要求餐厅进行赔偿。处理这类投诉,合理的赔偿制度就非常重要了。例如,当班主管有多大权限,值班经理有多大权限,索赔金额超过多少的投诉由总经理处理,处理索赔的时限是以分钟、小时还是天数来计等。餐厅不要试图对这类投诉采用拖延战略,不要假想可以大事化小、小事化无。如果效率低下,拖延时间长,餐厅即使最终按照顾客的要求进行了赔偿,也无法让顾客满意,因为时间是有价值的,效率代表了重视程度。

宣泄型的顾客在餐厅遇到不公正待遇时,会进行抱怨式的投诉。这时顾客需要的是有人能够耐心地倾听他们的抱怨和不满,希望可以获得同情和理解。解决这类抱怨式的投诉需要有耐心、爱心、细心,能够给予顾客关心,有时仅仅是一两句安慰就可以化解顾客所有的不满。

处理顾客投诉是一种非正常状态的信息沟通,是餐厅营销的一个重要部分。

留住老顾客和吸引新顾客相比来说,成本要低一些、难度更小一些。在当前竞争对手不断增加、客源却没有明显扩大趋势的情况下,有效地处理好顾客投诉,留住老顾客的意义不言自明。

(资料来源:何丽萍.餐饮服务与管理[M].北京:北京理工大学出版社,2010:202.)

【资料链接8-5】

服务人员的素质要求

1. 服务人员应掌握的知识要求

良好的文化素养和广博的社会知识,不仅是做好服务工作的需要,而且有利于服务人员形成高雅的气质、培养广泛的兴趣和坚忍不拔的意志。

(1)菜肴知识。熟悉中西菜肴的特点和质量标准,掌握餐厅提供菜肴的价格、制作时间和服务要求等。

(2)烹饪知识。了解中、西餐的基本烹饪方法、步骤和制作过程,善于鉴别菜肴的品种和口味,熟悉现代厨房设备的性能。

(3)酒水知识。熟悉中外各种名酒的产地、价格、制作原理、风味特点和服务要求。

(4)食品营养卫生知识。懂得食品营养的搭配组合,掌握食物中毒的预防与食品卫生知识。

(5)服务心理学知识。能够运用心理学知识,通过观察了解消费者的心理需求采取个性化服务,尽量让每个消费者都满意。

除此之外,还包括一些电器设备使用与维护保养常识、文史知识、美学知识、音乐欣赏知识、民俗与饮食习惯知识、外语知识、计算机知识、社会科学知识等。

2. 餐饮服务人员应具备的职业态度

(1)热爱本职工作,有意识地培养对专业的兴趣。

(2)不断学习并善于学习。

(3)将餐厅的利益和消费者的权益放在第一位,主动规范地提供尽善尽美的服务。

(4)能够自律,有良好的组织纪律性。

(5)有团队合作精神,为达到集体共同的目标,最大限度地发挥自己的作用。

(6)有责任心,不需监督,能独立完成工作,为人可靠。

(7)有自信心,勇于面对挑战。

(8)服从并理解领导意图。

(9)能正确理解形势和同事,顾全大局。

(10)有配角意识,客人永远是对的。

3.餐饮服务人员应掌握的业务技能

(1)熟练掌握托盘、餐巾折花、中西摆台、酒水服务、菜肴服务等基本技能。

(2)能规范化、标准化和程序化地提供中、西餐服务。

(3)反应灵活,适应能力强,能熟练地运用既定的原则和程序处理突发事件。

(4)具备良好的语言表达能力和与人交往能力。

4.餐饮服务人员应养成的职业习惯

习惯,是人们日积月累形成的行为趋向,一旦形成就很难改变。从业人员应将行业的要求作为习惯来培养。

(1)从语言、行为、仪容和表情4个方面培养自己表现礼貌的习惯。

(2)守时的习惯。

(3)保持个人清洁卫生的习惯。

(4)为他人服务的习惯。

(5)吃苦耐劳的习惯。

5.餐饮服务人员良好的身体素质

餐饮人员必须每年经过一次卫生防疫部门的体检,体检合格证当年有效。

(资料来源:马开良.餐饮服务与经营管理[M].北京:旅游教育出版社,2010:184~186.)

参考文献

1. 何丽萍.餐饮服务与管理[M].北京:北京理工大学出版社,2010.
2. 王志民,吉根宝.餐饮服务与管理[M].南京:东南大学出版社,2007.
3. 张翠菊.餐饮服务与管理.北京:化学工业出版社,2007.
4. 周志宏,陈江.餐饮服务与管理.长沙:中南大学出版社,2006.
5. 周志宏,陈晓磐.酒店餐饮服务与管理.长沙:湖南大学出版社,2010.
6. 马开良.餐饮服务与经营管理.北京:旅游教育出版社,2010.
7. 易红燕,李萍娥.餐饮服务与管理.天津:天津大学出版社,2011.
8. 赵庆梅.餐饮服务与管理.上海:复旦大学出版社,2011.

第九章 电脑化信息管理与餐饮管理

席卷全球的信息化大潮把信息管理推到了时代发展的前沿,信息管理系统的开发已经成为全社会注视的热点。在计算机信息管理领域激烈竞争的时代,谁掌握的知识多,信息量大,信息处理速度快,批量大,谁的效率就高,谁就能够在各种竞争中立于不败之地。随着科学技术的不断提高,计算机科学日渐成熟,其强大的功能已为人们深刻认识,它已进入人类社会的各个领域并发挥着越来越重要的作用,越来越多的管理人员意识到信息管理的重要性。

第一节 电脑化管理信息系统与餐饮管理

一、电脑化管理信息系统

管理信息系统(Management Information System,简称 MIS)是一个以人为主导,利用计算机硬件、软件、网络通信设备以及其他办公设备,进行信息的收集、传输、加工、储存、更新和维护,以企业战略竞优、提高效益和效率为目的,支持企业的高层决策、中层控制、基层运作的集成化的人机系统。

二、餐饮企业运用电脑化信息管理系统的必要性

近年来,随着人民的生活水平的不断提高,餐饮业的消费持续增长,竞争越来越激烈。然而,传统餐饮企业的日常运作还是靠人工管理,从原材料入库到客人点单,再到结账基本上由人工完成记录,这样做不仅耗费人力资源而且容易导致记录丢失或重复等错误,造成管理水平低下。作为传统的餐饮企业更是存在这些问题,进货,库存有人工管理,客人点单需服务员记录并送至厨房,客人结账由手工记录,人力耗费大,客人等待时间长,管理效率低下,而使用计算机对餐饮企业信息进行管理,具有手工管理所无法比拟的优点,例如:检索迅速、查找方便、可靠性高、存储量大、保密性好、寿命长、成本低等。这些优点能够极大地提高信息管理的效率,也是企业的科学化、正规化管理与世界接轨的重要条件。

三、餐饮企业电脑化信息系统应用

(一)餐饮企业电脑化信息系统概述

(1)概念:是餐饮企业利用信息系统管理数据的及时性、准确性、完整性、有效性等特点开发出来用以实现企业控制所有与餐饮有关的制作与销售管理的信息系统。它主要涉及餐饮企业内部顾客的账单及现金管制、生产线(厨房)与服务线(餐厅)之间的联络、经营或管理的监控等方面的信息管理内容。

(2)特点:①系统要求稳定。餐饮业经营的特殊性要求系统有高的稳定性和快捷性,冗量要求比很多行业更苛刻。②软件的客户数量多且覆盖广。一般来说,餐饮信息管理系统功能的丰富性与用户数量之间存在正相关,一个成熟的餐饮信息管理系统一定是能满足各类餐饮企业众多用户要求的系统。③功能丰富。成熟的餐饮信息管理系统由于用户数量达到了一定的水平,尤其是高质量、高要求的用户越多,他们对软件提出各种各样的要求也越多,在软件中就能积淀一定的管理流程和管理思想,对后来的使用者产生更大的价值。④具有良好的扩展性及灵活性。这一特点要求系统应用不过时,必须具备较好的成长性和日后升级服务的能力。管理系统的可扩展性,不但可以满足企业不断发展的需求,而且还将为企业节省大量开发费用的支出。

(二)餐饮企业电脑化信息系统的功能及作用

(1)从管理的角度来看,使用电脑化信息系统可取得营收统计、销售额分析、存货使用情况、劳务成本、服务人员的生产力、可能获致的利润等方面的精确报告。此外,服务生将其所经手的销售数据输入系统后,所有的账款会以不同的方式表现出来,相关管理部门可以获得详细的分类与严格的分析报告。利用计算机联机统计出来的消费额,确认收入金额,非常简便,同时,还能减少人为的数字错误,提升顾客账单的控制,这是餐饮经营或管理最可靠,也是最有效的监控手段。

(2)从消费者角度来看,使用电脑化信息系统可以获得亲切、适时、正确的服务。

(3)从服务人员的角度来看,使用电脑化信息系统可以减少顾客抱怨、让工作变得更愉快、有较高的待遇。服务人员因此能乐在工作,并确定以服务业为自己的终身事业。

(4)从厨师的角度来看,使用电脑化信息系统,厨房可以迅速获得所有客人的点餐资料,因此能顺畅的执行餐点的准备工作,提高工作效率,降低成本。

(三)电脑化信息管理系统在餐饮企业的应用状况

目前,大多数国内中小型餐饮企业的信息化应用的总体水平还比较低,企业电脑化信息管理系统建设主要集中在内部局域网、邮件系统和外部网站的建设等方面，少数应用较好的企业则集中体现在企业局部的业务和管理环节的应用上，如财务、HR、销售、客户管理、进销存等方面。可以说，绝大多数餐饮企业目前的信息化整体水平还不足以全面支撑起企业管理提升的目标。

1. 当前主要使用的软件系统

餐饮企业当前使用的软件系统主要是那些能确保企业正常有序运转的基础系统，如点餐收银系统、成本核算、采购系统和财务系统等，这些软件是当前餐饮企业运用最广泛的软件系统。从企业经营风险的角度考虑，对于信息化了解不多、认识不深入或者财力有限的餐饮企业而言，从企业内部最紧迫及最需要规范管理的部门入手推进信息化建设不失为一条稳妥保险的捷径，因此前台营业、后台厨房管理和原料采购等环节自然成为餐饮企业信息化推进的第一步。

相对而言，全国客服系统、网上电子商务系统和仓储配送物流系统目前在餐饮企业的运用率较低，其主要原因在于这三类系统对企业经营规模、企业经营实力和企业经营业态范围要求比较高，就目前餐饮企业的发展现状和对信息化的认识来看，这三类系统运用程度较低也在情理之中。

值得注意的是，有很多企业开始重视企业办公自动化系统（OA系统）、人力资源及培训系统和客户关系管理系统的运用。这表明许多企业逐渐意识到餐饮信息化管理不仅体现在物、财的管理，而且涵盖了对人（包括内部员工和客户）的管理。这从一个侧面反映出餐饮企业管理已经从单纯的利润优先过渡到企业长远发展规划和人性化发展方面。而且从根本上来看，只有实现人、财、物的全面信息化管理，才能称得上是完善而有效的信息化管理。

2. 应用软件系统的未来开发和使用的重点

对餐饮企业来说，还有很多重要的环节和部门亟须应用相应的软件系统实现电脑化信息管理，提高餐饮生产、经营和管理的效率。如，厨房和菜品控制、客户关系管理、仓储物流配送等方面的信息化系统是餐饮企业今后要关注的重点和运用推广的核心。菜品和服务是餐饮企业的经营之本，因此厨房和菜品控制、客户关系管理是餐饮企业信息化发展进程中当前乃至未来关注的焦点，这也是餐饮企业走连锁经营、品牌化、集团化发展道路所必备的条件。另外，随着企业经营规模扩大和经营区域的扩张，仓储物流配送系统成为制约企业管理效率提升和运营成本控制的关键因素。

3. 软件系统的采购方式

餐饮企业的软件系统采购，基本上以采购大众化软件为主，在采购大众软件的同时有相当一部分企业也根据企业实际运作流程和管理程序提出了一些企业个性化需求，进行了部分定制化修改，但这种定制化修改并没有触及软件的运行核心，而企业根据自身情况专业定制系统软件的就更少了。

信息化管理系统的选择不是孤立的，企业需要从产品选择、资源配置、制度建立、执行监督等多方面扎实工作。必须要注意的是，在采用电脑化信息管理系统时，首先应考虑到软件的重要性，尤其是系统作业人员的训练，否则，即便有了硬件设施，也不一定能够获得预期的效益，更不可能将餐饮成本信息化管理工作引向深入并最终取得成功。

第二节 电脑化信息管理系统在餐饮企业的具体应用

一、电脑化订席或订位作业处理

(一)电脑化订席或订位系统介绍

依托计算机及网络技术开发出来集电话预订、餐位管理、广告营销功能于一身的餐饮管理智能系统。电脑化订席或订位系统的应用会给餐厅带来的巨大的改变，如提高客户满意度、降低营运成本、优化客户体验、扩大竞争优势等。

(二)电脑化订席或订位系统的功能

(1)预订、管理与控制各种复杂的会议、宴会工作，如预约、安排、账单的处理。

(2)协助宴会部门进行有效管理。

(3)接收及储存会议及宴席预订的数据。

(4)追踪视听设备及其他设备的需求，系统需有设备需求的追踪功能，系统由记录每一个预约的设备需求，来判定及掌控何时会发生设备的短缺的情形，并控制设备的使用。当额外的设备有需要时，可以事先准备。

(5)协调其他部门为宴会提供服务。

(6)简化顾客账单处理的程序。

(7)订席菜单可以立刻转成采购建议量表，实时确认成本，避免采买弊端。

(8)客户关系管理，配合节庆深耕既有客户群，维持客户忠诚度与主动式的营销。

(9)各类分析报表齐全，有效分析营业数据与客户消费数据。

(三)电脑化订席或订位系统作业处理特点及要求

(1)由于系统对餐厅基本信息、餐位相关信息有基本设置，图形式餐位一目了然，订位操作可视化，且系统能自动更新餐位状态，因此客户能快速找到合适的餐位。

(2)由于系统的操作界面一般都简单明了，预订人员能快速掌握预订流程，可以缩短教育培训时间。数据自动撷转，减少输入时间与错误率。

（3）系统以不同颜色代表不同的预约模式，可多单位与多工作站订位实时同步，有效预先掌控订席全盘状况。如系统会自动增加适当的先置时间及清理时间以确保两个预约之间有足够的时间来做相关的准备工作；每一笔预约系统都有记录备注文件，可避免作业上的疏忽，如将500人放在只能容纳300人的房间的错误等。

（4）系统可简化定期预约的管理，同时简化账单的处理过程。

（5）调度合适的人力与物力准备。

（6）可视化的菜式管理，顾客可以立刻了解菜式成品的模样与烹煮方式、食材内容，减少认知差异造成的客户纠纷。

二、电脑化信息管理系统与餐厅服务作业

餐厅服务作业中，传统的记菜、开单方式，延误了后厨不少时间，客人等待时间长，且容易出错，影响上菜速度以及客户享受服务的感受，同时，餐饮管理人员也无法及时为消费者提供周到的服务。如今，沿袭千年的靠一支笔、一张纸、"店小二"来回跑的餐厅服务方式，正逐渐被先进的餐饮管理系统特别是无线餐饮通信所取代。

（一）餐饮点菜系统

是针对餐饮行业的点菜而开发的系统。餐饮点菜系统一般集点菜、结账、查询、统计、设置等各种功能为一体，能为餐饮企业提供迅速、高效的服务，减免手工处理的繁琐与误差，及时、准确地反映酒店的工作情况、经营情况，从而提高酒店的服务质量，获得更好的经济效益。

（二）餐饮点菜系统的特点及点菜服务

1. 特点

（1）餐饮点菜系统的使用可以减少点菜、开单时服务员人为的数字错误；

（2）缩短点菜、下单、买单的时间，并最大限度地降低了点菜、下单、买单过程中的差错率，提高餐厅用餐效率，增加了客人对酒店的满意程度；

（3）提升对顾客账单的控制，减轻收银台计算的工作量，在加快结账速度的同时使收银结账的误差错误基本降低为零；

（4）可以增加平均顾客账单消费额；

（5）可以快速反应餐饮消费及经营的趋势；

（6）简化了后厨及传菜间的业务流程，在提高后厨工作效率的同时减少因人为因素出现的不必要损耗，可以减少人工成本。

收银台在收到服务员所输入的菜单的同时，系统将自动计算该台号的消费合计，结账时收银员只需输入台号即可从电脑中调出该台号所有的消费明细和合计

金额,可以减少延迟收费。

2. 点菜服务——无线点菜系统的使用

通过具有无线功能的智能化点菜机,服务员可以随时随地为顾客点菜、加菜,并即时把数据传到后台和分布在厨房与前台的打印机上,打印机立刻打印所点的菜单,而且所有的操作数据都储存在后台的数据库中,以备查询,其功能几乎覆盖了酒店店堂服务的每一个环节。此外,随着点菜系统及平板电脑的广泛使用,很多高档餐厅还为客人准备有 iPad 电子菜谱,客人可以自己动手在电子菜谱上点菜,点菜确认后菜单即可传递给后厨、财务等酒店管理系统,后厨接单后立刻备菜、烹制,财务同时记下菜价。在整个过程中,消费者可以随时查阅每道菜的即时状态。iPad 点餐系统可随时增加修改菜品,综合应用成本远低于传统菜谱,对精力、资源是极大的节约。

(三)收银

在信息化管理系统中,顾客进入酒店餐饮结账界面的结账通道就可以实现结账,在该界面,通过输入结账的桌号,可以显示出顾客的点菜记录及计算出的消费总额,使结账变得更为清晰、透明、方便、简洁。

三、电脑化信息管理与餐厅的营收

(1)电脑化信息管理系统的使用实现了餐厅内部顾客点餐、员工下单、收银结账的初步电脑化管理,使企业的现金流管理变得更为科学、简便。

(2)电脑化信息管理系统针对餐厅所需原材料的供应商采购、库存管理、半成品加工、成品销售等环节中有关原材料利用率以及成本控制的电脑化管理让餐饮企业的物流管理变得更为顺畅,提高了餐饮企业的营收。

(3)电脑系统能够按用户需求自动汇总生成销售报表、财务营收报表,并能提供整体企业经营数据的智能发掘和分析决策,为企业管理决策者提供真实、有效的数据支持,科学有效的企业的信息流管理为餐厅营收创造了条件。

☞ **教学实践**

1. 微机模拟操作使用餐饮企业订席订位、无线点菜、收银等系统。
2. 实地参观餐饮企业,交流并获取相关使用信息管理系统的经验。

☞ **经典案例**

迪欧咖啡是迪欧餐饮集团旗下知名餐饮连锁品牌之一,是中国复合式休闲餐饮咖啡类的领先者。迪欧咖啡始终秉承优雅欧亚气息和"诚信、尊重、关怀"的核心价值观,成为咖啡行业的品质典范并得到广泛的认同和赞誉。迪欧咖啡品牌分别荣获了中国十大优秀特许品牌、新加坡FLA"国际特许经营奖"等国际国内权威奖项。凭借成熟的管理模式,强有力的后勤支持,迪欧咖啡连续被评为"2004中国最适合投资的百强连锁品牌"、2004年度"加盟商最满意总部"、2005中国"100最佳特许经营品牌";于2005年、2006年连续获得中国连锁经营协会(CCFA)赋予的"最具影响力特许品牌"称号;2005~2007年三年蝉联由上海连锁经营协会颁发的"最具影响力特许品牌"桂冠;连续三年获选中国烹饪协会评比的"中国餐饮百强"。

目前,迪欧咖啡在全国已开设了400余家门店,遍布中国二十多个省份、自治区和直辖市中的百余城市,拥有一支强大的加盟商团队的支持,三大分公司雄踞南北、互相策应。在集团化发展的新形势下,迪欧亟须专业的餐饮连锁企业信息管理系统,助力其在蓬勃发展的中国餐饮市场中发挥品牌优势和集团优势。

2009年7月24日,迪欧餐饮管理有限公司正式签约天子星,迪欧咖啡将启用天子星大型餐饮连锁企业信息管理系统,该系统是国内第一个基于RIF架构的餐饮管理系统。RIF(Retail Integration Framework,零售集成架构)平台是天子星基于IBM RIF架构开发的大型餐饮连锁企业信息管理系统,是继IBM SIF平台后的一次全新升级。

天子星对迪欧的信息化建设总共分为三期建设。

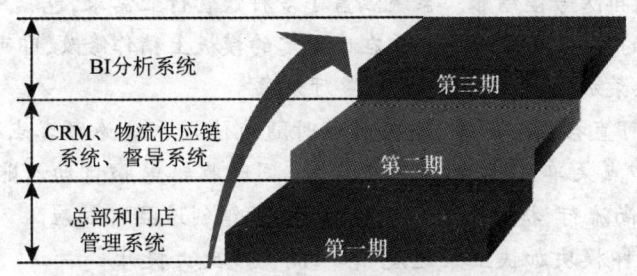

图9-1 分期建设的迪欧信息化系统

信息化建设有助于迪欧实现规范化和优化管理,提升战略决策管理水平,发挥信息管理系统科学、高效的特性,杜绝管理上的漏洞,提高效率,降低成本,加强总部和门店之间的实时互动,以精益、高效的管理参与市场竞争;实现统一的会员管理,集团化的会员模式;优化采购流程,实现公司配货;绩效考核更加科学、公平、高效;为高层管理者决策提供准确实时的数据、报表支持。

迪欧通过上述的信息化建设将助力自身品牌建设,携向连锁先锋品牌迈进。
(资料来源:http://www.tzx.com.cn/articleShowAction?id=157)

资料链接

帮助餐厅获取更多回头客的 Leesun 餐饮管理系统

1. 产品介绍

电脑系统是具有一定规模的餐饮单位应具备的基本设备,而使用电脑系统管理餐厅的营运流程,尤其是在酒店附设的餐厅使用全自动化的餐饮管理系统,亦是十分必要,更是大势所趋。使用 Leesun 餐饮管理系统,使餐厅的服务从客户订位、咨客带位、点菜、下单至厨房、更改菜式直至客户结账,全部走自动化流程,从而将人为的漏单、点错菜、结错账等使客户产生不良印象、影响餐厅形象的错漏事件完全排除。这样,餐厅的经营流程变得更为顺畅,客户满意度也大大增加,自然就会有更多的回头客了。

(1) 卓越的系统功能

Leesun 餐饮管理系统集餐饮营销、下单结账、成本控制、销售分析、人员管理和客户档案于一身,与后台总账、物资、应收系统和酒店前台系统无缝连接,数据共享。组合化的功能设计,为客户提供了灵活的组合选择方式,以满足客户的不同需求。系统与众多成熟的硬件如一卡通、储值卡等设备紧密结合。客户可按业务需要选择触摸屏或用 PDA 点菜。厨房打印系统采用多线程处理方式,支持遇忙、遇故障转移,轻松应付数十台打印机。自动生成排队结账,结账时单键即可完成收银操作,即使在最繁忙的时间也不用排队等候结账。系统涵盖了多种饮食行业需求,包括中西餐、东南亚餐饮、美食城等的各种业态,客户只需在已选定的模板上稍作修改,即可轻松应用。

(2) PDA 点菜加快对客服务,提升餐厅形象

配备 PDA 可直接面对顾客,服务员随时随地使用系统为顾客点菜、加菜,前台打印机立即打印点菜单,厨房打印出制菜单,同时收银电脑自动入账,大大加快对客服务;系统时尚流行,提升餐厅品位,为企业营销创造品牌效应。

(3) 厨房打印模块加快上菜速度,客人满意度大大提升

厨房打印系统采用多线程处理方式,支持遇忙、遇故障转移,轻松应付数十台打印机。即使在就餐繁忙时段亦能令工作安排得井井有条。

(4) 餐饮成本管理帮助有效堵住成本漏洞

系统将各部门数据联系起来,从采购→验收→储存→发料→加工切配→烹调→销售各个环节进行控制。从采购环节的原料开始到餐饮后厨的净料,再制成菜肴,数据无缝流动,方便对上述任何环节进行差异化分析。

(5) 宴会预订系统为用户提供灵活、快捷、直观一体的预订

宴会预订系统采用一张宴会预订单综合处理厅房预订、宴会订菜、场地布置、特殊要求、用车安排、其他资源等预订要求,灵活地按照时间段预订资源、按餐厅营业市别预订餐台。

2. 功能说明

本软件根据餐饮实际需要情况制作,能有效地提高内部管理水平、改善服务质量;能满足中小型饭店、酒楼的功能要求,操作上简洁方便、界面直观生动。

Leesun 餐饮管理系统模块说明如下:

(1)前台管理:点菜收银,接待预定,补打账单,吧厨出品,交接班,财务上缴,暂时离开。

(2)团队接洽:团队预定,团队接待,团队查询。

(3)基础数据:酒菜设置,特价促销,酒菜折扣,酒菜组成,房台设置,消费方式,员工资料,其他资料。

(4)辅助管理:会员资料,会员消费,挂账管理,挂账交款,账务处理,冲账。

(5)库存管理:单据管理,往来单位,库存账务,库存盘点,库存期初数据录入,当前库存,供应商供货明细,商品进货统计。

(6)查询分析:账单查询,点单查询,交接班记录,财务上缴记录,点单分析,销售分析,员工业绩。

(7)报表:营业明细表,月营业报表,年营业报表,酒菜销售明细表,酒菜销售汇总表,酒菜预定统计表,酒菜月销售统计表,酒菜年销售统计表,宾客消费统计。

(8)系统管理:系统设置,数据初始化,数据备份,数据恢复,操作员管理,更改密码,权限管理,重新登录。

(资料来源:Leesun 海南一商科技有限公司.)

 参考文献

1. 谢明成. 最新餐饮经营管理实务. 沈阳:辽宁科学技术出版社,2000.
2. 仲秋雁. 管理信息系统. 北京:清华大学出版社,2010.
3. 詹益政. 酒店餐饮经营实务. 广州:广州南方日报出版社,2002.
4. 百度文库. 餐饮企业信息化需求及发展对策. 2010-10-03.
5. 腾讯论坛. 信息化管理系统在餐饮业的主要意义. 2009-01-08. 15:56:22.
6. 相关网站资料:

   百度百科:http://baike.baidu.com/view/2670.htm

   中国烹饪协会网 http://www.ccas.com.cn/

   中国职业餐饮网 http://www.canyin168.com/

   http://www.ehpos.com/html/Fangan/20091126102746.html

第十章 餐饮企业的连锁经营

连锁经营是近代世界经济发展和商业竞争的产物。它的产生与发展同现代大工业、大生产对商品流通领域的要求直接相关,它改变了商业组织的形式,从"单体店"向"组合店"方向发展,从而成为"大流通"的最具代表性的商业经营体系。

对于我国餐饮业而言,其发展质量和内涵发生了重大变化,表现在:行业的经营领域和市场空间不断拓宽,经营档次和企业管理水平不断提高,经营业态日趋丰富,投资主体和消费需求多元化特点更加突出,网点数量和人员队伍继续扩大;餐饮市场更加繁荣,消费的个性化和特色化趋势更加明显,追求健康营养和连锁规模发展成为主题;集团化、品牌化、产业化和国际化的发展步伐加快,餐饮企业连锁经营的进程不断推进。

目前,连锁餐饮企业群体已经成为中国餐饮业最具活力的部分,在 2009 年中国餐饮百强企业中,就有 89 家采用连锁经营方式,营业额占百名企业营业额的 92.7%。在各地餐饮市场上,扮演举足轻重角色的基本上都是连锁餐饮企业。

第一节 餐饮企业连锁经营概述

一、餐饮连锁经营的定义

连锁经营是随着商品经济的不断发展而出现的,最早出现在美国。据考证,世界上第一家现代意义的连锁经营企业是 1859 年在纽约创办的太平洋与大西洋茶叶公司。连锁经营,是指若干个店铺在统一的总部管理下,运用统一进货、统一管理或授予特许权方式,实现规模效益的商业组织形态。联想电脑公司总经理杨元庆将其特点概括为 6 个统一:统一的形象、统一的布局、统一的产品销售、统一的价格、统一的服务和统一的管理。

餐饮连锁经营,指若干家餐饮企业在统一的总部管理下,采取统一进货、统一形象、统一布局、统一产品销售、统一价格、统一服务等形式,进而达到在市场竞争中获胜的目的。连锁经营是现代餐饮企业的一种经营模式。

二、餐饮连锁经营的类型

餐饮连锁经营分为三种类型,分别为正规连锁经营、自由连锁经营和特许连锁经营。

正规连锁经营,又叫直营连锁,是餐饮连锁经营的基本形式,具体是指处于同一流通阶段,经营同类餐饮,由同一总部餐饮企业集中管理,进行共同经营的零售餐饮企业集团。

自由餐饮连锁,也叫自愿餐饮连锁,其经营机制可概括为:分散在各地的数目众多的零售餐饮企业在维持着各自独立性的同时,保持着长期的连锁关系,在进货渠道、销售网络等方面实行资源共享,以实现规模经济效益。

特许餐饮连锁,又叫合同加盟餐饮连锁,是指由主导餐饮企业(特许人)把自己开发的餐饮品牌、服务和营业系统,以合同的形式授予加盟店(授许人)在规定区域内经营权利的餐饮连锁经营形式。加盟店一般应交纳一定的费用,承担一些规定的义务,其最大的特点是整个经营系统有一个主导企业,各个加盟店在法律上是独立的,对店铺的所有权也是完整的,合作双方以特许合同作为维系连锁关系的纽带。例如,肯德基、麦当劳等形式均采取特许连锁的形式进行经营。

三、餐饮连锁经营的优势

连锁经营的特点在于其经营管理上的标准化、专业化、简单化和规模化,在形式上表现为若干"统一"。餐饮连锁企业采用连锁经营具有以下优势:

首先,餐饮连锁经营具有较强的市场占有优势和新市场开拓能力。考虑到单个餐馆的营业面积、营业能力有限,其所能接纳的顾客数量受到限制,并且单店所能覆盖的消费者的商圈范围在客观上也是有限的,这就制约了单个餐馆的发展。但是,通过连锁经营方式,在不同地区的市场上建立起分店,可以帮助企业迅速开拓并占领市场,扩大餐饮店的商圈范围,并能增大营业额,增加利润,有利于企业的进一步发展。

其次,餐饮连锁经营能降低营运成本。规模化是连锁经营的一大特点,当餐饮企业采用连锁经营模式的时候,可以利用其规模化的优势,通过大批量的统一采购,统一经营,降低营运成本,获得规模效益,提高企业的整体竞争力。不管是国外的麦当劳、肯德基,还是国内的小肥羊、谭鱼头等,都是通过连锁经营降低了成本,提升了企业在餐饮市场上的竞争力。

最后,连锁经营能更好地发挥餐饮企业的整体竞争优势。餐饮企业在进行连锁经营的时候,必须对其各直营店和连锁分店进行统一的店名、店貌、服务、管理设计,以提供一致的商品和服务。而当连锁企业在市场竞争中得到消费者认可时,这种信誉就可以被各分店共享,更能帮助新店开拓市场。在与其他企业竞争时,连锁经营的餐饮店是以一个整体参与进来的,优势更明显。如在进行广告促销时,总部进行巨额广告费用投资,在电视、报纸等媒体上大打广告,但这些费用分摊到每个分店时,分店所要承担的就是较小的一笔费用了,但收益却是巨大的。

第二节 餐饮企业连锁经营影响因素

连锁经营是现代餐饮企业经营的重要模式与方向,如何将连锁经营运用好,需要切实考察相关的影响因素。

一、餐厅选址

对于餐饮企业而言,经营成功的关键在于选址要正确。根据商圈原则,可以知道餐饮店的选址最恰当的应位于商圈的轴心点。商圈是指餐饮店对顾客的吸引力所能达到的范围,即来店顾客所居住的地理范围。

餐饮连锁企业在营业地址选择时要符合商圈原则,必须考虑地理因素、社会因素、文化因素、经济因素和市场因素等,具体来讲包括以下内容:

(一)地区经济

饮食消费是在人们有足够的资金满足日常衣、食、住、行等基本需要之后的可自由支配资金的支付。一个地区人们的收入水平、物价水平都会影响到人们可供消费的金钱数量和他们必须支付的价格。一般情况下,当人们的收入增加时,人们愿意支付更高价值的产品和服务,尤其在餐饮消费的质量和档次上会有所提高。因此,餐厅连锁企业一般应选择在经济繁荣、经济发展速度较快的地区。

(二)区域规划

在确定餐厅连锁店之前,必须要向当地有关部门咨询潜在地点的区域建筑规划,了解和掌握哪些地区被分别规划分为商业区、文化区、旅游区、交通中心区、居民区、工业区等资料。因为区域规划往往会涉及建筑物的拆迁和重建,如果未经了解,盲目地选定餐饮连锁企业所建地点,在成本收回之前就遇到拆迁,会使企业蒙受巨大的经济损失,或者失去原有的地理优势。同时,掌握区域规划后便于我们根据不同的区域类型,确定不同的经营形式和经营规格等。

(三)文化环境

文化教育、民族习惯、宗教信仰、社会风尚、社会价值观念和文化氛围等因素构成了一个地区的社会文化环境。这些因素影响了人们的消费行为和消费方式,决定了人们收入的分配方向。一般而言,文化素质高的人,对餐饮消费的环境、档次的要求比文化素质低的人要高。文化环境将会影响连锁经营的规格和规模。

（四）消费时尚

一段时期的流行时尚,往往能在很大程度上影响消费者的消费方式。随着人们消费水平的提高、卫生观念的增强,人们在餐饮消费上越来越注意就餐的环境卫生,外表装修美观、舒适、洁净的连锁餐厅就越来越为人们所接受。

（五）竞争状况

一个地区餐饮行业的竞争状况可以分成两个不同的部分来考虑。一是直接竞争的评估,即提供同种经营项目,同样规格、档次的餐饮企业可能会导致的竞争,这对餐饮企业来说,是消极的。二是非直接竞争,包括不同的经营内容和品种,或同样品种、不同规格或档次的餐饮企业,这类竞争有时起互补作用,对餐饮企业是有利的。在选择连锁经营区域时,如果无任何一种形式的竞争,将具有垄断地位；如果有任何一种形式的竞争,都是值得连锁经营集团在投资前认真研究和考虑的。竞争既是一种威胁,又是一种潜在的有利条件,只要把竞争对手作为一面镜子认真分析其优势或劣势,就便于我们在竞争中掌握主动。

（六）地点特征

地点特征是指与餐饮经营活动相关的位置特征。如餐饮企业经营所在的区域,如政治中心、购物中心、商业中心、旅游中心以及饮食服务区的距离和方向。连锁餐厅所处的地点直接影响餐厅经营的项目和服务内容。

（七）交通状况

关于目标地点的街道交通状况信息可以从公路系统和当地政府机关获得。如果交通的数据最近还没有被统计出来,那么可以选取一天中最有意义的样本数据作为参考。交通状况的计算往往在中午、周末的晚上和星期天。交通状况往往意味着客源,获得本地区车辆流动的数据以及行人的分析资料,以保证餐厅建成以后,有充足的客源。

（八）经济成本

餐厅连锁经营的关键因素之一就是经济成本,在选择连锁餐厅时就应充分考虑所在地区影响未来经营的成本因素。

（1）土地价格或建筑物租金。地价或租金的费用逐渐上涨,而且餐饮企业在投资时,土地费用或建筑物租金所占的比重也是较大的。城市不同区域、不同街道、不同地段其地价或租金相差是很大的。因此在选址时,应选择地价或租金合理的,有较大潜在优势的位置。

（2）能源供应。能源主要是指水、电、天然气等经营必须具备的基本条件,基本标准是"三通一平"。在这些因素中,水的质量尤为重要,因为水质的好坏直接关系到烹调的效果。

（3）原材料的供应及价格水平。餐饮企业经营每天都必须大量采购鲜活的原材料，如果所在地区原材料供应不足，会影响餐饮企业的服务水平和声誉，如从外地空运会增加成本，影响企业经营。如果原材料有供应，那么货源是否充足，价格是否合理、稳定，都是在选择连锁经营的区域时需要考虑的因素。

（4）劳动力供应状况及工资成本高低。餐饮企业需要使用许多掌握高技术的人员，如厨师或具有一定技能的服务人员等。潜在市场上是否具有企业所需要的人员及其工资标准对连锁餐厅尤为重要，这关系到整个连锁集团的服务水平和声誉，以及向其他地区的拓展问题。

（5）旅游资源。这一因素主要影响着过往行人的多少、旅客的种类等，因此对旅游点资源一定要仔细分析，综合其特点，选择适当的位置和餐厅的种类。

二、品牌塑造

成功的品牌是连锁餐饮企业参与市场竞争的有力武器，是企业巨大的无形资产。著名的营销学家菲利普·科特勒（Philip Kotler）曾经指出，品牌是企业对客户做出的一种承诺，强大的品牌价值在于它捕捉消费者偏好和忠诚的能力。迈克尔·波特（Michael E. Porter）在其品牌竞争优势中曾提到：品牌的资产主要体现在品牌的核心价值上，或者说品牌核心价值也是品牌精髓所在。强势品牌对餐饮连锁企业而言，具有强大的优势。

（一）强势的餐饮连锁品牌可以赢得消费者的信赖与忠诚

现在许多行业的CEO将他们的品牌视为一种控制力的来源和一个与顾客建立更亲密关系的途径。在市场上，品牌是一种质量的保证，消费者往往把品牌与质量画等号。一个强势的餐饮连锁企业品牌对消费者而言是产品质量与服务的保证，它可以提高消费者选择企业商品或服务的信心，赢得更高的顾客忠诚度。

（二）强势的餐饮连锁品牌容易获取员工的认同感与归属感

人力资源是餐饮连锁企业经营的关键，员工对企业的认同感与归属感是企业经营的内在动力。一个强势的餐饮连锁企业品牌有助于企业吸引优秀的人才，有助于企业内部形成群体意识，加强员工的认同感与归属感，产生强大的凝聚力，并且规范化、秩序化和条理化有利于企业的经营和管理，从整体上提高企业管理水平。

（三）强势的餐饮连锁品牌是企业扩张的基础

品牌是连锁企业的生命，连锁企业之所以能持续发展、规模扩张是以连锁品牌为载体的，同时也是连锁企业的品牌效应不断放大的过程。强势的餐饮连锁企业品牌有利于企业开展品牌拓展,进行品牌连锁。这主要体现在三个方面:第一,有利于吸引加盟商,增加加盟商的信心,扩大市场的销售范围;第二,有利于吸引和加强与供应商的合作,加强企业谈判和议价能力;第三,有利于连锁企业自有品牌的开发或增加新的产品,向新领域开发,实现多元化经营。

三、餐厅环境

在餐饮连锁企业日常经营过程中,餐厅环境是影响餐饮连锁经营成功的关键因素,它对餐饮业经营的成功与否起着非常重要的作用。

餐厅环境的设计与布置要注意以下几点:

(1)餐饮连锁店内的地面、墙壁、门窗等的装潢设计要给人一种温馨、舒适的感觉。

(2)菜单的内容与材料要清晰,菜单的封面设计最好给人一种新颖感。

(3)环境的整洁性。这就要求餐饮连锁店桌椅要摆放整齐,做到桌腿一条线;餐桌、椅腿及摆台的盘子横看成行,竖看成列;餐饮连锁店的墙壁、饰物、地面、桌面要干净无尘。

(4)餐饮连锁店的环境要与顾客的性别、年龄相适应。

(5)服务人员的制服具有标志性和影响性。服务人员的制服要与餐厅的风格保持一致。有特色的制服不但能烘托气氛,还可以起到推销作用。

(6)餐饮连锁店餐具要讲艺术性。餐具器皿讲究是中餐烹饪的特点之一,设计考究的餐具会增添进餐的情趣和艺术美感。

(7)桌布、餐巾、帷幔要协调。

四、信息技术

在知识化、信息化的现代社会,信息技术对于餐饮连锁企业非常重要,已经成为它的生命线,尤其是对于中餐连锁企业。中餐管理流程非常复杂,涉及采购供应、中心厨房、厨政协调、厨房划菜、前台预订、前台点餐、前台收银、营销管理、决策分析、财务结算、客户关系管理、库存管理等,传统的粗放式人工管理,在标准化方面已经困难重重,更别提餐饮企业的专业化和简单化等集约管理。因此,围绕餐饮连锁企业三化及设计一直到酒店管理各环节的精细化管理,连锁信息化将打破空间和时间的限制,将餐饮企业的物流、信息流、现金流、资源流统一规划,配合企业经营,从而真正实现企业的规模扩张。

从国内来看,餐饮连锁企业的信息化根据进程大体可分为四个阶段:数据汇总、实时连锁、集团化连锁、RERP(餐饮企业资源规划)。

第三节 餐饮连锁企业的经营与管理

如何将连锁的经营理念与模式应用到餐饮企业的经营与管理之中，是决定餐饮连锁企业做大做强的关键，为此我们要重视餐饮连锁企业的经营与管理问题。

一、控制企业成本

餐饮企业产品的特点与其他企业相比，具有显著的一次性和直接性，而且，餐饮企业基本属于传统手工加工，自动化控制率很低，加上餐饮原料及产品容易变质，在加工过程中也容易造成浪费和营养成分流失，影响产品质量和销售，从而降低企业利润。因此，餐饮连锁企业应当利用连锁的力量，控制企业成本，将损失和耗费降到最低，以获取较高的利润回报率。

（一）成本控制的基本组织结构

餐饮连锁企业通常是总部加门店的形式，成本问题涉及产品开发、采购、配送、门店营运等诸多环节，因此可在总部设立涵盖成本各方面的管理部门，对其实施全程管理。门店级结构中，主要决定成本的有采购部门、前厅销售、后厨加工与库存，管理的基本路径为"总部产品部门 + 门店店长 + 采购部门 + 后厨 + 前厅"，这也是成本控制的基本组织结构。此外，还应将财务系统纳入组织结构，成为审核和监督部门，总部与门店构成的财务体系，起到相应稽核的作用。

（二）注重原材料进价管控

餐饮企业原材料进价管控是成本管理的基础，管控的要点主要包括原材料市场信息调查、采购筹划、采购价格、渠道和供应商的管理。

1. 原材料的市场调查

餐饮连锁企业地域分散，各地市场供需关系不同，在原材料进价管控方面应首先做好对各地市场的调查。应按照不同类别，实行不同频率与要求的市场调查，形成持续的原材料综合信息系统，用以反映原材料的市场价格、变化特点以及不同采购点和供应商家的信息。

2. 采购筹划

采购筹划管理是在充分的市场调研基础上，以采购价格控制为目标，依据准确的信息调查，结合采购与配供管理，按照原材料的不同类型，对采购业务进行筹划，内容包括：采购地点、采购时机、供应商、采购批量、采购方式（每日自购、合同供货、小批量采购、大宗采购等）等要素的统筹规划。

3. 采购价格的管理

进价管控的最终目标是采购价格与质量的管理，在采购市场调查管理和采购筹划管理的基础上,进行采购价格的管理与控制。原材料质量标准与价格的平衡管理,通过折净实验,对折净价格的对比,获得相对合理的采购价格。

(三)加强加工管理

餐饮产品的加工过程管理首先必须建立明确易懂的产品标准,包括原材料标准、加工标准、出品标准和库存标准;其次,应按照产品分类,对产品的加工折净进行分类管理。同时,还要注重对加工技术的开发与创新。加工管理更要注重现场管理,餐饮企业通过日常的检查、培训、督导等管理行为,落实加工规范与出品标准,以维护成本控制的水平。随着产业的进步,多数连锁企业已成功实现加工的集成化,即中央厨房、加工与物流基地,这种模式既实现了采购集约化,也实现了对加工的高度集中管理。从核算的角度,也有利于将原材料综合成本独立出来,减少与门店其他职能之间的交集地带,便于成本管理。因此,有条件的连锁企业,应该加强对产品进行集中加工的可行性论证,并对加工工艺进行改善,通过集中加工的批量优势降低单位成本。在测算时,应考虑配送、包装等其他费用在单位价格上的分摊。

(四)重视库存管理

对应鲜货库存损耗控制,应强调鲜货库存保管与检查标准(加工责任人)、重要原材料和半成品的每日检查(如后厨房每日例行检查工作)、重要库存原材料使用的检查标准(加工责任人例行检查工作,管理者抽查);对应库房管理,应检查把握先进先出、定期库存自检、库存警戒线管理、1/2周期保质期提醒等制度。库存管理的目标是杜绝库存损耗、呆滞库存。

二、塑造企业品牌

在消费需求日益多元化、个性化的新形势下,餐饮连锁品牌的功能越来越重要,餐饮品牌经营的必要性日趋增强。对于餐饮连锁企业来说,餐饮品牌的树立能够引发顾客的消费心理偏好,建立与顾客的友好感情,增强顾客认同感和忠诚度,是餐饮连锁企业最有价值的竞争资源。如何塑造餐饮连锁企业的品牌,可以从以下方面进行。

(一)确立科学的品牌战略规划

一个科学的品牌战略规划不是凭空臆造出来的,它必须建立在战略性的品牌分析基础上,首先从分析影响品牌的内外部因素开始。品牌是企业的灵魂,企业是品牌的投资者与塑造人,而品牌最终是属于消费者的,又是市场竞争的结果,它离不开自己生存发展的内外环境,我们势必针对影响品牌的3大要素,即企业、市场与消费者展开深入分析。品牌规划最重要的就是要解决4个方面的问题,即品牌决策制定、品牌文化策划、品牌应用设计和品牌传播推广,只有做好了这些纲领性的决策,才能够保证品牌战略在正确的道路上运行,才能够保证品牌战略实施的效果。

1. 品牌决策制定

在强化区域品牌影响的基础上进行全国重点餐饮市场的扩展,必须确立清晰的品牌架构模式以及各品牌的战略定位,才能有效指导规模化发展。

2. 品牌文化策划

餐饮业已经进入文化营销阶段,需要对品牌核心价值进行提炼,并总结归纳十年餐饮关键经营因素,形成品牌文化。

3. 品牌应用设计

原有的企业形象已经无法满足下一步发展的需要,必须在品牌战略规划的指导下,形成整套企业形象视觉识别系统以及相关装修配套设计。

4. 品牌传播推广

品牌文化的落实需要围绕品牌发展及现场管理的需要,确定明确、快速、有效的品牌传播,有效覆盖目标受众、扩展品牌影响。

(二)明确品牌定位

品牌绝对不只是标志企业产品的空洞符号,而是一个有着丰富内涵的概念,甚至可以说它是企业产品立足于市场的个性与形象的集中体现。这也决定了品牌定位并不只是简单地确定产品某一方面特征的市场行为,它应该是全方位塑造产品个性与形象的系统工程。品牌定位理念是企业在实施品牌定位行为时所遵循的基本指导思想,它也是企业通过品牌定位活动力图传达给消费者的一种产品概念。为了使品牌定位理念能在品牌定位实践中得到较好的体现,必须把握好品牌定位的方式及其与品牌定位理念的关系。

1. 餐饮连锁企业应根据自身档次定位

餐饮企业的自身档次定位的依据是企业所面对的主要顾客层次,不同档次的品牌能带给消费者不同的心理感受和体验,高档次的品牌传达了产品高品质的信息,高档饭店和大排档提供的饭菜差别也许不大,但是高档饭店让人产生生活有档次的感觉,能够吸引高收入人群前来消费。企业在进行自身档次定位时应特别注意,不能贪多求大,不能各档次兼顾,既做高档又做低档。

2. 消费群体定位

该定位直接以产品的消费群体为诉求对象,突出产品专为该类群体服务来获得目标消费群的认同。把品牌与消费者结合起来,有利于增进消费者的归属感,使其产生"我自己的品牌"的感觉。如若企业将消费群体定位为商务人士,则应规划建设几个大小不一的会议室,方便开会之用,并且要推出适应不同商务人士的商务餐。若定位为旅游群体,则应主推独具本地特色的菜肴和建筑风格等。总之,企业要为定位群体进行方方面面的量身打造。

(三) 正确实施品牌经营战略

1. 深刻挖掘企业品牌丰富的文化内涵

注意品牌的文化创造,也是创名牌的关键内容之一。国外的经验表明,品牌的文化蕴含越丰富、越长久、越与人们的活动、思想、情感有关,就越有魅力。品牌"金手指"弗朗西斯·麦奎尔说商标是"富有情感的,能调动人的情感、视觉、听觉和嗅觉"。品牌应是某一企业文化或者产品文化、服务文化的象征,创建优秀品牌的关键在于文化的深化和升华。目前企业在创建餐饮品牌时,应注重企业独特的品牌文化建设,形成消费者青睐的文化内涵。

2. 保证品牌良好的质量信誉

不论是名牌产品还是名牌服务,质量始终是其永远在竞争中立于不败之地的重中之重。不仅在推出品牌时保持一流的质量,符合法定的要求和规格,更重要的是永远保持一流的品质和质量。产品和服务的质量、信誉是名牌的根本前提。这里所说的信誉是社会信誉,是广大消费者长期使用以后得出的结论。要根据某种信念与企业的客户建立起长期的关系。品牌很重要,不是仅有技术就可以的,而是要建立良好的关系,培育品牌是注入感情的过程,品牌是关于人、关于企业文化、关于精神价值的东西,要注意研究如何传递给企业客户以激情,让其感受到你的激情,将你对客户的情感、对客户的积极体验注入到企业的产品和服务中去,为你的服务赢得终生的客户,不是一个季度,也不是未来的一两年而是永远。

3. 加强全员危机品牌管理

餐饮品牌发生危机,表明其未严格实施全员品牌管理模式,或者说全员品牌管理的实施还没有到位。餐饮连锁企业要最大限度地降低危机发生的可能性,就必须大力实施全员品牌管理。众所周知,品牌的根本要素是人,一个成功品牌的塑造不是一个人、一个部门或一个品牌策划机构能够独立完成的,它需要餐饮企业全体员工的全程参与,要求全体员工都必须有品牌管理意识,并有意识地用自己的实际行动来齐心协力服务消费者,维护餐饮企业品牌形象。例如,餐饮企业的品牌塑造,不仅需要一流的厨师、优秀的管理者、优雅舒适的环境,更需要周到热忱的服务以及原材料的质量监控。只有在餐饮企业每一个环节都有强烈的责任心和自觉的品牌意识基础上,一个餐饮企业才能避免危机,最终塑造出优秀的品牌,否则,餐饮企业的品牌形象就失去了赖以生存的根基,成了无源之水、无本之木,发生危机只是迟早的事情。

三、强化质量管理

餐饮连锁企业相比食品制造业有其特殊的一面,一方面体现在顾客参与服务过程;另一方面,餐厅内服务的生产与消费是同时发生的,即过程就是产品。因此,对于餐饮连锁企业而言,强化质量管理至关重要,引入质量管理系统也就十分必要。

在餐饮服务业引入质量管理系统,其主要目的是为达到制作工艺标准化和操作服务流程规范化并致力于最大限度地缩短总运转周期,降低质量成本、缩短库存周转时间、提高生产率,以追求企业利益和成功,使顾客完全满意,最大限度获取利润。

(一)制作工艺标准化

中华民族的历史源远流长,从而也造就了百家争鸣的中华美食。然而,几千年来我们都已经习惯了"盐适量油少许"的工艺方式,这样的方法使美食的诞生极大地依赖于厨师的个人技能,显然,这已经远远不能满足消费者日益提高的质量要求了。但要求餐饮服务过程也如同食品制造企业一样,每一种配料进行精确称重,每一个步骤进行准确计时,这也是行不通的。因此,在进行工艺标准化时,我们可以采取一些变通的方法。比如,需要定量的,我们可以先选择合适的容器/工具通过其定容来保证配料的添加在标准范围之内;需要定时的,我们可以使用一些定时蜂鸣器来及时提醒。此外,还应有效设计操作间的空间设置,操作台的布置操作动线等,使有限的厨房空间达到最大限度的利用。操作台的布置与操作动作合理搭配,可以避免重复无效的操作动作和迂回的操作路线,从而大大缩短食品制作时间,使顾客能在点膳后尽快享受到美食。

(二)操作服务流程规范化

操作服务流程规范化的内容就更宽泛了。一般我们可以把它分成两大部分,一部分是按照物料流转路线为线索的产品服务部分,另一部分为辅助服务部分。

1. 产品服务

产品服务部分可包括:新产品开发、原料采购、原料入库、原料储存、原料领用、加工中心产品加工、餐厅订货、配送中心物品配送、餐厅原料/产品储存、顾客点单、餐厅产品制作、产品陈列、产品奉客等。每一个环节都应建立相应的操作控制流程,并关注跨部门间的以及跨流程间的接口。每一控制流程都应识别出其关键控制点,制定可接受的控制波动范围,并给员工提供在超出控制范围后切实可行的补救措施。

2. 辅助服务

辅助服务部分,看似仅仅作为辅助作用实际却是餐饮服务企业成败的关键。这部分的内容可以包括:供应商开发和评估管理系统、原料到货检验系统、原料放行程序、加工中心 GMP 管理、加工中心 HACCP 计划、虫鼠害控制系统、清洁与消毒、产品检验程序、配送中心管理系统、餐厅 GMP(优良产品生产管理)管理、餐厅 HACCP 计划(一种以预防为主的质量保证方法)、设备维护与保养系统、餐厅服务员礼仪与规范、顾客投诉管理、餐厅开店流程、餐厅打烊流程、餐厅保安系统、产品追溯与召回系统、培训系统等。产品服务部分是增值流程,且由于消费者可直接看到或感受到,容易被大家理解并接受。辅助服务部分虽不与顾客发生直接接触,却在为顾客提供安全合格的食品、舒适的饮食环境方面起了极其关键的作用。

3. 服务礼仪与投诉管理

餐厅服务员礼仪规范和顾客投诉管理虽不直接产生经济效益但却能给顾客留下深刻的印象。良好的餐厅服务员礼仪能给顾客留下一种宾至如归的享受,而顾客投诉若能得到有效管理则能给企业挽回损失甚至赢取更大利润。

(三) 监督审核机制

为使企业管理更有效我们还可以引入一种监督、审核机制。这种监督审核不同于一般的 ISO 9000 和 HACCP 认证,一些餐饮连锁服务企业纷纷建立了适合于企业自身的质量管理审核体系,将其各项质量要求和关键质量控制点融入审核范畴中,周期性地对企业旗下的各家连锁店进行检查。从目前的趋势看,采用专业第三方认证机构来进行组织内部连锁企业的质量体系的方式正越来越引起企业的重视,其优势也日益凸显,主要原因在于:第一,第三方认证机构的专业审核员在审核方面往往具备较强的审核技巧,善于在有限的时间内发现企业内部隐藏的管理问题,同时,专业审核员经常审核不同的企业,积累的丰富现场经验常常能提供给企业一些建设性的意见和建议,使企业从中受益。第二,第三方认证机构与企业的关系简单,不存在利益冲突,从而能作为中立的第三方给出公正、合理的评价。第三,企业连锁门店位置分布广泛,跨越多个省份、城市,由企业内部实施监督审核往往费时耗力,而现在的第三方认证机构,大都在各大城市设立了办事处并配备审核人员,从而可节约人力、财力。

一个完善的质量管理系统再加上企业的独门秘制食谱,是餐饮连锁服务企业走向成功并长盛不衰的重要组成部分。

四、电子商务模式

(一) 餐饮企业实施连锁加盟推广是餐饮企业对外扩张、发展的重要环节

餐饮连锁企业的规模必须依赖于强力的营销推广来实现。餐饮企业基于电子商务网站的连锁加盟推广比传统的营销推广更具优势。

1. 多渠道营销推广

在网站上发布加盟信息,具有信息量无限制、可提供全天候无时间限制访问、可随时修改更新、信息形式多样化等优势。餐饮企业首先开发出具有营销推广功能的企业电子商务网站,采用多种营销推广方式相结合的模式,将目标客户吸引到企业网站上来,以企业网站为中心,进行连锁加盟的强力推广。

2. 加盟谈判

将目标客户吸引到企业网站上来后,餐饮企业必须尽其所能将潜在客户转化为加盟商。一旦潜在客户有投资意向后,可实施网上加盟谈判。由于网上谈判可节省大量的差旅费与通信费用,降低考察、谈判费用,更能吸引客户的谈判参与。为了提高网上谈判的成功率,可充分采用现代化的网络视频谈判系统,将总店所有的加盟信息以文字、动画、图表图片、现场录像等形式通过网络传送给对方,让其有亲临总店的感性认识。

3. 签订协议

通过加盟谈判,辅之以实地考察、分析比较,谈判双方即可签订连锁加盟的相关协议或合同。协议(合同)的签订可选择网上或网下两种方式。现在的法律环境与互联网技术环境已能够支持网上合同的签订。

4. 实施连锁经营

连锁加盟协议(合同)签订后,合同双方即可实施连锁经营了,一次完整的基于电子商务模式的连锁加盟推广随即完成。

(二)基于电子商务模式的连锁经营管理

实施电子商务管理,采用资源共享模式,可以在总店与加盟店之间成功地实施包括进销存管理、标准化管理、经营分析与管理等在内的餐饮企业连锁经营管理,实现科学管理的目标,提高企业整体效益。

1. 进销存管理

进销存管理的目标是实现连锁经营物流的系统化、合理化、标准化。物流合理化可以降低物流费用,减少商品销售成本;可以压缩库存,减少流动资金的占用。物流标准化能加快流通速度,保证物流环节畅通,降低物流成本,从而提高经济效益。物流管理子系统要求连锁经营配送中心从供应商处取得商品后,按照各连锁店铺的经营需要,快捷准确地将商品配送到各个分店,并且依靠高效率的信息传递和管理手段,对各分店的业务活动进行监督和控制。通过物流系统的改善,可以提高企业的管理水平,提升经济效益。

2. 标准化管理

对生产流程实施标准化管理成为餐饮企业成功连锁的保障。采用远程系统管理模式,实施"拷贝式"标准化管理,让加盟店的"前厅后厨"都能按总店的标准运转,使餐饮企业的标准化管理成为可能。

3. 经营分析与管理

通过电子化系统查询营业收入统计、员工业绩统计、人均消费额、翻台率等,加盟店可及时地发现经营中存在的问题,并寻找解决方案;总店可及时了解加盟店的经营情况,并根据加盟店所在的地区消费环境差异调整菜品与服务模式,提升企业的竞争力,延长企业的生命周期。此外,还可以用图形或者表格的形式进行各种数据分析,例如财务状况分析、营销决策分析、营业收入分析、菜品受欢迎程度分析等,将分析结果用于企业的决策管理。

4. 其他管理

包括财务结算功能、人力资源管理功能、厅堂管理功能、网上自动订货功能、自动预警设置功能等。

五、顾客关系管理

顾客关系管理是指企业通过有效管理消费者的信息资源,提供顾客满意的产品和服务,和顾客建立起长期、稳定、相互信任的密切关系,使企业能以更低的成本、更高的效率来满足顾客的需求,最大限度地提高消费者的满意度和忠诚度,挽回失去的顾客、保留现有的顾客,并不断地吸引新的顾客,挖掘并牢牢地把握住能给企业带来最大价值的消费群体,从而提高企业的效益和竞争优势。

顾客处于餐饮连锁企业供应链的终端,他们能推动整个餐饮连锁企业经营活动的开展,对于餐饮连锁企业而言非常重要,可以采取如下措施对顾客关系进行管理与维护。

(一)顾客需求信息管理

餐饮连锁企业制定合理和个性化的服务,提供更高质量的产品和服务,最大限度地满足顾客各层次的需求,从而使企业获得更多的顾客和市场份额,都是在获取消费者的需求信息、充分了解顾客消费需求倾向的基础上进行的。顾客的需求可以分为三个层次:基本需求、顾客期望和超越顾客期望。顾客基本需求是产品和服务必须具有的基本属性或功能,如果产品和服务不能满足顾客最基本的需求,顾客将会失望,然后离去。顾客期望是指提供的产品或服务不仅仅具备必需的属性或基本功能,还能满足顾客潜在希望得到的要求,这种要求一旦得到了满足,顾客就很可能成为回头客。超越顾客期望是指提供给顾客一些完全出乎意料的产品属性或服务行为,或者满足顾客从未体验过的需求,这种超越可能给顾客带来意外的惊喜。餐饮产品具有不可储存和即时性,即顾客点菜后才进行餐饮产品的生产,而且产品即时消费;餐饮产品的原料又具有易腐烂等特性,这些特性都决定了餐饮连锁企业必须尽可能准确地预测每个餐饮连锁分店每天的销售量,从而进行原料的采购,以免造成原料的过量或因缺货不能满足消费者的要求而失去顾客。这些都要求餐饮连锁企业要对顾客的需求信息进行管理。因此,以消费者需求为导向,对顾客需求信息进行管理,能够使餐饮连锁企业明确自己的价值定位,比竞争者更快、更有效地向顾客提供其需要的产品和服务。餐饮连锁企业对于顾客需求信息的管理包括以下三个部分:

1. 顾客需求信息的获取

顾客需求信息的获取收集是顾客信息管理的出发点和落脚点。餐饮连锁企业获取消费者需求信息的渠道很多,包括直接与就餐的顾客闲谈、组织市场调查、网上留言调查、顾客点菜信息获取、顾客意见反馈以及其他渠道等。其中市场调查、顾客的菜单信息是最为重要的来源,尤其是菜单信息,它是消费者的直接需求信息,能在一定程度上反映顾客短时期内的消费倾向。

2. 顾客需求信息的分类与分析

顾客需求信息的分类与分析是对收集的顾客需求信息进行一定的加工与分析,主要是把顾客需求信息按照不同的标准分类,从而进行统计分析、顾客需求趋势分析以及需求关联分析。需求信息统计分析是通过对获得的资料进行统计分类,分析顾客的年龄、家庭状况、工作性质、收入水平及消费习惯等,从中了解哪些菜是比较受欢迎、什么时段会出现就餐高峰期、顾客需求的季节性变化、消费者的消费额度、顾客的基本需求与顾客期望等。需求趋势分析是通过分析获得的信息,预测消费者短时间或一段时期内的餐饮需求倾向和趋势。需求关联通过集成有关的信息,分析不同餐饮产品之间的销售关联度,即了解顾客喜欢什么样的餐饮产品搭配等。由于顾客的需求具有多样性和个性化,而且随着市场的变化在很短的时间内可能也会发生变化,因而在分析这些顾客信息的时候要注意这些信息的真实性、连续性和时效性。

3. 顾客需求信息的共享

顾客作为餐饮连锁业供应链的末端节点,其需求信息也就成为餐饮连锁业供应链中信息流的源头之一。需求信息的透明是整个餐饮连锁业供应链有效管理的基石,实现顾客需求信息的共享,能够有效地减少最终市场需求信息沿供应链向上传递过程中的波动程度放大现象(所谓的"牛鞭效应"),使供应链上的成员更好地安排生产作业和配送计划,在降低成本的同时提高最终顾客的满意度;同时,顾客信息的共享能在一定程度上促进餐饮连锁企业与其他供应链成员的相互信任,有利于稳定双方的长期合作。把顾客需求信息与销售数据、存货数据、生产调度数据、需求预测数据以及配送计划数据等多方面的信息汇集到餐饮连锁企业总部的信息控制中心,使该信息中心形成一个具有数据存储、信息处理和信息发布等功能的系统。由该信息中心根据供应链上企业之间的业务往来频度、企业的商业机密与信用度、业务合作时间的长短、关系的密切程度等决定信息的公开程度,从而实现不同合作伙伴对信息的差异化共享。

(二)顾客关系管理的对策建议

1. 采取顾客类型细分策略

顾客关系管理可以简化为这样一个过程:建立关系—维持关系—增进关系,或者是吸引顾客—留住顾客—升级顾客。根据著名的 20%～80% 营销法则,企业经营利润的 80% 来源是 20% 的重要消费者的重复购买,而不同的顾客对服务水平和服务类型也有着不同的要求,因此,对于餐饮连锁企业来说,对于不同类型的顾客群应该采取不同的差异化服务策略,而重点要放在比较重要的 20% 的顾客身上,与他们建立长期稳定的关系。对顾客的信息加以分析,可以把顾客细分为忠诚顾客、偶尔消费顾客和潜在顾客。忠诚顾客数量占餐饮连锁企业总顾客数的比例比较少,但是能给餐饮连锁企业带来较大的利润。对于这类顾客,餐饮连锁企业应该充分重视,对他们给予必要的折扣优惠,经常地和这些客户进行感情上的交流,掌握他们的个性化需求,提供"一对一营销"的个性化服务,并听取他们对于本企业在服务、菜品质量、环境等方面的意见和建议,及时进行改正,使这些顾客真正成为餐厅的忠实顾客。偶尔消费顾客数量比较多,但是消费额比例不太大,对于这类顾客,餐饮连锁企业必须依靠高品质的餐饮产品和高质量的服务来吸引他们,找出企业各个方面与他们需求之间的差距,积极听取他们的意见和建议,加以改进,提高他们对餐厅的满意度,以此获得他们的信任,从而促使他们增加消费的次数,进而成为忠诚的顾客。对于潜在的顾客,要了解他们的需求、购买动机与消费价值观念,发掘他们感兴趣的产品和服务,从而创造需求,吸引他们来餐饮连锁分店消费,并以高质量的、独特的产品和服务留住他们。对顾客类型进行细分,重新进行目标市场的定位,了解不同顾客的餐饮消费需求情况和目前的满足情况,能发现对哪些顾客的服务需要进行较大的改进。通过服务形式的多样化、差异化与层次化,区别对待重点客户、特殊需求客户,使得客户服务更有针对性和经济性,从而实现餐饮连锁企业获得更多的顾客并且使顾客满意消费。

2. 建立完善的消费者满意度评价体系

顾客满意度是用来衡量客户对产品或服务的感受程度的指标,它可以帮助企业了解消费者对企业的产品或服务的评价,便于企业发现自身的优势和不足,同时,还可以预测企业未来的发展前景。建立消费者满意度评价体系,不仅仅局限于顾客对餐饮食品的口味、价格合理性、食品多样性、服务质量、卫生条件、店面位置等方面的满意程度,还要分析顾客预期质量、顾客感知质量、顾客感知价值以及顾客忠诚等多个方面,从而建立完善的满意度测量指标体系。通过定期的消费者满意度评价,测定顾客的满意程度,不断地设立改进目标,改善产品质量和服务质量,调整餐饮连锁企业的经营活动。

3. 把顾客信息管理纳入供应链信息化系统中

对于大中型的餐饮连锁企业来说,为了全面、准确、快速地了解不断变化着的顾客需求,开发顾客信息管理子系统、把顾客信息管理纳入整个供应链的信息化管理中是很有必要的。餐饮连锁业供应链中各个环节和主体之间都是双向联系,扮演着双重的角色,而顾客是推动整个供应链前进的动力,既是这条链的开始,也是这条链的归宿。因而把顾客信息管理子系统加入整个供应链的信息化系统,使供应链形成一个闭环,良性地循环下去是十分必要的。顾客信息管理子系统包括顾客基本信息管理、顾客需求信息管理、顾客满意度评价、信息反馈与共享等。

第四节 世界著名餐饮连锁企业的经营管理之道

一、麦当劳

1992年初夏,北京王府井南口出现了一个具有异国情调的建筑,路过这里的老百姓看到了那个过去只有在电视里才能看到的金黄色双拱形标志,从此,中国的儿童在节假日和生日里又多一个去处,也就是从这时起,中国的老百姓才真正地开始体验到了以麦当劳为代表的西方快餐文化。

20世纪40年代,迪克·麦当劳和马克·麦当劳兄弟,在加利福尼亚州开设了他们的第一家餐馆,取名为"Dick and Mac McDonald,"是如今麦当劳餐厅的原型,并且经营情况比较好。兄弟二人对此颇为满足。1955年,麦当劳兄弟将所有权卖给了54岁的雷·克洛克(Ray Kroc),克洛克是一个天才的经营家,他提出了现代意义上的快餐连锁经营思想,在其后的几十年里,稳扎稳打,将麦当劳连锁店推向美国,从而在世界上建立起了一个强大的汉堡王国。20世纪80年代开始,麦当劳就对中国市场发生兴趣,他们认为,随着中国经济的发展和人们生活水平的提高、生活节奏的加快,以及对西方文化的认识,在中国推广西式快餐是可行的。1984年,麦当劳引进了美国马铃薯品种,在河北试种;1991年麦当劳在经过多方选择之后,决定与北京农工商总公司合作,以双方各持50%的股权的方式,成立了北京麦当劳食品有限公司,中国第一家麦当劳快餐店标志很快就立在了北京街头。

在中国,吃惯了油腻中餐的大人小孩,对简单方便又具独特风味的汉堡、薯条由陌生到熟悉,由熟悉到喜爱,那一个个金黄色的大M,不仅成为街头的亮丽风景,也成为很多人经常光顾的去处。据统计,1998年,麦当劳的足迹已经遍布全国28个城市,其连锁店达到210家,其中北京就有50多家。人们不禁要问,是什么东西在支撑麦当劳以滚雪球似的速度向前发展,征服一个又一个饮食文化?汉堡和薯条真的有那么大的魔力吗?谁都知道,中国在世界上以美食著称,而外来的汉堡和薯条不仅在中国大地上站住了脚,而且为越来越多的人所津津乐道,麦当劳成功的原因是什么呢?

(一)独特的经营理念

麦当劳有一套独特的经营理念,正是凭着这套经营理念,使麦当劳走向一个又一个辉煌,简单地说,麦当劳的经营理念可以用四个字母来代表——Q、S、C、V。具体说:Q代表质量、S代表服务、C代表清洁、V代表价值。这一理念是由麦当劳的创始人雷·克洛克在创业之初提出来的,几十年来,麦当劳始终致力于贯彻这一理念,说服一个又一个消费者来品尝它的汉堡。

(1)质量。为保证食品的独特风味和新鲜感,麦当劳制定一系列近乎苛刻的指标,所有原材料在进店之前都要接受多项质量检查。

(2)服务。麦当劳提倡快捷、友善和周到的服务。麦当劳餐厅的侍应生谦恭有礼,餐厅的设备先进便捷,顾客等候的时间很短,外卖还备有各类消毒的食品包装,干净方便。餐厅布置典雅,适当摆放一些名画奇花,播放轻松的乐曲,顾客在用餐之余还能得到优美的视听享受。

(3)清洁。走进麦当劳餐厅,你会感觉到那里的环境清新幽雅、干净整洁。

(4)价值。所谓价值,就是说要价格合理、物有所值,麦当劳的食品讲究味道、颜色、营养、价格与提供的服务一致,让顾客吃了之后感到真正是物有所值,同时,麦当劳还尽力为顾客提供一个宜人的环境,让顾客进餐之余得到精神文化的享受,这是无形的精神价值。

(二)科学的管理手段

麦当劳进入北京之初,曾有一些国内同行到这里来取经,最使他们感到惊奇的是这里的管理井井有条,餐厅制定了规范化的行为标准,员工们严格按标准确定的程序运转。

克洛克认为,快餐连锁店要想获得成功,必须坚持统一标准,并持之以恒地贯彻落实,就在第一家麦当劳餐厅诞生后的第3年,克洛克就制定了第一部麦当劳营运训练手册,手册详细记载了麦当劳的有关政策,餐厅各项工作的程序和方法。在总结经验和吸取成果的基础上,公司每年都要对该手册进行修改和完善,40多年来,营业员训练手册已成为指导麦当劳运转的"圣经"。公司还制定了岗位观察检查制度,把全部工作分为20多个工作站,每个工作站都建立起岗位观察检查表,详细说明该岗位职责及注意事项,新员工进入公司,要接受岗位培训。

这样做的目的,一方面有利于总结经验,追求完美的科学的管理境界;另一方面,通过检查员工的岗位观察检查表,可以进行考核,决定录用、升降和奖惩。麦当劳管理人员都有一本袖珍品质参考手册,上面载有诸如半成品接货温度、储藏温度、保鲜期、成品制作温度、制作时间、保存期等指标,有了这种手册,管理人员就可以随时随地进行检查和指导,发现问题及时纠正,保证产品质量能达到规定的标准。为提高管理员自身素质,为餐厅培养高级管理人才,公司设计了一套管理发展手册,该手册实际上是具有麦当劳特色的餐厅管理教科书,即结合麦当劳的实际情况,讲解餐厅管理的方法,同时给出大量案例,要求经理们结合实际工作来完成,当管理人员掌握了一定的理论与实践知识后,还要系统学习一些相应课程,如果要担当餐厅经理,还必须到美国汉堡大学进修高级营业员课程,到目前为止,北京麦当劳已有上百人到美国汉堡大学学习过。

(三)严格的采购程序

麦当劳的口号是"只有一个风味",不论你在世界的哪个地方,只要走进麦当劳餐厅,汉堡或巨无霸的味道都是一个样,这也是麦当劳的价值所在。

要想做到产品一个风味,前提条件必然是标准化,特别是原材料的标准化。为此,麦当劳建立了一套严格的采购系统,按规定,餐厅的原材料不能随意在市场上采购,而是必须由麦当劳分销中心提供,分销中心的原材料是由指定的厂商提供,目前麦当劳在北京的供应商有十几家。

麦当劳制定了严格的采购标准,麦当劳采购部负责对厂家提供的原材料进行质量监督,发现不合格产品立即退回,并令其更正,如不能在限期内更正,则停止厂家的供应商资格。

薯条是麦当劳的主要产品,麦当劳所需要的马铃薯要求果形长,眼浅,固型物和含糖量也有一定的标准,麦当劳在北京附近建立的辛卜劳农场就是按照这一要求生产的,该农场引进了美国先进的农业机械,聘请了农业专家,实现了大规模生产。1998年产量已达到12 000吨,麦当劳在北京郊区的薯条加工厂也已达到了一定规模,此外,在北京生产原材料需按批号送到质检中心进行检查,每月还要送香港的亚太中心实验室评估打分,麦当劳每年都要在北京举行两次产品评估会,届时美国空运来标准样品,请供应商和评估处采购员进行比较,找出差距,制定改进措施。

有人问麦当劳老板,麦当劳经营管理秘诀是什么,老板坚定地回答:Completeness,这个词可以理解为"完整""全面",但不如翻译成"完美"更加恰当,因为麦当劳走过的路本身就是一个不断追求完美的过程。

二、肯德基

肯德基于1987年进入我国以来,在中国的发展实现了三级跳:1987~1996年的头9年以年均11家的速度发展了100家连锁直营店;1996~2000年的4年间年均发展75家;2001年以来,以年均150家的发展速度加快了在中国的扩张,同时在部分中小城市开展了特许加盟业务。截止到2004年6月,肯德基连锁店总数发展到1100家,其中上海、北京两市已分别达到100家规模。2003年,中国肯德基实现营业额84亿元,连续多年以餐厅数量最多、营业额最高而居中国餐饮业百强之首。

肯德基之所以发展如此迅速,在于其具备独特的经营管理经验:

(一)实施本土化战略

肯德基通过多年的探索,有效地运用本土化战略克服了在中国遇到的经济、管理和体制等多方面的障碍,避免了水土不服和文化差异,确立了以满足中国消费者需求为核心的营销战略。

1. 人才本土化

着力培养、提拔和使用本地人才,充分发挥其熟悉政策环境和市场特点的优势。目前已经在中国16个市场中任用了8个来自中国内地的总经理,其中直接负责餐厅营运的高级管理人员如"营运经理""区经理"和"餐厅经理",全部本土化。

2. 产品本土化

有效排除炸鸡产品在中国市场的适应性障碍,以需求为导向,不断推陈出新,提高当地消费者的满意度。"老北京鸡肉卷""四季鲜蔬""烤翅""芙蓉鲜蔬汤"等就是专门针对中国消费者口味推出的新品。

3. 供应商本土化

有480多家国内供应商承担着肯德基至少95%的原材料供应任务。2003年采购的76 000吨鸡肉原料全部产自中国。

4. 健康理念本土化

将中国的均衡膳食健康理念运用到产品的开发上,消除人们对快餐食品的健康疑虑。不仅在烹制上突破油炸,推出"烤""煮""凉拌"等制法,而且还改进产品营养成分,推出了16种不同的植物类产品及多种中式新产品。

5. 企业形象本土化

坚持友善政府、友善民众、关爱社会的战略,努力塑造中国公众接受和喜爱的企业形象。积极参与中国的希望工程和建立曙光助学基金等多项公益活动,向人们传达关爱社会的企业文化。目前中国肯德基累计捐款已经超过6000万元。

(二)推行标准化体系

肯德基管理体系划分科学,标准化体系保障可靠,这使得肯德基的食品品质和服务质量被我国消费者广泛熟知,成为"顾客最常惠顾"的知名品牌。

1. 食品品质标准化

重点控制三个环节:一是原材料质量关。从质量、技术、财务、可靠性、沟通五个方面对供应商进行星级评估并实行末位淘汰,坚持进货索证,从源头上控制产品质量。二是工艺规格关。所有产品均有规范和数字化的操作生产程序。如"吮指原味鸡"在炸制前的裹粉动作要按照"七、十、七"操作法严格执行等。三是产品保质期。如炸鸡出锅后1.5小时内销不出去,就必须废弃;汉堡的保质期为15分钟;炸薯条的保质期只有8分钟。

2. 服务质量标准化

强调服务是产品质量的延伸,时刻注意让顾客感受到服务员的热情礼貌和周到服务以及充分体验被肯德基尊重的感觉。把是否具有微笑服务意识当作录用员工的重要考核内容,并对新员工进行近200个工作小时的培训,确保员工拥有高水平的服务意识和服务技能。

3. 就餐环境标准化

强调整洁和优雅的就餐环境是品牌价值的体现,定期对餐厅进行重新装修和设备设施的更新,使就餐者充分享受服务和食品,从而感受价值。细化到环境清洁养护上也有明确的标准规范,如洗手间卫生,多长时间打扫一次、做哪些项目、什么程度合格、谁来检查等都有详细和明确的标准及要求。

4. 暗访制度标准化

在秘密状态下定期对餐厅的食品品质、员工服务、餐厅环境、设备设施情况进行专门暗访及评分检测,其结果常作为中国区总裁主持的每月高级管理人员会议的主要议题,一旦失分,各级管理人员就会立刻检讨原因,并采取行动进行整改。

(三) 发展连锁经营

连锁经营、特许加盟是肯德基理想的扩张模式,具有"竖可传代,横可复制"的发展优势和成熟标准,但肯德基在中国的连锁发展却是非常理性的。从1987年至1996年9年的时间里,肯德基坚持以本地需求为导向,努力解决水土不服,谨慎小心地在中国发展了100家连锁店;而在其后的8年多时间里,则以加速度复制的方式迅速扩张。

实施"不从零开始"的特许经营,将一家成熟的、正在赢利的餐厅转售给加盟者,其特点是订立10年以上的合作关系,"扶上马,送一程",加盟者不须从零开始,避免了自行选址,开店,招募、训练及管理员工的工作,降低了风险,提高了成功的概率,确保了连锁发展,更确保了品牌不受损害。加盟店的成功与否,取决于肯德基对加盟者的悉心培训:加盟者先被要求参加为期13周内容广泛的培训项目,通过培训掌握经营一家肯德基餐厅所需要的能力。加盟商接手餐厅后,还要安排长期的餐厅管理实习。

应该说,肯德基作为一个国际品牌,在中国市场进行"不从零开始"的特许经营,是现在更是未来肯德基在中国发展的最佳方式。不过,肯德基现阶段对在中国发展连锁既积极又谨慎,在现有1100家连锁店中,绝大多数为直营店,只有少数几十家为加盟店,且目前只在中小城市试行。

(四) 建设企业文化

肯德基注重利用企业文化统一公司的经营理念,不断增强企业的团队聚合力。

1. 餐厅经理第一

把餐厅经理看作是公司的财富、发展的关键,只有一线的餐厅经理都形成了高素质的'连锁',整个肯德基才能实现真正意义上的核心'连锁'。该公司有针对性的辅导训练餐厅经理不断掌握技能和经验,每年举办餐厅经理年会,提供交流平台,使经理们感受到公司的高度重视,进一步激发了高度的责任心和使命感。

2. 群策群力、团队合作

每年举办"How We Work Together(群策群力)"巡回宣讲活动,由高层管理人士任讲师,宣讲取得的工作成绩,传达未来的工作目标,以鼓舞士气、增强团队的合作力及凝聚力。

3. 鼓励先进、表彰杰出

不断对优秀员工进行表彰和认同。如针对开发人员的"红砖奖",意为表彰市场开发的基石作用;"创意奖"是对有奇效的营销创意进行奖励;而集团大中国区总裁创立并颁发的"金龙奖",则突出对公司发展有持续贡献和长久的影响力举措。

(五)强化员工培训

在人力资源上注重寻求适应企业发展的员工,不断强化教育与培训,并建立完善的考核体系。

1. 寻求适应企业发展需要的员工

具有一套科学的人员招募体系,着重观察候选人员是否"合适"、是否具备招募职位所要求的潜质、能力和综合条件。

2. 教育与培训

建有完善的教育发展系统,从见习助理、助理、餐厅副理、餐厅经理到区经理,每一职位的升迁都有不同的培训课程。如见习助理要学习工作站所需要的基本操作技能、常识以及必要的人际关系管理技巧和知识等,着重提高工作能力,强化企业文化教育。

3. 员工绩效评估

对餐厅员工和公司管理者都有不同的绩效考评体系,如管理人员每年要按岗位职责订立自己的"蓝筹"(具体、可行和可衡量的工作任务)计划,人力资源部门依据"蓝筹"进行考评,并根据考评结果决定晋升和薪资调整。坚持用人标准,对不适应工作需要的,又没有改进意愿或确属能力达不到的,将会解聘或降职使用。

(六)建立连锁保障系统

肯德基高速度成功扩张,主要得益于其职能部门提供的完整明晰的策略、翔实准确的资料数据、严谨高效的系统和科学实用的工具。其特点是强化组织、分工合作、确定制度、应用工具。

1. 完整的开发策略

肯德基在实践中形成了较为科学的开发策略：集团开发组织与各公司开发部门紧密配合，根据中、远期目标和短期指标，对各城市评估，确立开发的先后次序；对不同商圈评估，根据其特点进行开发选址。

2. 科学的开发系统

新餐厅的开发工作由总经理挂帅，开发部经理牵头，财务、营建、营运等部门经理参加。选址决策一般通过地方公司和总部两级审批制，从而确保科学决策。开店小组定期召开会议，根据开发进度开展相关工作，研究解决方案。选址分三步进行：首先是市场调查，进行"开发网络规划"，确定优先顺序；其次是划分与选择商圈，根据商圈的稳定度、成熟度和市场定位确定开店重点或主要目标；最后是聚客点的测算与选择。

3. 科学的开发工具

肯德基制定了整套的开发手册，对过程中的不同阶段和环节都有各种表格与数据供开发人员对照使用。

三、全聚德

俗话说，"不到万里长城非好汉，不吃全聚德烤鸭真遗憾"！即便是居住在四川偏远山区的地震区人民，见到头戴"全聚德"字样帽子的厨师给大家切菜做饭，也都欢呼雀跃："给外国元首做饭的大师傅来给咱们做饭了！"

近年来，全聚德在体制、机制、营销、管理、科技、企业文化、精神文明建设等方面进行了一系列创新举措，这个享誉全球的百年老店走上了规模化、现代化和连锁化的经营道路，门店数量从集团组建初期的 3 家发展到如今的 70 多家，品牌价值由 1994 年时的 2.69 亿元猛增到 2006 年的 106.34 亿元，并于 2007 年作为中国餐饮行业的首家上市公司，成功登陆 A 股市场。有着"中国第一餐饮"美誉的全聚德正在向着"世界一流美食，国际知名品牌"的愿景迈进。对于全聚德而言，之所以取得如此辉煌的成绩，关键在"新"字上做了一系列妙笔生花的文章。

（一）新制度——现代企业制度

我国众多餐饮老字号生存危机的根本原因在于没有建立起现代企业制度，而向现代企业制度靠近的老字号企业往往都获得了高速发展。产权清晰、权责明确、政企分开、管理科学的现代公司制度，主要由三个部分组成：第一，法人财产制度。第二，有限责任制度。第三，科学的组织和管理制度。其中，有限责任制度对投资者和经营者都有利：对投资者来说，它减少了投资风险，增大了获利机会；对经营者来说，可以放开手脚，独立自主经营、自负盈亏。全聚德正是认识到这一点，及时建立了现代企业制度，在根源上确保了企业的长远发展。

(二)新模式——特许经营

目前的餐饮老字号,大多只立足于本地,只此一家,别无分号,根本形不成规模,更谈不上国际化。因此,跳出陈旧的经营模式,发展特许经营是当务之急。全聚德摒弃旧体制下小作坊式的传统生产方式,改变古老的经营格局,利用现有品牌稳步扩大经营范围,服务于更广阔的市场,以规模寻求品牌发展。一是立足于国内市场,把品牌从地区、省内做到全国;二是主动走出国门,开拓一番新天地,以国际化经营推动品牌扩张。特许经营在国际上被称为第三次商业革命,它具有能够迅速扩展业务,又不需巨额投入等特点,很适合目前的餐饮老字号。餐饮老字号应在适于产业发展的地区,以双赢为目标,发展特许经营,完善联盟制度,积极开拓市场,在技术、人员、培训、广告上,加大对联盟商的支持力度,在产品宣传和选址上对连锁店严格控制。同时,对冒牌店进行严厉打击,保护加盟商的合法利益。全聚德采取了连锁形式经营,并从纯国有变为股份制经营。

(三)新观念——适时早"卖"

保护餐饮老字号,既要保护无形的品牌,也要保护有形的、具有纪念意义的建筑物。至于生产经营,只要能让它们在现代市场立足,采取各种方式都可以。另外,餐饮老字号改制要加快,要在其经营好的时候,尽快以一个好价格将其变现,让产权流动起来,别等企业不行了再"卖",这样,餐饮老字号就有可能贬值。

(四)新产品——适度开发

餐饮老字号不仅要保持传统,还要适度开发新产品。地道的餐饮老字号全聚德出了烤鸭汉堡,一面世就博得了满堂彩。同时,推出以全鸭席等为代表的数百种创新菜肴,满足了百姓消费常吃常新的需求。天津狗不理包子拥有130多年历史,近年来面对市场需求陆续推出140多种系列包子品种,受到顾客欢迎。

但是,产品创新不是指盲目的产品种类扩延,而是在核心产品上进行深加工,应当把与企业核心产品不太相关的产品限产或停产,以求把有限资源全部用到核心产品的研发上。

(五)新形象——品牌更新

俗话说,三分长相七分打扮。由于几十年甚至上百年都一个样,餐饮老字号普遍存在品牌老化,缺乏活力等问题,越来越难以对年轻人产生吸引力。为使餐饮老字号焕发新的活力,全聚德不失时机地设计新的品牌标志并导入全新的形象识别系统,得到顾客的广泛认可。

(六)新营销——吸引媒体

长期以来,餐饮老字号主要凭借口头传播建立声誉。然而,这种口头的传播方式限制了品牌传播的速度和广度,造成了顾客对老字号品牌的淡忘,甚至遗忘。现在,许多餐饮老字号企业一般都属于地域性品牌,在地方上算得上名牌,但出了自己的"地盘"就基本上没人知道了,因此,必须改变固有的宣传模式和传播观念,采取商业性与非商业性宣传手段相结合,综合利用平面的、立体的和网络等多种媒介,充分传递品牌信息,不断在消费者心目中强化其品牌形象。全聚德非常注意新营销手段的运用,例如由全聚德投资拍摄的电视剧《天下第一楼》在央视一套热播。同时,网络作为一种新的传播媒介,发展非常迅速,资源利用起来也比较便利,并且投资少,影响广,全聚德也非常注重对网络媒体的运用。

(七)新方向——广开财源

在中国国际贸易促进委员会北京市分会与中国全聚德(集团)股份有限公司等单位联合举办的新闻发布会上全聚德集团宣布,首次将"触角"伸进会展业。全聚德集团在实现了位居北京市餐饮的"龙头老大"地位之后,现在已经不满足于停留在靠经营餐饮、食品加工等行业赚取经济效益了,而是尝试通过开拓会展业,去获取更广泛的经济利益。据悉,北京已经获得"2008中国烹饪世界大赛"的主办权。作为北京最负盛名的餐饮老字号,对于这个四年一届的、被誉为"中餐业的奥林匹克大赛",全聚德自然不会放弃。

教学实践

走访本地一到两家知名餐饮连锁企业,了解他们经营管理的特点。

经典案例

【案例 10-1】

关于 A 公司深化连锁经营的咨询问答
——某咨询公司为 A 公司所做的咨询问答

背景:A 公司成立于 2003 年 10 月,主要以连锁方式经营中式快餐,目前在北京已经有 2 家单店开始营业,还有部分在筹备过程中。该公司是中国 LX 集团下属公司,人员是 LX 集团领导及中层管理者的家属。由于主辅分离,由集团公司以补偿金方式集资 500 万元成立本公司,目前 43 名下岗人员持有 51% 的股份,ML 拉面持有 30% 股份,其余股份由集团下属其他公司及个人持有。公司两年内的目标是在北京具备 50 家单店的规模,在 5 年内成为国内餐饮连锁经营企业的前三名。公司的突出优势是背后有 LX 集团包括资金、管理经验、社会资源等的支持,同时 LX 集团另一家子公司——ML 拉面(本公司第一大股东)也给予了一定的帮助,但是从目前看,仍然不具备自己独立生存的竞争能力。公司的主干是 43 名下岗员工,大多是高中和中专学历,只有 3 名本科学历,年龄平均在 40 岁,普遍缺乏管理经验,高层领导系女性领导者,受到蓝星管理风格的影响,比较务实、认真,但是由于经验不足,时常有武断的表现。由于公司成立时间较短,尚未搭建起一套科学完整系统有效的管理平台。

LX 集团认为,建立一整套新的、合理的、科学的、可行的管理体系势在必行,但是受到人员素质的局限,希望借助咨询公司的帮助建立起一整套坚实的管理平台,同时也能借鉴其他同类企业的成功经验。

1. 问题所在

问题一:缺乏明确的、合理的发展规划

公司工作人员欠缺应有的管理能力,她们对公司的发展方向不甚明确,如何实现更是无法明确,建议尽快完成公司发展规划的设计;

问题二:缺少应有的餐饮加工和餐饮管理经验

餐饮连锁需要的加工工艺相对比较复杂,与单独的餐饮经营完全不同,它是由中心厨房统一采购,进行加工生产和统一配送,统一核算成本和费用,菜品的质量和标准也不容易检验;

问题三:对菜品的设计定位模糊

目前菜品的设计基本上是自己的感觉和判断,缺少一定的市场分析和检验,菜品的口味和价格在试营业时出现了一定的问题。

2. 解决方案主要思路

思路一:帮助他们组织进行发展规划的研讨

建议由 LX 集团的相关人员进行战略规划的初步设计,并组织相关单位进行研讨,以达成初步的结论;

思路二:应市场竞争需要,建议成立技术中心进行菜品的研发和菜品加工质量的设计;

思路三:在现有的基础上,同时借鉴其他成功企业的经验,为客户提出合理的菜品口味和价格的制定方法。

3. 实施和推进

在项目的推进过程中,我们通过调研和分析,提出适合客户的方案,并详细论证;同时及时发现客户的问题,找到她们的真正需求,帮助客户详尽分析问题出现所导致的可能结果。由于缺乏管理知识和经验,客户的需求远远超过了咨询项目的初衷,过多需求主要来自两个方面:①客户希望我们设计的方案要详细到几乎每一个具体的操作细节;②客户希望我们能够提供更多的其他的设计内容。我们在充分理解客户的基础上,尽可能地为客户提供更多有价值的帮助,经过无数次的讨论和沟通,不断地为客户灌输先进的管理知识和理念,帮助客户建立起足够的信心。

4. 实施效果

战略规划初步制定使得公司的方向清晰明确,使员工的思想统一,管理方向基本明确。通过我们的灌输思想使得客户意识到发展战略的重要性,同时也感受到我们在这方面的帮助;工业化的生产组织基本搭建起来,系统的组织机构的设计使客户认为已经初步具备了完整的组织和业务管理职能;详细的管理手册和薪酬考核方面的设计也使客户对具体的业务管理有了基本的信心。

(资料来源:http://www.6eat.com/DataStore/CardExpensePage/272001_0)

案例分析:

从咨询公司为 A 公司所做的咨询问答我们可以了解到,餐饮企业要开展连锁经营或是深化连锁经营均要受很多因素的制约与影响,企业只有通过厘清内外部的影响因素,找到自己存在的问题并能很好的寻求到解决问题的方案才有可能按照连锁经营的要求实施和推进连锁经营并取得经营的效果,否则,盲目开展连锁经营必会给企业带来不可估量的损失。

☞ **资料链接**

餐饮业连锁经营的战略选择

近年来我国餐饮市场连锁经营得到了快速的发展,企业发展多元化趋势日益增强,品牌文化竞争和质量型经营的局面已初步形成。注重"情感经营"和人性化、个性化服务,在经营中不断创新,从经营环境营造上积极借鉴国外西方营销之长,追求现代理念和人文气息,更加注重品牌营销和企业文化的培育,市场竞争逐步向全方位和深层面转化,推动我国餐饮业的发展跃入一个新平台。

不管是豪华餐厅还是经济型餐厅,品牌化、规模化经营一直得到业内专家的大力提倡,但却一直收效甚微。如果说大型豪华餐厅在单体状态下,还可以争取到相应的生存空间的话,在发展经济型餐厅时,连锁化则成为一个更加重要的命题,因为经济型餐厅的特点决定了其必须走连锁化的道路才能赚钱。

1. 连锁经营呈现品牌化趋势

据中国连锁经营协会近日公布的 2009 年"中国连锁百强",连锁百强销售规模达到 1.36 万亿元人民币,同比增长 13.5%,13 年来首次低于社会消费品零售总额 15.5% 的增幅。

目前,国内百强餐饮企业已有百家以上采取了连锁经营的模式,这一发展趋势使餐饮业所有制结构发生了根本性的变化,连锁经营品牌化、规范化优势凸显,为我国餐饮业的持续快速发展注入了活力。

纵观我国目前的餐饮市场,跨区域开店、资本运作已成为时下连锁企业扩张的重要方式。越来越多的企业将跨区域发展作为企业全盘战略规划的一部分,有的企业已把进入不同省份、城市、国家作为不同阶段的目标列入企业规划。其中既包括外资、合资餐饮企业,更多的是本土大型餐饮企业及具备了一定特许连锁能力和优势的中、小型品牌企业。

从经营业绩和品牌传播效应来看,几乎所有品牌较好的餐饮连锁企业的经营全都一线飘红,显示出强大的生命力和发展潜力。

2. 特许经营品牌开路

品牌是企业借助于特许经营攻城略地开拓市场的武器,除了餐饮业,其他行业的特许经营无不是"品牌开路"。据调查显示,选择就餐的餐厅时认为知名度比较重要的消费者,占到了被调查人数的60%以上。这充分说明了目前在国内消费者的心目中,品牌意识已经大大增强,这种市场需求特点必然影响到加盟者,于是品牌声誉成为特许加盟者首先考虑的重要因素。有关专家曾经指出,品牌不仅是宣传出来的知名商标,还包括质量、服务以及独有的知识产权、技术机密、运作模式等所有能够对外部市场产生影响的全部因素。

所以说,品牌既能壮大整个特许经营品牌的实力,同时还能有效利用特许品牌的效用实现双赢。

对于餐饮行业的连锁经营,作为特许方来说,必须以整个连锁体系为对象,进行科学、规范、有序的管理和控制,促使其努力维护并塑造好整个连锁品牌,如此才能更好地运用特许经营的模式进行扩张。对于受许方而言,则应该选择具有独特价值并有相当市场影响力的品牌加盟,加盟之后,要继承和消化整个品牌精神和文化,并把其转化到日常的经营管理实践中去,融入到整个的特许经营体系。

特许经营是一种双赢计划,只要运用好品牌战略优势,吃透和消化好特许方的品牌精神及文化,可以让加盟者不必从头开始,而是直接继承特许方良好的品牌形象和成功的连锁经验,降低了失败的风险和创业的成本,增加了成功和双赢的机会。

3. 品牌——"餐饮企业的核心竞争力"

21世纪中国餐饮业的发展与竞争已在更高的层次展开,品牌经营成为餐饮企业发展的核心竞争力。因此,餐饮业实施品牌战略,扩展连锁经营,扩大市场份额时,既要不断创新抓好质量和特色,不断丰富品牌的内涵,提高品牌的社会形象和在消费者中的信任度,又要注重产业化和现代化等经营理念的创新。产业化就是要把传统的餐饮生产制作,餐馆的单兵作战,改造成具有专业化分工的产业(建立有规模的半成品加工厂)。

(1)通过特许经营的连锁方式巩固品牌,扩大影响,发展加盟店,走出"创一个品牌、带一片产业、兴一地经济、富一方百姓"的振兴区域经济的发展之路。

（2）通过自身企业的品牌效应,建立自己的餐饮管理集团公司,形成以自身投资、管理、经营的连锁餐饮企业。

由此可见,跨区域开店、资本运作品牌已成为目前连锁企业扩张的重要方式,越来越多的企业将跨区域、跨城市、甚至跨国家和品牌的培育、增值作为企业全盘战略规划的一部分。随着市场经济的日益完善及理性消费时代的来临,未来餐饮业竞争将更多地表现为品牌的竞争,是否拥有著名的品牌,将直接决定餐饮企业的生存和发展。

综观国外餐饮企业的发展,无一不是依靠其雄厚的品牌实力开展全球化经营的。所以餐饮业的品牌生成和培育,应着力于做好支撑品牌成长的各项基础工作,在产品质量、经营管理、文化氛围等诸多方面不断努力,使自己的品牌成为产业之本,为之后的连锁经营奠定基础。

鉴于此,有关专家指出,连锁经营的商业模式有一个业界共同遵循的原则:"一连品牌,二连标准,三连特色及文化,四连创新,五连管理;一锁定值,二锁秘方。"这一原则能够坚持、继承和维护,并能悟透独有特色的品牌是连锁经营的灵魂,把握住持续有效地拓展这条命脉,连锁经营方能有所作为。

（资料来源:迈点网,http://res.meadin.com/ResManage/2010－7－3/107354218_2.shtml）

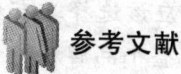

参考文献

1. 王晓圆. 连锁经营——我国餐饮业的必经之路[J]. 咸宁学院学报,2008,28(5).
2. 李平. 我国传统餐饮的连锁经营现状与发展[J]. 决策与信息,2008,40(4).
3. 糜新箭. 餐饮企业连锁信息化的四个阶段[J]. 信息电脑,2008(17).
4. 雷琳、赵小凯. 连锁餐饮企业成本控制的管理策略[J]. 解决之道,2012(3).
5. 胡哲平. 餐饮连锁企业品牌资源管理研究[J]. 现代商业,2007(5).
6. 吴炜等. 浅谈餐饮连锁服务业的质量管理系统[J]. 上海质量,2008(4).
7. 赵晓鸿. 餐饮企业基于电子商务模式的连锁经营管理探索[J]. 江苏论坛,2006(7).
8. 相关网站资料:

   http://www.thldl.org.cn/news/0911/25878.html

   http://wenku.baidu.com/view/b2882587bceb19e8b8f6ba5a.html

第四部分
餐饮文化篇

第十一章 饮食文化

餐饮文化是一个广泛的社会概念，人类为了生存，首先要满足吃喝的需要。人们吃喝什么、怎么吃喝、吃喝的目的、吃喝的效果、吃喝的观念、吃喝的情趣、吃喝的礼仪等饮食现象，都属于餐饮文化范畴，它贯穿于人类的整个发展历程，渗透企业经营和饮食活动的全过程，体现在人类活动的各个方面、各个环节之中。

本章主要从中外菜肴知识、面点知识、菜单艺术、中外饮食习俗和中外老字号等方面对餐饮文化进行介绍。

第一节 中外菜肴知识简介

"民以食为天"，不管是什么人，要生存，就必须吃饭，本节我们首先了解一下中外菜肴知识。

一、国外菜肴知识

(一)法国：选料广泛，烹调方法多

法国的菜肴技术一向著称于世。法国菜不仅美味可口，而且菜肴种类很多，烹调方法也有独到之处。欧洲许多一流的大饭店或餐馆的大厨师几乎都是法国人。法国菜的突出特点是选料广泛。法国菜常选用稀有的名贵原料，如蜗牛、青蛙、鹅肝、黑蘑菇等。用蜗牛和蛙腿做成的菜，是法国菜中的名品，许多外国客人为了一饱口福而前往法国。此外，法国菜还喜欢用各种野味，如鸽子、鹌鹑、斑鸠、鹿、野兔等。由于选料广泛，品种就能按季节及时更换，因而使就餐者对菜肴始终保持着新鲜感，这是法国菜诱人的因素之一。法国菜对蔬菜的烹调也十分讲究，规定每种菜的配菜不能少于两种，而且烹法多样，仅土豆一种，就有几十种做法。

法国菜的烹调方法很多，几乎包括了西菜所有的近 20 种烹调方法，一般常用烤、煎、烩、煸、焖、蒸等。随着人们对菜肴要求的不断变化，法国菜的口味、色彩、调味也在不断发展。法国菜的口味偏于清淡，色泽偏于原色、素色，忌大红大绿，不使用不必要的装饰，追求高雅的格调。汤菜尤其讲究原汁原味，不用有损于色、味、营养的辅助原料。最能代表法国风味的菜肴有蜗牛、鹅肝、龙虾、青蛙腿、奶酪以及烤

乳猪、烤野味、带血鸭子、奶油鲮鱼、普罗旺斯鱼汤、斯特拉斯堡的奶油圆蛋糕等。

法国是盛产酒的国家，于是酒就成为法国菜中用于调味的主要用料。香槟酒、红白葡萄酒、雪利酒、朗姆酒、白兰地等，是做菜常用的酒类。哪种菜点用哪种酒，有严格的规定，而且用量较大，因此，无论是菜肴或点心，闻之香味浓郁，食之醇香沁人。法国菜对香料的运用也有定规，什么菜放多少什么样的香料，都有一定的比例。可以说，酒类和香料是组成法国菜的两大重要特色。法国菜的菜名也别有趣味，许多菜肴往往是用地名或人名来命名的，如"里昂土豆"，这道菜里所用的洋葱和大蒜，均来自盛产洋葱和大蒜的里昂；如"马赛鱼汤"，这道菜汤是用海鱼做成的，因为马赛是个海港城市，盛产海鱼。

（二）美国：源自英国，但有自己的特色

美国菜可以说是以英国菜为基础发展而来的。美国烹饪始自英国，因为大部分美国人是英国移民的后裔。但美国菜有自己的特色，因为美国国土面积广阔，气候好，食物种类繁多，交通运输方便，冷藏设备优良，厨师、家庭主妇可随意选择食物，同时他们在烹饪菜肴时很讲究营养。美国人的习惯是早餐喜食各种果汁和略有咸味的甜点心，对色拉很感兴趣。色拉原料大多采用水果，如香蕉、苹果、梨、菠萝、柚子、橘子等，调料大多用色拉油和鲜奶油，口味较新鲜，对辣味不太感兴趣。美国人做菜喜欢用水果作辅料，如菠萝鸡腿、苹果烤鸭等，对铁扒一类的菜肴也很喜欢。炸制类的菜品也常吃，如炸鸡、炸香蕉、炸苹果等。点心喜欢吃蛋糕、冰激凌、水果、瓜类等。其中许多品种，如布丁、苹果派等虽来自英国，但烹饪方法却有改变，变得更具美国风味。美国的烘烤点心，其制作及装饰方法闻名于世，而冷饮、冻甜点、色拉、美式牛排、炸鸡等也深受欧洲大陆人的欢迎。美国人不喜欢喝茶，爱喝加冰块的冷开水或矿泉水，平时他们把威士忌、白兰地等酒当茶喝，不需配小菜。

（三）英国：质量精，讲究花样

英国人比较重视餐饮礼节，生活讲究，菜的量不要多，但质量要精，讲究花样，菜的口感要鲜嫩。早晨起床前（醒后）有喝"被窝茶"的习惯。但起床后仍吃早点，早点一般有粥（麦皮、麦片、砂糖、牛奶）、鸡蛋、肠子、红茶、烤面包、黄油、果酱。午、晚餐是两菜一汤（一鱼一肉或鸡）、喝咖啡。早午晚餐都要吃水果。有的人进餐时先喝酒，一般都喜欢喝啤酒。英国人喜欢口味清淡、甜酸、微辣的食品。菜的做法主要有煎、炸、烤、烧等。主要食菜有冷鸡、冷肉、火腿、肠子、鱼子、沙丁鱼、煎鱼、烤鸡、西红柿、各种小吃、生菜、煎牛扒、猪肉扒、烤羊肉、牛肉洋葱、青椒、牛肉丝、香酥扁豆和糖醋类的多菜汤、鸡汤、杂拌汤、木樨汤、素菜汤、瓜菜汤、清面条。不喜欢吃带黏汁和过辣的菜。

（四）俄罗斯：源自别国，自成一体

俄罗斯菜的烹调技术不像法国、意大利等国家有着自己传统的方式，它的很多

菜式来自法国、波兰和意大利,但有许多演变,烹调方式及其口味已完全不同,成为地地道道的俄罗斯大菜。俄罗斯地处寒冷地带,人们喜欢吃热量高、口味重的食物。他们喜欢吃酸、辣、甜、咸的菜肴,烹调上多用酸奶油、奶渣、柠檬、辣椒、酸黄瓜、葱头、黄油、小茴香、香叶等作调味品。俄罗斯菜特点是油大、味重、制作较简单,重视火候,各种肉类、野味不煮得很熟不吃。他们还爱吃腌制过的咸鲱鱼、烟熏的咸鲟鱼和鲑鱼。红鱼子、黑鱼子、酸蘑菇、柠檬、生葱头、生西红柿、酸黄瓜、酸菜等,都是俄罗斯菜中不可缺少的主要原料。点心类用油炸的较多,烩水果也作为点心,各种各样的荤素包子、鱼包子等也是俄罗斯人喜爱的食品。

(五) 日本:制作精美,生食海鲜

日本菜肴可以用"精美"一词来形容,并且历史悠久,文化内涵丰富。日本菜通常都比较讲究,而且很有创意,十分吸引人。除此之外,日本菜最大的特点就是制作精美。世界上许多国家的人都爱吃鱼,他们经常将海鲜食物提前制好,封上盖,焖在甜酱中,以备食用。日本人则不同,他们喜爱生食海鲜。在日本,有一种寿司是直接用新鲜的海产品制成的。技艺精湛的寿司师做这道菜时,常把金枪鱼做成片,再将生鱼片放在挤压成形的熟米饭上,然后涂上日本特有的辣酱。寿司盘内再配上适量的腌姜片、辣酱和酱油等。食用生鱼片时,一份鱼片一般配用小萝卜、黄瓜、胡萝卜、大葱和海藻类等色彩多样的蔬菜。另外,日本菜中还有许多吸引人之处。一走进日本面馆,你就看到顾客头挨着头围坐在小桌前,正在吃香喷喷的面条,碗里有蔬菜、肉酱和满满的一大碗汤汁。日本的面汤汁可以算得上厨房内一道上等的美味佳肴。另外一种日本传统名菜叫"美味河豚",做这道菜如果厨艺不佳的话,不仅菜看来不雅观,更重要的是还可能有毒,因为河豚的肝等内脏含有剧毒,以前曾发生过食用这道菜中毒身亡的事件,只有那些持有职业技术证书和训练有素的厨师才被允许制作这道菜。但几百年来,日本人仍旧冒着生命危险食用这道"美味河豚"。

(六) 中东地区:天然健康,富有活力

中东地区的饮食继承了美味的精华,天然健康,富有活力。例如,塔博勒沙拉、Hummus(一种纯手工制作的酱料,把煮好的鹰嘴豆磨碎,根据个人口味加入不同调料加工而成)和果仁蜜饼是各国食品店和饭店供应的主要食品。如果你有幸被邀请去中东,最好空着肚子去,因为那里的食物非常丰盛。烤羊肉串被认为是中东饮食的代表之作。把羊(牛)肉块、洋葱、辣椒和西红柿用大金属扦串起,放在炭火上烘烤,油汁飞舞,吱吱作响,香气弥漫,令人垂涎欲滴。暖披塔(Pita)是当地最受欢迎的主食,大多为圆形面饼,外形有点像面包,又有点类似于中国北方的夹馍,但比夹馍更大更薄,中间是空心的,像个口袋,所以有地方也把它叫做口袋面包,和中国的夹馍一样,在吃披塔之前要往里面填入各式的酱料,可以是沙拉,但当地的犹太人更喜欢往里面加入 Hummus。中东地区餐桌上的另一道亮丽风景是全家人围坐吃一锅粉面条肉饭。把什锦菜、细面条同米、豌豆、鸡肉、鸡汤及孜然、姜根、藏花等香料混在一起做好的肉饭,在餐桌上传着吃。传统上用拌入青豆的西红柿酱装饰。Baba Ghamoush 是一种用蒸熟捣碎的茄子、大蒜、芝麻酱和香料混合制成的调味酱,吃时配 Pita 面包或生蔬菜。Baklava 是一种由面团、果仁和白糖制成的多层糖饯,特别耐嚼,脆硬,香甜。Hummus 是一种多用途酱或蘸汁,用豆、芝麻酱、柠檬、大蒜、欧芹、酸奶酪等制成。可选择使用的原料有甜椒或辣椒、薄荷、碎胡椒籽等。Tahini(芝麻酱)是用芝麻籽制成的糊状酱,质地柔滑,味道香美,用作蘸汁、酱汁、配料等。

(七)印度:不喝酒,爱好辣味

印度人大部分信仰婆罗门教(印度教),等级观念深,一般不喝酒,他们认为喝酒是违反宗教习惯的。印度人喜欢吃鸡、鸭、鱼、虾,爱吃西红柿、洋葱、菜花、鸡蛋、鲜辣椒、豌豆、土豆、圆白菜、菠菜等,最喜欢吃洋山芋,认为是"菜中佳品"。印度很多菜都加有咖喱。他们喜欢吃大米饭和印度饼,面包吃得较少;喜欢清淡,爱好辣味,不吃大油、大肉、大荤的东西,不喜欢吃爆火的菜。菜的主要做法有烤、炒、烧,菜要烧得烂。主要菜肴有烤鸡、咖喱鸡、咖喱虾、糖醋桂鱼、干烧明虾、青椒鸡丝、黄油煎鱼、炒大虾、黄油菜花、黄油炒豌豆、黄油炒菠菜、面炸茄子及各种西式炒蛋等,喜欢吃西红柿清汤、清汤菜、金素汤菜。忌食牛肉,不喜欢吃蘑菇类、笋、木耳、面筋等。忌用左手上菜。印度的烹饪艺术涵盖了许多关于菜肴、辛辣品和厨艺方面的词汇。可以说,印度是世界的辛辣之都。印度的菜肴散发着浓郁的芳香和辛辣的味道,毫无疑问,咖喱是印度厨房的典型风味。辛辣的调料给所有的食物(从汤到色拉到肉饭再到蔬菜)增添了风味。使用咖喱粉有一个小诀窍就是预先将其在热锅里炒一下,这样可以使其味道更浓。

二、中国菜肴知识

中国菜肴闻名于世,许多国外人到中国的主要目的就是品尝美味绝佳的菜肴,尽管中国菜肴种类繁多,从大的方面来讲分为八大菜系:鲁菜、川菜、粤菜、闽菜、浙菜、苏菜、湘菜、徽菜。

(一)鲁菜

历史极其悠久,至少在夏代,山东已用盐调味。鲁菜系的雏形可以追溯到春秋战国时期。鲁菜系形成了胶东(以福山帮为代表,包括烟台、青岛)和济南(包括德州、泰安)两个流派,并有堪称"阳春白雪"的典雅华贵的孔府菜,以及星罗棋布的各种地方风味菜和风味小吃。胶东派擅长爆、炸、扒、熘、蒸,口味以鲜传神,偏于清淡。选料则多为大对虾、海螺、鲍鱼、蛎黄、海带等海鲜。济南派则以汤著称,辅以爆、炒、烧、炸,菜品以清、鲜、脆、嫩见长。鲁菜口味特色:以咸味为基础,有咸、鲜、酸、甜、辣等主要味型。

（二）川菜

川菜系的形成,大致在秦始皇统一中国(公元前221年)到三国时期。具有取材广泛、调味多样、菜式适应性强三个特征。由筵席菜、大众便餐菜、家常菜、三蒸九扣菜、风味小吃五个大类组成一个完整的体系。其风味则是清、鲜、醇、浓并重,并以善用麻辣著称,以成都、重庆两地菜肴为代表。用量多、使用频的有三椒(花椒、胡椒、辣椒)、三香(葱、姜、蒜),善用复和调味,并有炒、滑、熘、爆、煸、炝、炸、煮、烫、糁、煎、蒙、贴、酿、卷、蒸、烧、焖、炖、摊、煨、烩、焯、烤、烘、粘、氽、糟、醉、冲等三十余种烹饪方法,冷菜类还有拌、卤、熏、腌、腊、冻、糟、烧、炸等十余种方法。口味特点:以麻辣为主,味多、广、厚。代表名菜:宫保鸡丁、麻婆豆腐、灯影牛肉、樟茶鸭子、东坡墨鱼、毛肚火锅、鱼香肉丝、夫妻肺片、清蒸江团等。

（三）苏菜

苏菜,主要由淮扬、苏锡、徐海三帮地方风味组成,以淮扬为主体。主要特点是讲究选料,注重火工,多用炖、焖、煨、焐之法。强调本味,突出主料,色调雅淡,选型清新,口味平和,咸甜适中,适应面广。其面点以发酵面点、烫面点和油酥面点取胜。主要名菜有:扬州的三套鸭、荷包鱼、熘子鸡、卤鸡、清炖甲鱼、大煮干丝、糖醋鳜鱼、双皮刀鱼、车螯豆腐;镇江的水晶肴蹄、清蒸鲥鱼、菊花回鱼;靖江的肉脯;宜兴的汽锅鸡;南京的盐水鸭、板鸭、松子肉、凤尾虾、蛋烧卖;苏州的松鼠鳜鱼、三虾豆腐、白汁元鱼、莼菜塘鱼片、巴肺汤、胭脂鹅、八宝鸭、雪花蟹斗、油爆大虾;常熟的叫花鸡;无锡的镜箱豆腐、樱桃肉、脆鳝;徐州的狗肉;板浦的捆肘、荷花铁雀等。主要名点有:三丁包子、千层油糕、翡翠烧卖、月季花酥、玫瑰方糕、青团、百果蜜糕等。

（四）粤菜

粤菜系由广州菜、潮州菜、东江菜三种地方风味菜组成。广州菜包括珠江三角洲和肇庆、韶关、湛江等地的名菜,用料庞杂,选料精细,技艺精良,善于变化,风味讲究清而不淡,鲜而不俗,嫩而不生,油而不腻。夏秋力求清淡,冬春偏重浓郁,擅长小炒,掌握火候油温恰到好处。潮州菜以烹制海鲜见长,其刀工精细,口味清纯,汤类、素菜、甜菜最具特色。东江菜又名客家菜,菜品多用肉类,极少水产,主料突出,讲究香浓,下油重,味偏咸,以善烹鸡、鸭、鹅"三鸟"和砂锅菜见长,有独特的乡土风味。粤菜在烹调方法上以炒、爆为主,兼有烩、煎、烤、焗,讲究鲜嫩爽滑,爱用蚝油、虾酱、梅膏、沙茶、红醋、鱼露等调料。粤菜烹调方法中的泡、扒、靠、川从北方菜的爆、扒、靠、氽移植而来,焗、煎、炸的新法由西菜的同类烹饪方法改进而得。口味特点:清而不淡,嫩而不生,油而不腻,夏季和秋季强调清淡,春天、冬天强调浓郁,擅长小炒。粤菜主要名菜有:广州菜贵联升的满汉全筵、香糟鲈鱼球;聚丰园的醉虾、醉蟹；南阳堂的什锦冷盆、一品锅；品荣升的芝麻鸡；玉波楼的半斋炸锅巴；福来居的酥鲫鱼；万栈的挂炉鸭；文园的江南百花鸡；南园的红烧鲍片；西园的鼎湖上素；大三元的红烧大裙翅；蛇王满的龙虎烩；六国的太爷鸡；愉园的玻璃虾仁；华园的桂花翅；北园的玉树鸡；旺记的烧乳猪；新远来的鱼云羹；金陵的片皮鸭；冠珍的清汤鱼肚；陶陶居的炒蟹；菜根香的素食；陆羽居的化皮乳猪、白云猪手；太平馆的西汁乳鸽等。潮州菜红烧大明翅、什锦乌石参、大鱼丸、焗蟹塔、生炊龙虾、火腿烧、干炸虾枣、生炒日月蚝、潮洲烧乳猪、凉冻羊、美味烟香鸡、巧烧雁鹅、甜芋泥、蜜浸地瓜、甜瓜、马蹄泥、云腿护国菜、厚菇芥菜、玻璃白菜、红炖油菜、八宝素菜、清鸭掌丸、生炊麒麟鱼、焗袈裟鱼、酿蜜浸枇杷、高丽肉、云腿伊府面、江米团等。东江菜最著名的是东江盐焗鸡。

（五）湘菜

湘菜是由湘江流域、洞庭湖地区和湘西山区等地方菜发展而成的。湘江流域的菜以长沙、衡阳、湘潭的菜肴为中心，它们是湘菜系的主要代表。湘菜制作精细、用料广泛、品种繁多，其特色是油多、色浓、讲究实惠。在品位上注重香酥、酸辣、软嫩。湘西菜擅长香酸辣，具有浓郁的山乡风味，湘菜系历史悠久，早在汉代已形成菜系。湘菜形成了一套炖、焖、煨、烧、炒、熘、煎、熏、腊等烹饪技术，成为我国著名的地方风味之一。湘菜的主要名菜有：东安子鸡、红煨鱼翅、腊味合蒸、面包全鸭、油辣冬笋尖、板栗烧菜心、五元神仙鸡、吉首酸肉等。

（六）徽菜

徽菜由安徽省的沿江菜、沿淮菜和徽州的地方菜构成。沿江菜以芜湖、安庆的地方菜为代表，它以烹调河鲜、家禽见长，沿淮菜由蚌埠、宿县、阜阳等地方风味菜肴构成。皖南的徽州菜是徽菜系的主要代表。徽菜系在烹调技艺上擅长烧、炖、蒸，而爆、炒菜较少，重油、重色、重火功。

徽菜的主要名菜有：火腿炖甲鱼（清炖马蹄鳖）、红烧果子狸、腌鲜鳜鱼、无为熏鸡、符离集烧鸡、问政笋、黄山炖鸽等。

（七）浙菜

浙菜以杭州、宁波、绍兴三种地方风味菜为代表。杭州菜肴制作精细，变化多样，并喜欢以风景名胜命名，烹调方法以爆、炒、烩、炸为主，清鲜爽脆。宁波地处沿海，特点是"咸鲜合一"，口味是"咸、鲜、臭"，以蒸、靠、炖制海鲜见长，讲究鲜、嫩、软、滑，注重大汤大水，保持原汁原味。绍兴菜擅长烹饪河鲜、家禽，入口香酥绵糯，富有乡村风味。

浙菜的主要名菜有：西湖醋鱼、东坡肉、赛蟹羹、家乡南肉、干炸响铃、荷叶粉蒸肉、西湖莼菜汤、龙井虾仁、杭州煨鸡、虎跑素火腿、新风鳗鲞、干菜焖肉、蛤蜊黄鱼羹等百种。

(八)闽菜

闽菜起源于福建闽侯县,由福州、厦门(闽南)、泉州(闽西)等地的地方菜肴发展而成,以福州菜为主要代表,福州菜清鲜、淡爽、偏于甜酸,以讲究作料、善用甜辣著称。闽菜尤其讲究调汤,它的另一种特色是善用红糟作调料,具有防腐、去腥、增香、生味、调色的作用。有炝糟、拉糟、煎糟、糟、醉糟、爆糟等十多种,尤以淡糟炒香螺片、醉糟鸡、糟汁氽海蚌等到最负盛名。作料有辣椒酱,沙茶酱,芥末酱、汁等。闽菜的主要名菜有:沙茶焖鸭块、芥辣鸡丝东璧龙珠等。最著名的古典名菜是佛跳墙。

第二节 面点知识简介

中国烹饪饮食文化历史源远流长,面点品种繁多,很难数得清楚有多少种。经过数千年来面点师们的继承、创新与发展,它们的形态更加丰富多彩。现代烘烤食品应该说是由西方引进的,虽然食用方便,营养丰富,但是在造型方面与中国面点相比,还是有所不同的。

一、面点内涵

面点分为中点和西点,包含的内容极其广泛。从广义上讲,泛指用各种粮食(大米、小麦、杂粮等)、豆类、果品、鱼虾及根茎菜类为坯皮原料,配以多种馅心(有的不配馅心)制作的各种主食、小吃和点心;从狭义上讲,特指利用面粉、米粉及其他杂粮粉料调成面团制作的面食小吃和正餐筵席的各式点心。

我国面点种类繁多,花色复杂,具体的分类方法有:按原料分类,可分为麦类制品、米类制品、杂粮类和其他制品;按熟制方法分类,可分为蒸、煮、煎、烙、炸、烤以及综合熟制方法的制品;按形态分类,可分为饭、粥、糕、饼、团、粉、条、块、卷、包、饺以及羹、冻等;按面团分类,可分为水调面团、膨松面团、油酥面团、米粉面团和其他面团。

二、面点原料

制作面点的原料,按其作用可分为主要原料、制馅原料、调料和辅助原料3大类。

(一)主要原料

制作面点的主要原料是粮食(包括面粉、大米、米粉和杂粮)。其主要作用是调成面团制作坯皮,故称"坯皮原料"。

(1)面粉:制作面点的重要原料,其主要成分为蛋白质、糖类、脂肪、水分、灰分和维生素等。

(2)大米:分为籼米、粳米和糯米3类。它们都可做成干饭、稀粥,又可磨成米粉使用。

(3) 杂粮：制作面点用的杂粮，有玉米、小米、高粱米、小麦、荞麦、甘薯等。

(二) 制馅原料

制馅原料是面点制作原料的重要组成部分，许多面点需要配馅制成。我国面点的制馅原料极为丰富，有肉品类（包括蛋品和蛋制品）、蔬菜类（包括豆类及豆制品）、水产类、果品类和蜜饯制品等。

(三) 调料和辅助原料

调料和辅助原料是制作面点不可缺少的原料。常用的主要有油、糖、乳、蛋和添加剂等。

三、面点品种的外形特征

我国面点的造型种类繁多，不同的品种具有不同的造型，即使同一品种，不同地区、不同风味流派的面点师也会制作出千变万化、造型逼真的各类面点。但从总体上看，面点的外形都具有一定的特征，概括起来有以下几个方面：

(一) 几何形态

几何形态是造型艺术的基础。几何形态在面点造型中被大量采用，它是模仿生活中的各种几何形状制作而成。几何形又可分为单体几何形和组合式几何形。单体几何形如汤圆、藕粉团子的圆形；粽子的三角形、梯形；方糕的方形；锅饼的长方形；千层油糕的菱形等。立体裱花蛋糕则是由几块大小不一的几何体组合而成，再加上与各种裱花造型的组合，形成美观的立体造型。

(二) 象形形态

可分为仿植物形和仿（生）动物形。

(1) 仿植物形：是面点制作中常见的造型，尤其是一些花式面点，讲究形态，往往是模仿自然界中的植物，如花卉，像船点中的月季花、牡丹花；油酥制品中的荷花酥、百合酥、海棠酥；水调制品中的兰花饺、梅花饺等。也有模仿水果的，像酵面中的石榴包、寿桃包、葫芦包等，而船点中就更多了，柿子、悉尼、葡萄、橘子、苹果等。模仿蔬菜的有青椒、萝卜、蚕豆、花生等。

(2) 仿动物形：这也是较为广泛的一种造型，如发酵面制品中的刺猬包、金鱼包、蝙蝠夹、蝴蝶夹等；水调面点中的蜻蜓饺、燕子饺、知了饺、鸽饺等；船点中的金鱼、玉兔、雏鸡、青鸟、玉鹅、白猪……这些都是仿动物形态的中式面点品种。

(三) 自然形态

采用较为简易的造型手法使点心通过成熟而形成的不十分规则的形态，如开花馒头，经过蒸制自然"开花"。其他如开口笑、宫廷桃酥、蜂巢蛋黄角、芙蓉珍珠饼等也是在成熟过程中自然成形的。

四、面点形状要求

我国面点的成形从成形手段看有手工成形、印模成形、机器成形3种,但从实际情况看,仍然以手工成形为主。面点造型中的一系列操作技巧和工艺过程都要围绕食用和增进食欲这个目的进行,首先是好吃,其次才是好看,既能满足人们对饮食的欲望,又能使人们产生某种状态下的美感。但以味美为主的面点,也要有具体的形态作为依托,面点形状要求主要表现在以下几方面:

(一)造型力求简洁自然

我们在制作面点时,面点形状要力求简洁、明快,向抽象化方向发展。一方面因为制作面点的首要目的是食用,而不是观赏;另一方面,过分讲究逼真,费时费工,食品易受污染,不符合现代快节奏生活的需要。简洁、明快、自然,既能满足食欲,又卫生,是面点造型追求的方向,那种繁琐装饰,刻意写实的做法要坚决摒弃。

(二)讲求形象生动

我国面点的形,主要在面团、坯皮上加以表现,历来面点师们就善于制作形态各异的花卉、鸟兽、鱼虫、瓜果等,增添了面点的感染力和食用价值。面点的味好、形好,不但可以给人以艺术上的享受,而且可以创造更好的经济效益。

面点造型对于题材的选用,要结合时间因素和环境意识,宜采用人们喜闻乐见、形象简洁的物象为佳,如金鱼、白兔、玉鹅、蝴蝶、鸳鸯等。要善于抓住物象的主要特征,从生活中去提炼出适合面点造型的艺术造型。可通过运用省略法、夸张法、变形法、添加法、几何法等手法,既创造出形象生动的面点,又简洁迅速。例如裱花蛋糕中用于装饰的月季往往省略到几瓣,但仍不失月季花的特征;"金鱼饺"着重对金鱼眼和鱼尾进行夸张,更加形象。"蝴蝶卷"则把蝴蝶身上复杂的图案处理成对称的几何形等,既形象生动又简便易行。

第三节 中外老字号

中国餐饮老字号是整个中国老字号当中最负盛名的行业,原商业部认定的"中华老字号"有1600多家,主要集中在餐饮、食品加工和医药等行业中,据不完全统计,其中餐饮业老字号占到80%以上。

一、老字号内涵

老字号(中华老字号)是指具有展示中国民族文化创造力的价值,具有鲜明的中国民族传统文化和地域文化背景以及一定商业价值和文化价值,1956年前开设,拥有50年以上的经营店史,有世代相承的独特工艺或经营特色,取得了社会广泛认同和良好商业信誉,并符合中华人民共和国有关部门规定的企业或产品品牌。

老字号不仅是一种商贸景观,更重要的是一种历史传统文化现象。"不到长城非好汉,不吃烤鸭真遗憾",使全聚德成为北京的象征。而京城民间歇后语,如东来顺的涮羊肉——真叫嫩、六必居的抹布——酸甜苦辣都尝过、同仁堂的药——货真价实、砂锅居的买卖——过午不候等,生动地表述了这些老字号的品牌特色。过去老北京人谝富有句口头禅:头顶马聚源,脚踩内联升,身穿八大祥,腰缠四大恒。这里说的"脚踩内联升",是说能穿上内联升做的鞋,是对身份的一种炫耀。

二、中华餐饮老字号

(一)六必居

六必居由山西临汾人赵存仁、赵存义、赵存礼兄弟于明朝嘉靖九年(1530年)创办,坐落在前门粮食店街3号,至今已有470余年的历史,是京城历史最悠久、最负盛名的老字号之一。六必居店堂里悬挂的"六必居"金字大匾,出自明朝首辅严嵩之手,此匾虽数遭劫难,仍保存完好,现已成为稀世珍品。六必居的含义是:黍稻必齐,曲薛必实,湛之必洁,陶瓷必良,火候必得,水泉必香。"六必"在生产操作工艺上可以解释为:用料必须上等,下料必须如实,制作过程必须清洁,火候必须掌握适当,设备必须优良,泉水必须纯香。

六必居最出名的是它的酱菜,它也是北京酱园中历史最久、声誉最显著的一家。六必居有十二种传统产品,它们是:稀黄酱、铺淋酱油、甜酱萝卜、甜酱黄瓜、甜酱甘螺、甜酱黑菜、甜酱仓瓜、甜酱姜芽、甜酱八宝菜、甜酱什香菜、甜酱瓜、白糖蒜。这些产品色泽鲜亮,酱味浓郁,脆嫩清香,咸甜适度。

六必居的酱菜之所以出名,与它选料精细、制作严格是分不开的。六必居酱菜的原料,都有固定的产地。六必居自制黄酱和甜白酱,其黄豆选自河北丰润县马驹桥和通州永乐店,这两个地方的黄豆饱满、色黄、油性大。白面选自京西涞水县,为一等小麦,这种小麦黏性大,六必居自行加工成细白面,这种白面适宜制甜面酱。六必居制作酱菜,有一套严格的操作规程,一切规程,由掌作一人总负责。比如酱的制作,先把豆子泡透蒸了,拌上白面,在碾子上压,再放到模子里,垫上布用脚踩10~15天,然后拉成三条,剁成块,放到架子上码好,用席子封严,让其发酵。在发酵后期,还要不断用刷子刷去酱料上的白毛。经过21天,酱料才能发好。正是这种严格的操作规程,保证了六必居酱菜的质量。

(二)全聚德

全聚德,中华著名老字号,由河北冀县人杨全仁于1864年(清同治三年)创建,至今已有140多年的历史。1999年1月,"全聚德"被国家工商总局认定为"驰名商标",是我国第一例服务类中国驰名商标。全聚德菜品经过不断创新发展,形成了以独具特色的全聚德烤鸭为龙头,集"全鸭席"和 400 多道特色菜品于一体的全聚德菜系,备受各国元首、政府官员、社会各界人士及国内外游客喜爱,被誉为"中华第一吃"。原中华人民共和国总理周恩来曾多次把全聚德"全鸭席"选为国宴。

全聚德既古老又年轻,既传统又现代,正向着"中国第一餐饮,世界一流美食,国际知名品牌"的宏伟愿景而奋勇前进。1993 年 5 月,中国北京全聚德集团成立。1994 年 6 月,由全聚德集团等 6 家企业发起设立了北京全聚德烤鸭股份有限公司。2004 年 4 月,首都旅游集团、全聚德集团、新燕莎集团实施战略重组,首都旅游集团成为北京全聚德烤鸭股份有限公司的第一大股东。2005 年 1 月,北京全聚德烤鸭股份有限公司更名为中国全聚德(集团)股份有限公司。随即,中国全聚德(集团)股份有限公司进一步收购了聚德华天控股有限公司 30.91% 股权,与北京华天饮食集团并列成为聚德华天控股有限公司的第一大股东。2007 年 4 月,北京著名老字号餐饮企业仿膳饭庄、丰泽园饭店、四川饭店也进入全聚德股份公司,至此中国全聚德(集团)股份有限公司已发展成为涵盖烧、烤、涮、川、鲁、宫廷、京味等多口味,汇聚京城多个餐饮老字号品牌的餐饮联合舰队。

全聚德股份公司成立以来,秉承周恩来总理对全聚德"全而无缺,聚而不散,仁德至上"的精辟诠释,发扬"想事干事干成事,创业创新创一流"的企业精神,扎扎实实地开展了体制、机制、营销、管理、科技、企业文化、精神文明建设 7 大创新活动,确立了充分发挥全聚德的品牌优势,走规模化、现代化和连锁化经营道路的发展战略。十几年来,以独具特色的饮食文化塑造品牌形象,积极开拓海内外市场,加快连锁经营的拓展步伐,已经形成拥有 70 余家全聚德品牌成员企业,年销售烤鸭 500 余万只,接待宾客 500 多万人次,品牌价值近 110 亿元的餐饮集团。

在取得良好经济效益的同时,全聚德股份公司其他各项工作也取得了优异的成绩。先后被中央文明办、全国总工会、国家质检总局、中国商业联合会等单位授予"全国文明行业示范点""全国五一劳动奖状""全国质量管理先进企业""国际餐饮名店""国际质量金星奖""白金奖和钻石奖""国际美食质量金奖""全国商业质量管理奖""中国十大文化品牌""中国餐饮十佳企业""中国最具竞争力的大企业集团"和"北京十大影响力企业"等荣誉和奖励。经评估,全聚德无形资产价值截止 1994 年 1 月 1 日是 2.69 亿元人民币;2004 年 6 月 28 日在世界品牌实验室和世界经济论坛主办召开的世界品牌大会上,全聚德品牌评估价值上升到 84.58 亿元人民币;2005 年 8 月 6 日,世界品牌实验室宣布全聚德品牌评估价值为 106.34 亿元人民币。2007 年 9 月,在第二届亚洲品牌盛典中,"全聚德"品牌荣获第 320 强,是亚洲餐饮行业唯一进入亚洲 500 强品牌的企业。

(三) 狗不理

闻名遐迩、享誉世界的"狗不理"是天津的百年金牌老字号,是中华饮食文化的典范之作。"狗不理"由河北武清县杨村(现天津市武清区)人高贵友于1858年创建。

关于"狗不理"名称的由来,有一段佳话。高贵友,因其父四十得子,为求平安养子,故取乳名"狗子",期望他能像小狗一样好养活(按照北方习俗,此名饱含着淳朴挚爱的亲情)。狗子十四岁来天津学艺,在天津南运河边上的刘家蒸吃铺做小伙计,他心灵手巧又勤学好问,加上师傅们的精心指点,高贵友做包子的手艺不断长进,练就一手好活,很快就小有名气了。三年满师后,高贵友已经精通了做包子的各种手艺,于是就独立出来,自己开办了一家专营包子的小吃铺——"德聚号"。他用肥瘦鲜猪肉3:7的比例加适量的水,佐以排骨汤或肚汤,加上小磨香油、特制酱油、姜末、葱末、调味剂等,精心调拌成包子馅料;包子皮用半发面,在搓条、放剂之后,擀成直径为8.5厘米左右、薄厚均匀的圆形皮;包入馅料,用手指精心捏折,同时用力将褶捻开,每个包子有固定的18个褶,褶花疏密一致,如白菊花形,最后上炉用硬气蒸制而成。由于高贵友手艺好,做事又十分认真,从不掺假,制作的包子口感柔软,鲜香不腻,形似菊花,色香味形都独具特色,引得十里八村的人都来吃包子,生意十分兴隆,名声很快就响了起来。由于来吃包子的人越来越多,高贵友忙得顾不上跟顾客说话,这样一来,吃包子的人都戏称他"狗子卖包子,不理人"。久而久之,人们喊顺了嘴,都叫他"狗不理",把他所经营的包子称作"狗不理包子",而原店铺字号却渐渐被人们淡忘了。

时至今日,历经一个半世纪的沧桑变迁,"狗不理"包子总店为继续和发展"狗不理"这一享誉世界的民族品牌,于1992年正式组建"狗不理"集团,经过改制重组、扩张,"狗不理"集团已发展为企业文化厚重、组织架构科学、实力雄厚、信誉良好的多元化企业集团,确立了天津市餐馆业的龙头位置。"狗不理"旗下拥有以高档酒店为主业,经营领域涉及中式快餐、物流配送、速冻食品、养殖基地、新品开发、培训学校等多种业态。狗不理目前在天津已拥有品牌酒楼10个,其中4家为狗不理集团直营形象酒楼。狗不理集团始终专注于膳食营养和餐饮文化的研究,推崇绿色消费,倡导亲情服务,积极探索和引进先进的餐饮经营管理理念,使集团综合水平和协调发展能力快速提高,深受各界认可和好评,获得国内外政府和餐饮业权威机构授予的数十项极高规格的荣誉称号和奖项。狗不理集团正在以加速发展的态势成长为国际化、综合化的大型企业集团,并将在未来取得更加迅猛的发展。

三、国外餐饮老字号

(一)麦当劳

麦当劳餐厅(McDonald's Corporation)是大型的连锁快餐集团,在世界上大约拥有三万间分店,主要售卖汉堡包、薯条、炸鸡、汽水、色拉等。麦当劳餐厅遍布于全世界六大洲百余个国家,在很多国家麦当劳代表着一种美国式的生活方式。

我们熟悉的麦当劳经历了一个长期的发展过程。1902年10月5日,麦当劳创办人雷·克洛克在美国伊利诺伊州芝加哥诞生。1903年,美国人熟识的汉堡包在密苏里州圣路易斯安那采购展览会上面世。1940年,迪克·麦当劳与马克·麦当劳兄弟在美国加利福尼亚州的圣贝纳迪诺创建了"Dick and Mac McDonald"餐厅,是今日麦当劳餐厅的原型。1948年,餐厅引入"快速度服务系统"原则,简称"快餐厅"。1955年,行政总裁雷·克洛克在伊利诺伊州的德斯普兰斯以经销权开设了首个麦当劳餐厅,也是公司的第九个分店,第一天的营业额是366.12美元。1960年,雷·克洛克正式将"Dick and Mac McDonald"餐厅更名为"McDonald's"。1961年,雷·克洛克以270万美元收购麦当劳兄弟的餐厅。汉堡包大学 Hambarger University 在伊利诺伊州的埃尔克格罗夫村成立,为全世界的麦当劳经理提供专门训练。1962年,麦当劳售出第10亿个汉堡包,罗纳德麦当劳叔叔在华盛顿市首度亮相。1967年,麦当劳在加拿大开设第一家国际餐厅。1968年,"巨无霸"面世,麦当劳成立国际业务部。1972年,麦当劳资产值达到10亿美元。1984年,麦当劳售出第500亿个汉堡包,麦当劳创办人雷·克洛克病逝,享年81岁;为了纪念雷·克洛克,公司成立了麦当劳叔叔儿童慈善基金。1990年,麦当劳在中国大陆(深圳)及苏联(莫斯科)开设第一家餐厅。1992年,麦当劳在中国北京开设第一家餐厅。

麦当劳公司旗下最知名的麦当劳品牌拥有超过32 000家快餐厅,分布在全球121个国家和地区。在世界各地的麦当劳按照当地人的口味对餐点进行适当的调整。另外,麦当劳公司现在还掌控着其他一些餐饮品牌,例如午后浓香咖啡(Aroma Cafe)、Boston Market、Chipotle墨西哥大玉米饼快餐店、Donatos Pizza和Pret a Manger。麦当劳公司2001年的总收入达到148.7亿美元,净利润为16.4亿美元。大多数麦当劳快餐厅都提供柜台式和得来速式(drive - through 的英译,即指不下车便可以购买餐点的一种快餐服务。顾客可以驾车在门口点菜,然后绕过餐厅,在出口处取餐)两种服务方式,同时提供室内就餐,有时也提供室外座位。迄今为止,麦当劳在中国共拥有1000余家餐厅,2013年,餐厅数量预计达到2000家。因固定销售可口可乐公司提供的碳酸饮料,麦当劳实际和可口可乐结成了战略联盟。

(二)肯德基

肯德基(肯塔基州炸鸡:Kentucky Fried Chicken),通常简称为KFC,是美国的著名连锁快餐厅,由哈兰·山德士上校于1952年创建。

在世界的各个角落,在中国的每个城市,我们都会常常看到一个老人的笑脸,花白的胡须,白色的西装,黑色的眼镜,永远都是这个打扮,但这个笑容,恐怕是世界上最著名的笑容了,因为这个和蔼可亲的老人就是著名快餐连锁店"肯德基"的招牌和标志——哈兰·山德士上校,当然也是这个著名品牌的创造者,今天我们在肯德基吃的炸鸡,就是山德士发明的。

肯德基的经营理念是不断推出新的产品,或将以往销售产品重新包装,针对人们尝鲜的心态,从而获得利润。肯德基有"高价餐厅"和"平价餐厅"的区分,所有优惠券上印制的"原价"都是"平价餐厅"的价格,"高价餐厅"各项单品的售价都要高出"原价"10%左右。

肯德基属于百胜餐饮集团。百胜集团是世界上最大的餐饮集团,在全球100多个国家和地区拥有超过3.3万家连锁店和84万名员工。旗下拥有肯德基、必胜客、塔可钟(已于2007年10月在国内结束营业)、东方既白(中式餐饮)等世界知名餐饮品牌,分别在烹鸡、比萨、墨西哥风味食品及海鲜餐饮领域名列全球第一。肯德基与百事可乐结成了战略联盟,餐厅固定销售百事可乐公司提供的碳酸饮料(但在部分国家例外,如日本、韩国的肯德基就销售可口可乐)。

肯德基崇尚团队精神及每一位员工的热忱参与,并致力于为员工提供完善的培训、福利保障和发展计划,使每位员工的潜力得到最充分的发挥,正是由于这个原因,越来越多优秀的年轻伙伴慕名来到肯德基。作为世界上最大和最成功的连锁快餐企业之一,肯德基成功的秘诀之一是:永远向充满朝气、勇于挑战自己的年轻人敞开大门,并注重对员工的培训,鼓励员工和肯德基共同成长。在世界各地,肯德基永远将顾客的需求摆在第一位,使顾客在享受各种高品质餐饮的同时,也能感受到最亲切的一流服务和用餐环境。

(三)必胜客

必胜客是全球最大的比萨专卖连锁企业之一,它的特点是把屋顶作为餐厅外观显著标志,它遍布世界各地100多个国家,每天接待超过400万位顾客,烤制170多万个比萨饼。如今的必胜客已经成为全球领先的比萨连锁餐厅企业,它属于世界最大的餐饮集团——百胜全球餐饮集团。

必胜客由无到有、由弱到强,经历了长时间的积累和磨炼。1958年,刚刚毕业于美国堪萨斯州Wichita State University的Frank和Dan Camey兄弟俩,向母亲借600美元,在堪萨斯州的Wichita开设了第一家必胜客比萨餐厅。1959年,必胜客在堪萨斯州正式成立公司,并在州内的Topeka开设了第一家特许经营的必胜客餐厅,由Dick Hassur自主管理。作为特许经营者,迪克被获准使用必胜客注册商标和秘密的产品配方,并同时得到卡尼兄弟在管理上的协助。1965年,必胜客第一个电视广告片"Putt-Putt to Pizza Hut"开始投放。1968年,必胜客在加拿大开设第一家国外分店,从此开始走向国际市场。1969年,必胜客开始全面采用红色屋顶装饰;墨西哥第一家必胜客分店在Guadalajara开业。1971年,必胜客无论在营业额还是餐厅数量方面,都成为全球第一的比萨连锁餐厅。1972年,必胜客股票在纽约证券交易所上市。1977年,必胜客与百事可乐合并,在"百事可乐"的帮助下,必胜客开始向全球开拓的方向发展。1990年,必胜客餐饮体系的年营业额达到40亿美元;同年,必胜客进入中国市场,在北京开设第一家中国分店。1997年,必胜客所属百事餐饮集团从百事集团分离出来,于当年10月7日在美国成立全球最大的餐饮业集团——百胜全球餐饮集团,原百事集团成员全球著名的必胜客、肯德基、塔可钟三家餐饮公司,同时宣布成为百胜全球餐饮公司成员。

第四节　菜单艺术

民以食为天,这是至理名言。饮食是一种文化,一张讲究的菜单更是一种深邃的文化,它融丰富的想象、精美的印刷和诱人的内涵为一体,令人赏心悦目,达到未饮先醉的效果。

一、餐厅菜单内涵

餐厅菜单是餐厅将自己提供的具有各种不同口味的食品、饮料按一定的程序组合排列于专门的纸上,供顾客从中进行选择,内容主要包括食品、饮料的品种和价格。

目前,我们在餐厅所见到的各种装帧精美的菜单经历了一个漫长的发展过程。最初的菜单,就是一份带价目表的菜肴清单。但最初菜单的作用并不是向客人说明菜肴内容和价格,而是提醒厨师不要忘了菜肴,英文为menu。据说在16世纪初期,法国宫廷菜肴是很一般的。1533年法国国王亨利二世的王后凯瑟琳·德·美第奇从佛罗伦萨带来了厨师作为陪嫁,从此法国宫廷菜肴才逐步得到改善。法国的厨师为了记住这些意大利菜肴的烹制方法及原材料,将它们记录下来,这就是菜单的雏形。而这些记录真正成为向客人提供的菜单,已是16世纪中叶的事情了。1554年,布伦斯维克侯爵在自己的宅第举行晚宴,每送一道菜,侯爵都要看看桌上的单子,当客人们知道他看的是今天的菜单时,十分欣赏这种方法。大家争相仿效,在举行宴会时,都预先制作了菜单,菜单便真正出现了。

二、餐厅菜单类型

根据不同的分类标准,餐厅菜单的类型也不同。

(一)根据餐饮形式和内容分类

根据餐饮形式和内容,可以将菜单分为:早餐菜单;午餐菜单;晚餐菜单;宴会菜单;团体菜单;冷餐酒会菜单;自助餐菜单;特殊菜单(如儿童菜单、家庭菜单等);国际菜单(指异国风味餐饮菜单);餐后甜品单;客房餐饮菜单;泳池茶座菜单;消夜点心单等。上述各类菜单充分体现了一家饭店所提供的各种餐饮形式和餐饮内容。这些菜单用途专一,各具功能,相互间不能代替使用。如早餐菜单一般内容较为简单,午、晚餐菜单必须品种齐全,富有特色;宴会菜单讲究餐饮规格、传统、名菜和特色;团体菜单内容必须经济实惠,搭配有致;冷餐酒会和自助餐菜单讲究食物丰盛、食物造型和气氛渲染;特殊菜单必须有特定的市场和针对性的餐饮内容;国际菜单应具备其异国餐饮的风格特点;餐后甜点必须有强烈的诱人魅力;客房餐饮菜单可包罗万象,也可简单明了。

罗列上述各种菜单并不意味着所有观光饭店都必须备有这些菜单。很明显,一家饭店是否应使用多种菜单主要取决于该饭店是否有多种餐饮服务设施和餐饮服务项目,以及各餐厅的每天用餐次数。饭店使用的菜单越多,则说明该饭店的餐饮服务设施越齐全,服务项目越丰富。

(二)根据市场特点分类

以饭店、餐馆的市场特点也就是用餐顾客的特点为标准对菜单分类,可分为固定菜单、循环菜单、当日菜单和限定菜单等几种形式,观光饭店餐厅一般都采用前两种菜单形式。

1. 固定菜单

固定菜单,也称标准菜单。它是一种菜式内容标准化而且很少调整的菜单。固定菜单适用于用餐顾客人数较多且流动性大的餐饮企业。观光饭店、社会餐馆大都采用固定菜单,但学校、机关、工厂的餐厅,就不宜使用这类菜单。因为饭店、餐馆的顾客几乎每天都在变换,他们不会因餐厅每天供应同样的菜肴而感到单调,而工商企业自办餐厅的用餐者相对来说比较固定,如果每天使用同样的菜单,难免令人感到乏味。固定菜单的计划、设计和装帧一般都需要特别仔细、审慎的准备工作,因为这种菜单相对稳定,定期更换,但至少在数月之内保持固定不变。固定菜单一经合理制定,便能长期使用,因此可以节约管理者不少精力和时间。

2. 循环菜单

循环菜单是依照一定周期循环使用的菜单。这类菜单适宜饭店团体餐厅、长住型饭店的餐厅,以及企事业单位的餐厅使用。使用循环菜单,饭店必须按照预定的周期天数制定出一套菜单,也就是周期有多少天,这套菜单便应有多少份各不相同的菜单,这样就可每天使用一份。当这套菜单从头至尾用了一遍时,就算完成了一个周期,然后周而复始,再从头至尾使用这套菜单。

循环菜单周期的长短应按照市场特点而定。如果用餐顾客更换不频繁或固定不变,如某些度假疗养型、长住型饭店的顾客以及学校、机关、工厂的餐厅用膳者,那么循环菜单的周期可适当放长,一般认为以 30 天至 40 天为一周期显得比较合适,以免相同的菜式过于频繁地出现。观光饭店餐厅如使用循环菜单,其周期就可减短,一般以一星期左右为宜,因为大多数旅游者很少逗留一周以上。假如菜单的循环周期为7天,那么相同的菜式再次出现时,那批旅游者已经离开,从而不至于给他们留下餐饮单调的印象。

(三)根据菜单价格形式分类

根据不同的菜单价格形式,所有菜单可分成单点菜单、套菜菜单及混合式菜单三种类型。也就是说,前面所提及的形形色色的各种菜单,如果根据它的价格形式进行分类,则不外乎下述三者之一。

1. 单点菜单

单点菜单是最常见的,且使用最广泛的一种菜单形式。单点菜单的特点是菜单的每一道菜式都注明价格。西餐单点菜单如此,中餐单点菜单也是如此,其他餐饮内容的单点菜单也同样如此。单点菜单可以是早餐菜单,可以是午餐、晚餐菜单,也可以是特殊菜单或客房餐饮菜单等。单点菜单的价格层级一般较多,能迎合不同层次顾客的不同要求。而且由于所有菜式都分别作出标价,顾客只需选择自己喜欢的菜肴,而不一定按套菜菜单那样非得一次购买几道菜肴,即使其中有不需要或不喜欢吃的菜肴也必须买。

因此,单点菜单不但普遍适用于一般餐馆,而且也适用于观光饭店等各类餐厅、风味餐厅及咖啡厅等。但由于餐饮形式的限制,单点菜单并不适合饭店的团体餐厅、自助餐厅,当然也不适合于宴会和酒会服务等。

2. 套菜菜单

套菜俗称公司菜,也称和菜。套菜是指固定价格的套餐餐饮。换句话来说,套菜菜单所列的是整套餐饮,如果是西餐,可包括开胃品、汤、色拉、主菜、蔬菜、甜点、饮料在内的一组菜肴;如果是中餐,可包括冷盘、热荤、素菜、汤、面饭、点心、饮料等在内的一组菜肴。同时,它们的价格也都是以整套餐饮为单位,而不是以单个菜式为单位。这是套菜菜单区别于单点菜单的显著特点。

值得注意的是,西餐套菜菜单与中餐套菜菜单在价格形式上也存在着细小的差别。西餐套菜菜单中每组菜肴的价格通常是由其中的主菜决定,也就是说主菜的价格就是该组菜肴的价格,这是因为西餐中主菜的位置十分重要。因此,西餐套菜菜单的价格一般都列在各种主菜后边。顾客在选定主菜、辅菜后,按主菜的价格付款。换句话说,菜单上除列有标价的主菜外,还有许多不标价的各类辅菜,顾客在点了主菜后,可以在各类辅菜中任意选取一种自己喜爱的菜肴。由于各类辅菜中各菜式的成本相差不大,因此,不同的餐饮价格便完全取决于不同的主菜成本,通常情况下,一餐以牛排为主菜的晚餐或许比以猪排为主菜的晚餐要贵一倍,而两者所用的辅菜却完全可能是相同的。中餐套菜菜单的价格形式则比较简单,往往多按餐饮规格及用餐人数而定。与西餐套菜菜单相比,使用中餐套菜菜单的餐厅中顾客对菜式选择的余地较小,因为每组餐饮的内容几乎完全由餐厅组合,其中也很有可能有顾客所不喜欢的菜式,因此菜单设计者在计划这类菜单时,更应注重菜式的合理搭配。

3. 混合式菜单

混合式菜单综合了单点菜单与套菜菜单的特点和长处,因而是两者的最佳结合。最初的混合式菜单无外乎是一份单点菜单与一份套菜菜单印制在一起,也就是一部分菜式以套菜形式进行组合,而另一部分菜则以单点形式出现。混合式菜单的主要缺点是菜单过大,使用不便。现在,各地餐厅、饭店所使用的混合式菜单稍有变化。就西餐来说,有些餐厅的混合式菜单以套菜形式为主,但同时也欢迎顾客再随意点用其中任何主菜并以单点形式单独付款。有的饭店所使用的混合式菜单则以单点形式为主,但凡主菜都有两种价格,一为单点价格,一为套菜价格,吃套菜的顾客在选定主菜后可以在其他各类菜中选取那部分价格控制在一定限额内的菜式充当辅菜。

我们应该提倡观光饭店、团体餐厅也使用混合式菜单,也就是套菜与单点相结合的菜单。除了按照团体顾客的餐饮标准提供套菜以外,还应给顾客提供单点的机会。单点菜肴的费用应不包括在综合服务费或餐费标准内,因此顾客必须另外付费。这种方式较目前大多数饭店团体餐厅所采用的按伙食标准提供套菜的做法要复杂一些,但它能够使顾客有自由选择菜肴的机会,同时又能给餐厅增加收入。

三、菜单制作艺术

菜单无疑是餐厅主要的广告宣传品,一份制作精美的菜单不但可以提高用餐气氛,更能反映餐厅的格调,使客人对菜单内所列出的美味佳肴留下深刻的印象。有的菜单甚至可以被视为一种艺术品,让人欣赏并作留念,带给客人美好的用餐体验。

(一)菜单设计依据

1. 菜单设计要有特色,不能因循守旧、模仿抄袭

例如,1986年,美国饭店协会举办的"菜单设计大奖赛",获奖的菜单就令人称奇叫绝!如"袖珍急救包型菜单",在绷带、海绵、肥皂等上面各标有一种饮料的名称,这一菜单是为了抵制美国连锁餐馆售酒而特地设计的,"三重圆盘菜单",转动圆盘即可将色彩鲜艳的动物随意组合,菜谱就在最外面的圆盘上。这些菜单设计者均独辟蹊径,设计出了各种不同寻常的菜单。

2. 能创造经济效益,让客人看了就想吃

日本出版过一本菜单,在专门的香料里浸泡,菜单的每一页,用手指一蹭就破,

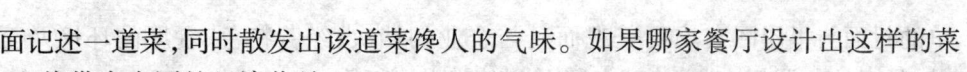

上面记述一道菜,同时散发出该道菜馋人的气味。如果哪家餐厅设计出这样的菜单,必将带来丰厚的经济收益。

3. 形式美观大方

吃饭是一种享受,点菜时的心情可不能忽视。因此,点菜菜单设计不应太繁琐,形式要既美观又大方,在让客人赏心悦目的同时又让点菜变得更加轻松。

4. 不断创新以适应新形势

根据不同客人的需要,菜单不要一成不变。例如,"机器人菜单",造型如机器人,文字简明风趣。"草莓型菜单",造型设计成草莓型,上面标明草莓产地,是联合广告的趣例。还有如"贝壳菜单",将贝壳打开,菜单就会立刻呈现在你面前。"火箭菜单",将火箭尾部向下拉,菜单便从上面窗口露出,而窗口处原来举着餐叉的宇航员却消失了。"将军帽菜单",可戴在孩子头上,脑后还有扑了粉的假发。这些创新型的菜单,满足了客人求新求异的消费心理,一定会取得丰厚的回报。

(二)菜单内容、设计

1. 菜单的内容

(1)菜品的名称:菜名是菜单最重要的内容,它直接影响顾客对菜品的选择。菜名的制定要满足以下要求:首先,菜名要真实。要真实反映菜肴的主要原料构成、烹制工艺、口味或质地等。如"清蒸鲈鱼""水果沙拉"等。其次,菜名读起来文字要优雅,简单易懂。优雅的菜名听起来充满情趣,让人产生好感,如"芙蓉干贝",而言简意赅则让人一目了然,从而增强吸引力,如小葱拌豆腐、红烧海参。

(2)菜品的价格:大多数顾客对菜品的价格都比较敏感,所以菜品的价格一定要准确、真实,菜单应明码标价。加收服务费的必须在菜单上说明,价格变动的应重新印刷,不要留有涂改痕迹。

(3)菜品的介绍:必要的说明和简单的介绍有利于引导客人消费。介绍的内容主要有:原料;烹调及服务方法;菜品的份额;菜品的营养功效,以及名菜的来历,特殊菜品的烹调时间等。现在一些菜单为了更加吸引客人,增强客人的信任感,往往将风味特色菜配上图片,虽然图文并茂的菜单印刷成本高,不利于菜点的调整,但是对促销却能起到积极的作用。

(4)推销性信息:菜单上的推销性信息主要有餐厅的名称、标志及所属企业介绍;餐厅的主题风格和风味特色;餐厅的地址、电话、网址;餐厅的营业时间。这些信息既是告示性信息,又能起到广告促销的作用。

2. 菜单的装帧与布局

(1)设计要精美:菜单是一种推销工具,也是一种对外宣传品,它代表着餐饮企业的档次和文化口味。精美的菜单能唤起消费者的美感,优化就餐的情绪。菜单的封面与里层图案均要美观而且与企业的档次、经营特色、餐厅的环境乃至餐具、餐桌的色调相协调,给客人留下一个鲜明的印象。

(2)篇幅要合理:菜单要有合理的规格尺寸。一般餐厅使用30厘米×40厘米的单面或25厘米×35厘米对折。美国餐厅协会对顾客的调查表明,菜单最理想的尺寸为23厘米×30厘米,这样的尺寸顾客拿起来舒服。现在很多快餐厅或早餐厅的菜单为一页,直接铺在桌上,既是菜单又是垫纸,尺寸比较大。菜单的文字安排上应留有一定的空白,另外,字体应选用标准字体,使客人能很容易看清楚,切忌使用草书或美术字。

(3)布局要合理:菜单的布局首先要注意菜单品种的排列顺序及菜单的程序。菜式的排列应按照用餐习惯进行,再结合原料分类排序,同时应将主要菜式安排在最显眼的位置。一般单页纸的菜单,中间正方是视觉中心,最能引起客人的注意。档次较高的餐厅的酒单最好单独印刷,分别列出开胃酒、餐前鸡尾酒、餐用酒和甜点用酒等不同类别,使酒水与菜点匹配。

(4)表面易清洁:由于翻阅菜单的人很多,菜单容易被弄脏、损坏。一般应选用质地精良,厚实的纸张,如胶版纸、铜版纸等,同时还必须考虑纸张的防污、防折和耐磨等性能;若是一次性菜单应选用比较轻巧、便宜的纸张。

(三)菜单制作步骤

对菜单进行制作和设计时,要按部就班、有条不紊地进行。其具体程序主要包括四个步骤:

1. 准备所需参考资料

这些资料包括:①各种旧菜单,包括企业正在使用的菜单;标准菜谱档案;库存信息和时令菜单、畅销菜单等。②每份菜成本或类似信息;各种烹饪技术书籍、普通词典、菜单词典;菜单食品饮料一览表;过去的销售资料。

2. 推行标准菜谱

标准菜谱是指关于菜点烹饪制作方法及原理的说明卡,它列明某一菜点在生产过程中所需要的各种主料、辅料及调料的名称、数量、操作方法,每份的量和装盘工具及其他必要的信息。利用标准菜谱不仅有利于计划菜肴成本,使经营人员充分了解菜点的生产和服务要求,也有利于产品质量标准化的目的。

3. 初步设计构思

刚开始构思时,最好选用一张空白表格,把可能提供给顾客的菜点、饮料、酒水等先填入表格,再综合考虑各项因素后确定菜单的内容。

4. 菜单的装潢设计

在对菜单进行装潢设计时,可召集有关广告宣传、美工、有经验的厨师及相关管理人员,对菜单的封面设计、式样选择、图案文字说明等工作进行讨论。

无论在哪个步骤,设计者必须把顾客的需求放在第一位,优先考虑他们的消费动机和心理因素,然后以此为依据,做好各步骤工作。

第五节　中外饮食礼仪

一、饮食礼仪的内涵

作为饮食文化的一个重要组成部分,食礼是饮食宴筵方面的秩序和规范,餐饮活动中的文明教养与交际准则。饮食礼仪的形成与传统文化思想、宗教信仰、思维模式、地域文化等有密切联系。

二、中国饮食礼仪

中国饮食礼仪分为入座礼仪、用筷礼仪、用餐礼仪、饮酒礼仪等方面。

(一)入座礼仪

入座,又叫就座或落座。入座时的基本要求如下:

(1)在适当之处入座:在大庭广众之处入座时,一定要坐在椅、凳等常规的位置上。坐在桌子上、窗台上、地板上,往往是失礼的。

(2)在他人之后入座:出于礼貌,与他人一起入座或与对方同时入座勿抢先入座。

(3)注意尊卑:与他人同时入座时,应当注意座位的尊卑。

(4)从座位左侧入座:入座时最好从座椅的左侧接近它。这样做,是一种礼貌,而且也容易入座。

(5)向周围之人致意:在入座时,若附近坐着熟人,应主动跟对方打招呼。若身边的人不认识,应向其先点点头。在公共场合,要想坐在别人身旁,须先征得对方同意。

(6)以背部接近座椅:在他人面前入座,最好背对着自己的座位,这样就不至于背对着对方。得体的做法是:先侧身走近座椅,背对其站立,右腿后退一点,以小腿确认一下座椅的位置,然后随势坐下。必要时,可以手扶座椅的把手。

(7)毫无声息地入座:入座时,要减慢速度,放松动作,尽量不要坐得座椅乱响,噪声扰人。

(8)坐下后调整体位:为使自己坐得舒适,可在坐下之后调整一下体位或整理一下衣服。但是这一动作不可与入座同时进行。

(二)用筷礼仪

中国人使用筷子用餐是从远古流传下来的,古时又称其为"箸",日常生活当中对筷子的运用是非常有讲究的。一般我们在使用筷子时,正确的使用方法是用右手执筷,大拇指和食指捏住筷子的上端,另外三个手指自然弯曲扶住筷子,并且筷子的两端一定要对齐。在使用过程当中,用餐前筷子一定要整齐码放在饭碗的右侧,用餐后则一定要整齐地竖向码放在饭碗的正中。

要绝对禁忌以下十种筷子的使用方法:

(1)三长两短:意思是说在用餐前或用餐过程当中,将筷子长短不齐地放在桌子上。这种做法是大不吉利的,通常我们管它叫"三长两短"。其意思是代表"死亡"。因为中国人过去认为人死以后是要装进棺材的,在人装进去以后,还没有盖棺材盖的时候,棺材的组成部分是前后两块短木板,两旁加底部共三块长木板,五块木板合在一起做成的棺材正好是三长两短,所以说这是极为不吉利的事情。

(2)仙人指路:这种做法也是极为不能被人接受的,这种拿筷法指的是,用大拇指和中指、无名指、小指捏住筷子,而食指伸出。这在北京人眼里叫"骂大街"。因为在吃饭时食指伸出,总在不停地指别人,北京人一般伸出食指去指对方时,大都带有指责的意思。所以说,吃饭用筷子时用手指人,无异于指责别人,这同骂人是一样的,是不允许的。还有一种情况也是这种意思,那就是吃饭时同别人交谈并用筷子指人。

(3)品箸留声:这种做法也是不行的,其做法是把筷子的一端含在嘴里,用嘴来回去嘬,并不时地发出咝咝的声响。这种行为被视为一种无礼的做法。因为在吃饭时用嘴嘬筷子本身就是一种无礼的行为,再加上声音,更是令人生厌。所以一般出现这种做法都会被认为缺少家教。

(4)击盏敲盅:这种行为被看做是乞丐要饭,其做法是在用餐时用筷子敲击盘碗。因为过去只有要饭的才用筷子击打要饭盆,其发出的声响配上嘴里的哀告,使行人注意并给予施舍。这种做法被视为极其无礼的行为,被他人所不齿。

(5)执箸巡城:这种做法是手里拿着筷子,做旁若无人状,用筷子来回在桌子上的菜盘里寻找,不知从哪里下筷为好。此种行为是典型的缺乏修养的表现,且目中无人极其令人反感。

(6)迷箸刨坟:这是指手里拿着筷子在菜盘里不住地扒拉,以求寻找猎物,就像盗墓刨坟的一般。这种做法同"迷箸巡城"相近,都属于缺乏教养的做法,令人生厌。

(7)泪箸遗珠:实际上这是用筷子往自己盘子里夹菜时,手里不利落,将菜汤流落到其他菜里或桌子上。这种做法被视为严重失礼,同样是不可取的。

(8)颠倒乾坤:这就是说用餐时将筷子颠倒使用,这种做法是非常被人看不起的,正所谓饥不择食,以至于都不顾脸面了。

(9)定海神针:在用餐时用一只筷子去插盘子里的菜品,这也是不行的,这被认为是对同桌用餐人员的一种羞辱。在吃饭时作出这种举动,无异于在欧洲当众对人伸出中指。

（10）当众上香:往往是出于好心帮别人盛饭时,为了方便省事把一副筷子插在饭中递给对方。这会被人视为大不敬,因为北京的传统是为死人上香时才这样做,如果把一副筷子插入饭中,无疑是被视同于给死人上香,所以说,把筷子插在碗里是非常失礼的。

（三）用餐礼仪

在用餐的过程中,一定要遵循必要的礼仪,主要包括以下几点:

（1）用餐中不可戴帽子。许多场合中,帽子可算做服饰的附属品之一,不必限制脱帽入室,但是餐饮中,尤其参加一个正式的晚宴,却不宜戴帽子入内。并且在就餐时,应当正装,不要松领带。

（2）在用餐时应避免一些小动作。一些无意识的小动作在别人的眼中可能都是坏习惯。例如,边吃边摸头发,有些人并不在意,而其他人却非常嫌恶。此外,抓耳挠鼻等小动作,都违反了餐桌的礼仪。进餐中应注意举止行为,首先要以食就口,不要把脸凑到桌面上吃,原则上,进餐时不应将手与手肘放在餐桌上,尤其是在高级餐厅中,极为引人侧目。用筷子或刀叉时不可将胳膊肘及手腕放在餐桌上,最好是左手放在餐桌上稳住盘子,右手以工具进食。与客人交谈或吃饭稍有停顿时,也不要将手放在桌上,要随时养成安放在膝上的习惯。不论男女,用餐时跷腿或把脚张成大八字均违反餐饮礼仪。

（3）使用餐巾时应当注意餐巾的功能。餐巾既非抹布亦非手帕。餐巾本是摆在膝上,防止用餐时将衣服弄脏,它的附带功用是可以擦嘴及擦净沾了油污的手。拿餐巾擦餐具通常是不礼貌的,除了会被人视为不懂得用餐的礼节和礼貌,作为请客的主人也会认为你嫌餐具不洁,藐视主人等。拿餐巾擦汗拭脸或擦桌上的水,这些举动都是难登大雅之堂的。

（4）菜肴上桌后应立即食用。在中餐厅菜肴上桌后,主人应请客人先食用菜肴后自己再食用。因为不论菜肴是冷的还是热的,上桌时都是最适合食用的温度。当然,与上级领导或长辈一起用餐时,最基本的礼貌是上级领导或长辈开始动筷时,其他的人才能开始。若是好友共餐并且上菜的时间很接近,应该等到菜肴上齐了一起进食。

（5）食物既已入口,就不可吐出。除了腐败的食物、鱼刺、骨头外,一切食物既已入口,则必须吃下去。

（6）喝汤用汤匙时,应由内向外舀。喝汤的方法,应由身边向外舀出,由外向内的舀法,既不雅观也会被人取笑。汤匙就口的程度,以不离盘身正面为限,不可使汤滴在汤盘之外。进餐时,无论喝汤吃菜都不能发出声响。

(7)用餐时不要中途离席。为了避免尴尬的情形,凡事应当在餐前处理妥当,中途离席是不礼貌的。

(8)用餐时,在调味汁未上桌前不要动菜肴。如果菜单上未说明带有什么调味汁,一般可以推测生原料制作的菜肴或煎、炸、烤的菜肴必附有调味汁,而黏稠或带汤的菜肴不带有调味汁。如果不能判断是否有调味汁,还是稍等一下再食用。通常,清淡的调味汁可以直接淋在菜肴上,味道较浓的菜肴可以放在餐盘边,边吃边蘸上调味汁。

(9)使用洗手盅洗手时应先洗一个手再换另一个手。洗手盅随着用手使用的菜肴一起上桌,通常盛有1/3的水,为了除去手上的腥味,在水中放一些花瓣或小柠檬片。虽然是用来洗手的水,但只可用来洗手指尖。因此,不能把整个手掌伸进去。并且洗完一只手再换一只手,两只手一起伸入洗手盅,不但不雅观,而且容易打翻洗手盅。

(10)用餐时,女士未用餐完毕,男士不应当结束用餐。不论何时何地,请客的主人一定要注意女宾或主宾用餐的情况,不要自己先吃完自己的一份,再等客人慢慢吃,因为这样就好像蓄意催促女宾或主宾快吃,是非常不礼貌的。退席时,账款结清后,被邀请的客人应主动站起来,将膝上的餐巾顺手拿起来放在餐桌上,千万别放在椅子上,这是很不礼貌的。正式的结账应当请服务员前来桌边,轻声地说"请结账",绝不能大叫着"结账"。

(四)饮酒礼仪

自古以来,中国就是"礼仪之邦""食礼之国",懂礼、习礼、守礼、重礼的历史,源远流长。饮酒作为一种食的文化,在远古时代就形成了国人必须遵守的礼节。

1. 古人饮酒礼仪

我国古代文人雅士饮酒很讲究饮人、饮地、饮候、饮趣、饮禁、饮阑。①饮人:相饮者应当是风度高雅、性情豪爽、直率的知己故交。所谓"酒逢知己千杯少""狂来轻世界,醉里得真知";②饮地:饮酒场所以花下、竹林、高阁、画舫、幽馆、平畴、名山、荷亭等地为佳;③饮候:选择与饮地相和谐的清秋、新绿雨、雨霁、积雪、新月、晚凉等最富诗情画意之时饮酒;④饮趣:以联吟、清淡、焚香、传花、度曲、围炉等烘托氛围,提高兴致;⑤饮禁:包括苦劝、恶谑、喷秽等,避免饮酒发生不愉快的事情。

在古代主人和宾客一起饮酒时,要相互跪拜。晚辈在长辈面前饮酒,叫侍饮,通常要先行跪拜礼,然后坐入次席。长辈命晚辈饮酒,晚辈才可举杯;长辈酒杯中的酒未饮完,晚辈不能先饮尽。古代饮酒的礼仪约有四步:拜、祭、啐、卒爵。就是先作出拜的动作,表示敬意,接着把酒倒出一点在地上,祭谢大地生养之德,然后尝尝酒味,并加以赞扬,最后仰杯而尽。

2. 今人饮酒礼仪

在酒宴上,主人向客人敬酒叫酬,客人回敬主人叫酢,敬酒时还应说上几句敬酒词。客人之间相互也可敬酒,叫旅酬,有时还要依次向人敬酒叫行酒。敬酒时,敬酒的人和被敬酒的人都要"避席",起立。普通敬酒以3杯为度。在较为正式的场合,饮用酒水颇为讲究程序。在常见的饮酒程序之中,斟酒、祝酒、干杯应用最多。

(1)斟酒。通常,酒水应当在饮用前再斟入酒杯。有时,主人为了表示对来宾的敬重、友好,还会亲自为其斟酒。在侍者斟酒时,勿忘道谢,但不必拿起酒杯。可是在主人亲自来斟酒时,则必须端起酒杯致谢,必要时,还须起身站立,或欠身点头为礼。有时,亦可向其回敬以"叩指礼"。即以右手拇指、食指、中指捏在一起,指尖向下,轻叩几下桌面。这种方法适用于中餐宴会上,它表示的是在向对方致敬。主人为来宾所斟的酒,应是本次宴会上最好的酒,并应当场启封。斟酒时要注意三点:其一,是要面面俱到,一视同仁,切勿有挑有拣,只为个别人斟酒;其二,要注意顺序,可以依顺时针方向,从自己所坐之处开始,也可以先为尊长、嘉宾斟酒;其三,斟酒需要适量,白酒与啤酒均可以斟满,而其他洋酒则无此讲究,要是斟得过满乱流,显然未必合适,而且也是浪费。除主人与侍者外,其他宾客一般不宜自行为他人斟酒。

(2)敬酒,亦称祝酒。它具体所指的是,在正式宴会上,由主人向来宾提议,为了某种事由而饮酒。在敬酒时,通常要讲一些祝愿、祝福之言。在正式的宴会上,主人与主宾还会郑重其事地发表一篇专门的祝酒词。因此,敬酒往往是酒宴必不可少的一项程序。敬酒,可以随时在饮酒的过程中进行。频频举杯祝酒,会使现场氛围热烈而欢快。不过,要是致正式的祝酒词则应在特定的时间进行,并以不影响来宾用餐为首要考虑。通常,致祝酒词最适合的时间是在宾主入席后、用餐开始前。有时,也可以在主菜之后、甜品上桌之前进行。不管是致正式的祝酒词,还是在普通情况下祝酒,均应内容愈短愈好,千万不要连篇累牍,长篇大论,喋喋不休,让他人等候良久。在他人敬酒或致辞时,其他在场者应一律停止用餐或饮酒,坐在自己座位上,面向对方认真地洗耳恭听,对对方的所作所为,不要小声讥讽,或公开发表反感对方的言论。

(3)干杯。通常是在饮酒时,特别是在祝酒、敬酒时,以某种方式劝说他人饮酒,或是建议对方与自己同时饮酒。在干杯时,往往要喝干杯中之酒,故称"干杯"。有的时候,干杯者相互之间还要碰一下酒杯,所以它又被叫做"碰杯"。干杯,需要有人率先提议。提议干杯者,可以是致祝酒词的主人、主宾,也可以是其他任何在场饮酒之人。提议干杯时,应起身站立,右手端起酒杯,或者用右手拿起酒杯后,再以左手托扶杯底,面含笑意,目视他人,尤其是自己的祝福对象,口颂祝颂之词,如祝对方身体健康、生活幸福、节日快乐、工作顺利、事业成功以及双方合作成功等。在主人或他人提议干杯后,应当手持酒杯起身站立,即便滴酒不沾,也要拿起水杯装装样子。在干杯时,应手举酒杯,至双眼高度,口道"干杯"之后,将酒一饮而尽,或饮去一半,或适当的量。然后,还须手持酒杯与提议干杯者对视一下,这一过程方告结束。

三、国外饮食礼仪

不同的国家和地区,饮食习惯和风俗各异,但由于地理、历史、政治以及文化交流等诸方面因素的影响,有些区域的饮食习惯和风俗是接近、相似甚至相同的。

(一)西餐礼仪

在欧洲,所有跟吃饭有关的事,都备受重视,因为它同时提供了两种最受赞赏的美学享受——美食与交谈。除了口感精致之外,用餐时酒、菜的搭配,优雅的用餐礼仪,调整和放松心态,享受环境和美食,正确使用餐具、酒都是进入美食的先修课。

(1)交谈:无论是主人、陪客或宾客,都应与同桌的人交谈,特别是左右邻座。不要只同几个熟人或只同一两人说话。邻座如不相识,可先自我介绍。

(2)宽衣:在社交场合,无论天气如何炎热,都不能当众解开纽扣脱下衣服。小型便宴,如主人请客人宽衣,男宾可脱下外衣搭在椅背上。

(3)遇到意外情况:宴会进行中,由于不慎发生异常情况,例如用力过猛,使刀叉撞击盘子,发出声响,或餐具摔落地上,或打翻酒水等,应沉着不必着急。餐具碰出声音,可轻轻向邻座(或向主人)说一声"对不起"。餐具掉落可由招待员另送一付。酒水打翻溅到邻座身上,应表示歉意,并协助擦干;如对方是妇女,只要把干净餐巾或手帕递上即可,由她自己擦干。

(4)坐姿:正确的礼仪坐姿要求"坐如钟",指人的坐姿像座钟般端直,当然这里的端直指上体的端直。

(5)进餐:吃排餐时,从左边开始切,如切下的肉无法一口吃下,用刀将之切成一口大小的肉,以叉子直接送入口中;不能一开始就将肉切成一块块的,应该吃多少切多少。面包用手撕成小块,然后用左手拿吃。不要用面包擦着盘里的汤吃。吃面条应用叉子卷食。如果调味品离自己较远,不要伸手去够,要请邻座代劳。喝红茶、奶茶和咖啡时,不要用小勺舀来喝。将取得的调味酱放在盘子内侧。

(二)日本饮食礼仪

斟酒时酒杯不能拿在手里,要放在桌子上,右手执壶,左手执着壶底,不要碰酒杯。主人斟的第一杯酒一定要接受。

吃寿司时如果用筷子夹,要横向将整个寿司一下夹起。用手的话,要用大拇指和中指夹住寿司两端,食指按住上面。寿司应一口吃完,不蘸芥末,只蘸酱油。

（三）韩国饮食礼仪

上菜或盛饭时，要先递给长辈，甚至要特设单人桌，由女儿或儿媳恭敬地端到他们面前，等待其先动筷子后，家中成员方可就餐；端着碗吃被视为不规矩，桌上的碗不能用手碰触，也不能用嘴接触饭碗。先用勺喝汤，之后再吃其他东西；不要把勺子和筷子搭放在碗上。

四、中外饮食礼仪比较

中西的饮食礼仪不同，主要体现在以下几点：

（1）待客意识不同：西方人做人以自我为基础，强调自我独立，在待客中，自我意识彰显。在中国饮食文化中，显示出人伦关系中"人和"的氛围。

（2）餐制不同：中国采取共餐制，一般使用圆桌，全体用餐者坐在一起，体现了团结、礼貌的氛围，用餐者可以相互交流，增进友谊；国外一般采取分餐制，有时采取自助餐的形式，尊重进餐者的个性，菜品之间不混吃。

（3）座次安排不同：中国人将长幼有序、尊重长者作为排座的标准。上席为坐北朝南或者正对门厅处。男女有别，女性位置不显著。西方人则将女士优先、尊重妇女作为宴会排座位的标准，也是宴会上其他行为的标准。

☞ **教学实践**

根据主题宴会的要求设计一份寿宴菜单。

☞ **资料链接**

【资料链接 11-1】

越南菜

越南菜受到中国、法国以及南洋其他国家的影响，能够完美地融合这些国家的饮食文化，又能够让自己的特色自成一格，实在难能可贵。越南人承自中国饮食阴阳调和的饮食文化，烹调注重清爽原味，以蒸、煮、烧烤、凉拌为多。热油锅炒者较少，通常被认为是较"上火"的油炸或烧烤菜肴，多会附配上新鲜生菜、薄荷菜、九层塔、小黄瓜等可生吃的叶菜一同食用，以达到去油"下火"的功效。越南料理中，最令人吮指回味，啧啧称道的莫过于街头巷尾的当地小吃，如越南春卷、蔗虾、越南烤肉、猪肠粉卷、牛肉河粉等，都会令人回味无穷。

要说越南菜中的"必食"，生牛河必然入选，它完全体现了最简单的食物往往最难做的道理。生牛肉河的汤底，是最美味所在，所以抢先喝"头啖汤"很重要！

生牛河可以吃出两种滋味,第一种:在下配料前喝一啖汤,可以感受汤底的原味。然后再掐断芽菜、金不换及番芫荽,放进汤内,再榨点青柠汁出来,就可以正式品尝了。第二种:可以一口辣椒、一口河粉吃,感受一下会喷火的生牛河!这个食法来自越南一间茶馆让客人任加配料的概念。不过,辣椒酱跟海鲜酱,是用来蘸牛肉吃的,吃之前应先把两种酱料搅匀。因为生牛河的牛肉主要在于嫩滑,味道较淡,蘸过酱料味道就比较浓了。

越南家庭几乎都会做生牛河汤底,以牛腩、牛骨、花椒、八角、香茅、香叶、白胡椒粒等煲足8小时,煲的过程要不断去掉煲出来的杂质,煲出来的就是牛肉清汤。吃的时候把牛肉取出来,在滚汤中拖一拖,再配上越南河粉,让人回味无穷!

(资料来源:http://www.meishij.net/print.php?id=35462)

【资料链接11-2】

祝酒的传说

在不同场合,都有可能被提议祝酒。祝酒的历史可以一直追溯到开始有历史记录的年代。古代的勇士向他们的神祝酒,希腊人,罗马人便是如此。古代的北欧人则相互祝酒。几乎每一种文化都有祝酒的习俗,最终演变成今天关于爱情、友谊、健康、富有和幸福的祝酒词。

在17世纪的英格兰,有一个关于祝酒的传说,那时的人们在喝酒时,有斟满祝酒的习俗。在著名的温泉胜地(在今天的英国巴斯,那里的水以有益健康而知名),住着一位有名的美女,一天她的情人在斟满酒后又舀了些温泉水,加在酒杯中,祝愿她健康并一饮而尽,而后所有的朋友依次向她祝酒,祝酒的形式就被流传了下来。

(资料来源:绿领生活网,http://www.fm422.com/html/45-4/4674.html)

参考文献

1. 王学泰. 中国饮食文化史. 广西:广西师范大学出版社,2006.
2. 隗静秋. 中外饮食文化. 经济管理出版社,2010.
3. 谢明成. 最新餐饮经营管理实务. 沈阳:辽宁科学技术出版社,2000.
4. 詹益政. 酒店餐饮经营实务. 广州:广州南方日报出版社,2002.
5. 李勇平. 餐饮服务与管理. 大连:东北财经大学出版社,2006.
6. 劳动和社会保障部,中国就业培训技术指导中心. 餐厅服务员. 北京:中国劳动社会保障出版社,2001.

7. 谢明成. 最新餐饮经营管理实务. 沈阳:辽宁科学技术出版社,2004.
8. 相关网站资料:
   百度百科:http://baike.baidu.com/view/2670.htm
   中国烹饪协会网 http://www.ccas.com.cn/
   中国职业餐饮网 http://www.canyin168.com/
   中国吃网 http://www.6eat.com/

附录一　餐厅常用服务语中英文对照

1. 早上(下午、晚上)好,先生(夫人)。
   Good morning(afternoon, evening), sir(madam)

2. 欢迎光临!
   Welcome to _____(餐厅名称) restaurant!

3. 我能帮你做什么?
   What can I do for you?

4. 谢谢。
   Thank you.

5. 明白了。
   Understand.

6. 请您稍候。
   Please wait.

7. 让您久等了。
   Thank you for waiting.

8. 很抱歉让您等候,因为＊＊＊正在制作中。您等候的时间不会超过＊＊分钟。
   Sorry for keep you waiting so long, the ＊＊＊ is being prepared. It will be ready in ＊＊ minutes.

9. 实在抱歉。
   I'm really sorry.

10. 对不起,请再说一遍,好吗?
    Pardon./I beg your pardon.

11. 请坐,给您菜单,先生。
    Sit down, please. Here is the menu.

12. 您要点菜吗?
    May I take your order, sir?

13. 点套餐还是单点?
    Would you like a whole course or order separately?
14. 我们正促销_____(产品名称)。
    We are promoting _____.
15. 您要喝咖啡还是茶?
    What would you like to have, coffee or tea?
16. 您用餐时要喝点酒吗?
    Would you like to have any wine with you dinner?
17. (餐厅)供应时间是:
    Service hours are:
    早餐7点到9点。
    7:00a. m. to 9:00a. m. for breakfast.
    午餐11点半到1点半。
    11:30a. m. to 1:30p. m. for lunch.
    晚餐6点半到8点半。
    6:30p. m. to 8:30p. m. for dinner.
18. 很抱歉,您得自己点餐。
    I'm sorry to tell you, you have to order yourself.
19. 很抱歉,我不能帮忙点餐,但可以帮助您照顾小孩。
    I'm afraid I can't order for you, but I am glad to take care of your kids. (顾客带着小孩,按餐厅的规定是可以帮助照顾小孩,但不能帮忙点餐。)
20. 对不起,我们这里是禁烟的。
    Excuse me, but this is the nonsmoking area.
21. 对不起,您的声音能否低一些?
    Excuse me, could you lower your voice a bit?
22. 这是您的账单,请签字。
    Here is the bill. Please sign it.
23. 我们给您九折优惠。
    We'll give you a 10% (ten percent) discount.
24. 我们给陪同提供免费早餐。
    We'll offer tour guides complimentary breakfasts.
25. 请去那边账台付款。
    Please pay at the cashier's desk over there.

26. 共计 175 元。您可以付现金也可以用信用卡。

They are altogether 175(one hundred and seventy-five) Yuan. You may pay in cash or with credit card.

27. 等一会儿，夫人。我马上送来。

One moment, madam. I'll bring them to you right away.

28. 这是您的找零。

Here is your change.

29. 请别遗忘您的东西。

Please don't leave anything behind.

30. 您对我们的服务有什么意见？

What do you think of our service?

31. 谢谢您给我们提的意见(赞扬、建议)。

Thank you for your comments(compliment, suggestions).

32. 请再次光临。

Please come again.

33. 对不起，请稍候，我们要整理一下餐桌。

Excuse me, please wait a moment (for a while), we'll tidy it up.

34. 谢谢您的配合。

Thank you for your cooperation.

35. 非常高兴为您服务。

It's my pleasure.

附录二 餐厅常用物品及菜品名英文译法

1. 餐具
咖啡壶：coffee pot
纸巾：paper towel
桌布：table cloth
茶具：tea set
茶罐：caddy
盘：plate
饭碗：rice bowl
汤匙：soup spoon
杯子：cup
马克杯：mug
水果盘：fruit plate

咖啡杯：coffee cup
餐巾：napkin
茶壶：tea pot
茶盘：tea tray
碟：dish
小碟子：saucer
筷子：chopsticks
餐刀：knife
玻璃杯：glass
便当：picnic lunch
牙签：toothpick

2. 中餐菜名
海参：sea cucumber
海蜇皮：salted jelly fish
鲍鱼：abalone
龙虾：lobster
猪脚：pig's knuckle
腊肉：preserved meat
香肠：sausage
蒙古烤肉：BAR-B-Q
素菜：vegetables
广东菜：cantonese cuisine
咖喱饭：curry rice
炒饭：fried rice
砂锅：casserole
打卤面：noodles with gravy

海鳝：sea sturgeon
海带：seaweed
干贝：scallops
烤乳猪：roast suckling pig
盐水鸭：boiled salted duck
叉烧：barbecued pork
肉松：fried pork flakes
荤菜：meat diet
肉羹：meat broth
客饭：set meal
白饭：plain rice
锅巴：crispy rice
阳春面：plain noodle
粥：gruel, soft rice, porridge

火锅：chafing dish，fire pot
烧麦：shao-mai
豆腐：bean curd
豆豉：fermented blank bean
咸鸭蛋：salted duck egg
肉包子：meat bun
腐乳：preserved bean curd
皮蛋：preserved egg
酱瓜：pickled cucumbers
萝卜干：dried turnip

3. 西餐与日本料理

菜单：menu
今日特餐：today's special
自助餐：buffet
招牌菜：specialty
饭前酒：aperitif
炸薯条：French fires
马铃薯泥：mashed potatoes
布丁：pudding
泡菜：pickled vegetables
蟹肉：crab meat
海螺：conch
炖牛肉：braised beef
荷包蛋：poached egg
炒蛋：scramble eggs
石头火锅：stone fire pot
日本米酒：sake
铁板烤肉：roast meat
奶油：butter

法国菜：French cuisine
主厨特餐：chef's special
快餐：fast food
欧式西餐：continental cuisine
点心：dim sum
烘马铃薯：baked potato
煎蛋卷：omelette
甜点：pastries
韩国泡菜：kimchi
明虾：prawn
田螺：escargots
熏肉：bacon
煎蛋：fried egg
煮蛋：boiled egg
日本竹筷：sashi
味噌汤：miso shiru
生鱼片：sashimi

4. 饮料及甜品

饮料：beverages
酸梅汤：syrup of plum
橘子汁：orange juice
芦荟汁：asparagus juice
蔬菜汁：vegetable juice
汽水：soft drink
茶叶：tea leaves
茉莉花茶：jasmine tea
柠檬茶：lemon tea
豆浆：soya-bean milk
番茄汁：tomato juice
椰子汁：coconut milk
葡萄柚汁：grapefruit juice
姜汁：ginger ale
可口可乐：coco-cola(coke)
红茶：black tea
茶包：tea bag
蜂蜜：honey

绿藻：chlorella
人工色素：artificial color
矿泉水：mineral water
炼乳：condensed milk
奶精：coffee mate
冰咖啡：iced coffee
纯咖啡：black coffee
养乐多：chlorella yakult
甜筒：ice-cream cone
香草冰激凌：vanilla ice-cream
奶昔：milk-shake

苏打水：soda water
冰水：ice water
蒸馏水：distilled water
可可：cocoa
咖啡：coffee
牛奶咖啡：white coffee
阿华田：ovaltine
鸡精：essence of chicken
圣代；新地：sundae
冰棒：ice candy
吸管：straw

5. 水果及干果

凤梨：pineapple
木瓜：papaya
槟榔：betelnut
椰子：coconut
橘：mandarin orange
香瓜：muskmelon
柿子：persimmon
杧果：mango
水蜜桃：juice peach
桃子：peach
无花果：fig
杏仁：almond
哈密瓜：honey-dew melon
橄榄：olive
榴莲：durian
葡萄：grape
荔枝：lichee
莲雾：wax-apple
香蕉：banana

西瓜：watermelon
芦柑：ponkan
栗子：chestnut
橘子：tangerine
甘蔗：sugar-cane
柚子：shaddock
苹果：apple
樱桃：cherry
梨子：pear
杨桃：carambola
菱角：water caltrop
李子：plum
枇杷：loquat
红毛丹：rambutan
草莓：strawberry
葡萄柚：grapefruit
龙眼：longan
番石榴：guava

6. 蔬菜与调味品

四季豆：string bean
毛豆：green soy bean

豌豆：pea
黄豆芽：soybean sprout

绿豆芽：mung bean sprout
卷心菜，大白菜：cabbage
花椰菜：broccoli
芹菜：celery
蒿菜：tarragon
甜菜：beetroot, beet
生菜：lettuce
香菜：caraway
榨菜：preserved szechuan pickle
芦荟：asparagus
笋干：dried bamboo shoot
胡萝卜：carrot
菜瓜：long crooked squash
南瓜：pumpkin
黄瓜：cucumber
芋头：taro
山芋：yam
草菇：button mushroom
蘑菇：agaricus
茄子：eggplant
莲藕：lotus root
生姜：ginger
蒜头：garlic bulb
洋葱：onion
面筋：wheat gluten
调味品：seasoning
沙茶酱：barbeque sauce
芥末：mustard
糖：sugar

醋：vinegar
酸：sour
猪油：lard
酱油：soy sauce

豆芽：bean sprout
甘蓝菜：kale
空心菜：water spinach
芥菜：mustard leaf
韭菜：leek
石花菜：agar
菠菜：spinach
发菜：hair-like seaweed
莴笋：lettuce
竹笋：bamboo shoot
白萝卜：ternip
荸荠：water chestnut
丝瓜：loofah
苦瓜：bitter gourd
冬瓜：white gourd
小黄瓜：gherkin
香菇：champignon
金针菇：needle mushroom
番茄：tomato
马铃薯：potato
白木耳：white fungus
大蒜：garlic
葱：green onion
青葱：scallion
味噌：miso
鱼子酱：caviar
番茄酱：tomato sauce
盐：salt
味精：monosodium glutamate;
　　　gourmet powder

甜：sweet
苦：bitter
花生油：peanut oil
青椒：green pepper

红椒：paprika
肉桂：cinnamon
麦芽糖：maltose
八角：star anise
咖喱：curry

7. 粮果与小食

牛肉干：jerky
牛肉片：dried beef slices
猪肉片：dried pork slices
糕点：confection
蜜饯：glace fruit
果酱：marmalade
柿饼：dried persimmon
枣：jujube
蜜枣：glace date
桂圆干：dried longan
葡萄干：raisin
口香糖：chewing gum
牛乳糖：nougat
薄荷糖：mint
水果糖：drop
棉花糖：marshmallow
奶糖：caramel
花生糖：peanut brittle
细砂白糖：castor sugar
砂糖：granulated sugar
年糕：rice cake
月饼：moon cake
绿豆糕：green bean cake
爆米花：popcorn
巧克力：chocolate
糖炒栗子：marrons glaces

8. 牛排与酒

早餐：breakfast
午餐：lunch
早午餐：brunch
晚餐：supper
消夜：late snack
正餐：dinner
火腿肠：ham and egg
奶油土司：buttered toast
松饼：muffin
法国土司：French toast
乳酪蛋糕：cheese cake
白面包：white bread
黑面包：brown bread
小型法式面包：French roll
开胃菜：appetizer
蔬菜沙拉：green salad
洋葱汤：onion soup
法国浓汤：potage
玉米浓汤：corn soup
意大利蔬菜浓汤：minestrone
牛尾汤：ox tail soup
炸鸡：fried chicken
烤鸡：roast chicken
牛排：steak
T形骨牛排：T–bone steak
菲力牛排：filet steak
西冷牛排：sirloin steak
小牛排：club steak
全熟：well–done
五分熟：medium
啤酒：beer
生啤酒：draft beer

黑啤酒：stout beer
红葡萄酒：red wine
白兰地：brandy
伏特加：vodka
香槟：champagne

罐装啤酒：canned beer
杜松子酒：gin
威士忌：whisky
朗姆酒：rum

9. 其他小吃

肉：meat
猪肉：pork
羊肉：mutton
馒头：steamed bread
河粉：fried rice noodles
通心粉：macaroni
面粉：flour
速食面：instinct noodles
面包皮：crust
土司：toast
蛋糕：cake
煎饼：pancake
汤圆：glutions rice balls
麦片粥：cereal
馄饨：ravioli

牛肉：beef
鸡肉：chicken
面包：bread
米粉：rice noodles
肠粉：steamed vermicelli roll
臭豆腐：bean curd with odor
面条：noodles
蔬菜：vegetable
三明治：sandwich
汉堡：hamburger
春卷：spring roll
煎饺：fried dumpling
小米粥：millet congee
蒸饺：steamed dumpling